Gerhard Uhl | Elke Uhl-Vetter

Business-Etikette in Europa

Gerhard Uhl | Elke Uhl-Vetter

Business-Etikette in Europa

Stilsicher auftreten, Umgangsformen beherrschen

2., überarbeitete und erweiterte Auflage

GABLER

Bibliografische Information Der Deutschen Nationalbibliothek
Die Deutsche Nationalbibliothek verzeichnet diese Publikation in der Deutschen Nationalbibliografie; detaillierte bibliografische Daten sind im Internet über <http://dnb.d-nb.de> abrufbar.

1. Auflage 2004
2. Auflage Juni 2007

Lektorat: Ulrike M. Vetter

Der Gabler Verlag ist ein Unternehmen von Springer Science+Business Media.
www.gabler.de

Umschlaggestaltung: Nina Faber de.sign, Wiesbaden
Satz: ITS Text und Satz Anne Fuchs, Bamberg
Abbildungen: Anna Lenhard, Diplom-Designerin (FH), Theres
Druck und buchbinderische Verarbeitung: Wilhelm & Adam, Heusenstamm
Gedruckt auf säurefreiem und chlorfrei gebleichtem Papier
Printed in Germany

ISBN 978-3-8349-0505-5

Vorwort 2. Auflage

„Fachwissen und Englisch bzw. Spanisch reichen nicht aus! Manager sind nur dann erfolgreich, wenn sie fremdkulturelles Denken und Handeln berücksichtigen!" Das ist die überzeugte Meinung von Fach- und Führungskräften, die wir in unseren zahlreichen Seminaren antreffen – Manager, die sich kompetent auf dem internationalen Geschäftsparkett engagieren.

In dieser neuen Auflage wurde der Etikette-Kodex der wichtigsten elf europäischen Länder umfangreich aktualisiert und erweitert. Vor allem die Erklärungen zu *Ost- und Südost-Europa* wurden gründlich aktualisiert und präzisiert. Ausschlaggebend dafür ist die zunehmende Bedeutung Russlands als Handelspartner und als größter Gaslieferant Deutschlands. Die deutschen Einfuhr- und Ausfuhrwerte von und nach Russland haben sich von 2004 bis 2006 nahezu verdoppelt auf knapp 40 Milliarden Euro. Der deutsche Außenhandel mit der Tschechischen Republik hat sich im gleichen Zeitraum um 35 % erhöht. Hinzu kommt, dass die östlichen Nachbarländer für deutsche Produktions- und Dienstleistungssegmente beispielsweise vom Maschinenbau über Elektronik bis zur Kundenberatung durch ein tschechisches Call-Center attraktiver werden. Bis vor wenigen Jahren haben deutsche Unternehmer Joint Ventures mit tschechischen Unternehmen vereinbart, mittlerweile wurden daraus eigenständige tschechische Firmen.

Profitiert hat diese Auflage auch von den zahlreichen Gesprächen mit unseren Seminarteilnehmern, die den Wunsch hegten, das Buch um das Kapitel *„Business-Etikette in der Türkei"* zu erweitern. Das zunehmende wechselseitige Wirtschaftsinteresse der Bundesrepublik Deutschland und der Türkei galt es zu berücksichtigen. Das Handelsvolumen zwischen der Bundesrepublik Deutschland und der Türkei hat sich in den letzten zwei Jahren um 25 % erhöht.

Als erstes Buch auf dem deutschen Büchermarkt beschreibt es detailliert die Umgangsformen mit türkischen Geschäftspartnern.

„Business-Etikette in Europa" ist an der Geschäftswirklichkeit heutiger Fach- und Führungskräfte ausgerichtet. Es gibt Ihnen Antworten auf Fragen, die sich im Geschäftsleben täglich stellen: Wie gehe ich im internationalen Kontext mit meinen Geschäftskunden um? Welchen geschriebenen und ungeschriebenen Verhaltenskodex gibt es in dem Land meines Geschäftspartners?

Wie kann ich eine positive Gesprächsatmosphäre unter Einbeziehung der kulturspezifischen Temperamente herstellen?

Dieses Buch gibt nicht nur Handlungsempfehlungen, sondern es erklärt die Hintergründe und die Zusammenhänge des interkulturellen Verhaltens. Der Leser wird in seiner Entscheidung, angemessen und wertschätzend im internationalen Geschäftsleben zu handeln, unterstützt. So bekommt er mehr Sicherheit und Souveränität im Auftreten auf dem europäischen Wirtschaftsterrain.

Durch die zahlreichen und intensiven Experten-Interviews profitieren die Leser auch in dieser Auflage von den Erfahrungen hochrangiger Wirtschaftsprofis. Uns ist es ein besonderes Anliegen, an dieser Stelle allen Fach- und Führungskräften für die engagierte Vermittlung ihrer Geschäftserfahrungen mit internationalen Partnern zu danken.

Hassfurt am Main, im Mai 2007

Elke Uhl-Vetter

Gerhard Uhl

Inhalt

Inhalt

Frankreich – gallisch, temperamentvoll und extrovertiert

„Viel Geld und wenig Kinder, hoher Konsum und lange Freizeit, ausgeprägtes Prestigedenken und die Angst um die Gesundheitsvorsorge“ charakterisieren die Franzosen heute. Die Beschaulichkeit und Ausgeglichenheit, die wir traditionell von Frankreich gewohnt waren, unterliegt völlig dem Wandel. Beispielsweise werden die ominösen Tafelrunden nach wie vor gepflegt, aber die Geschäftsessen dauern keine Stunden mehr, sondern nehmen kürzere Formen an. Das Leben konzentriert sich in der Stadt und weniger auf dem Land. Frankreich hat sich zu einer Konsumgesellschaft gewandelt.

Frankreich ist das flächenmäßig größte Land in Westeuropa, was bedeutet, dass das Verhalten der Franzosen eine Kombination aus lateinischen und nordeuropäischen Verhaltensweisen ist. Franzosen haben charakteristische kulturelle Verhaltensnormen, die manchmal widersprüchlich erscheinen. Beispielsweise denken Franzosen rational analytisch. Gleichzeitig können sie Schlussfolgerungen sowie Denkprozesse mit einer explosiven Emotionalität und Leidenschaft zum Ausdruck bringen. Franzosen positionieren sich durch ihre expressive Redensart, viele Worte und mit kartesianischem Denkvermögen.

Sie sind infolge des hohen Bildungsniveaus in der Lage, Umstände schnell zu erfassen, und besitzen eine sehr ausgeprägte Auffassungsgabe. Auf der anderen Seite legen sie aber oftmals wegen ihrer rigiden Hierarchien und strengen Unternehmensstrukturen Entscheidungen lahm. Trotz der Forderung nach *égalité* ist Frankreich eine der am stärksten hierarchisch geordneten Kulturen. Fraternisierung mit Untergebenen ist nicht an der Tagesordnung.

Vorstellen, Begrüßen und Händegeben

Das Händeschütteln ist bei Vorstellungen, Begrüßungen und Verabschiedungen sehr wichtig. Begleitet wird das Händegeben immer von einem persönlichen Gruß ohne Namensnennung.

Beispiel: „Bonjour, Monsieur."

Mit *„Monsieur"* oder *„Madame"* ohne Nachnamen werden auch die Franzosen angesprochen, die einen Professoren- oder Doktortitel vorweisen können. Sich selbst stellt man immer ohne Titel vor.

Küsschenbegrüßungen, *faire la bise,* auf die Wangen sind nur privat verbreitet. Je nach Temperament von zweimal bis viermal. Die Anzahl hängt ganz von der Region ab, in der Bretagne dreimal, in Paris viermal und im Süden dreimal. Natürlich nur ein Lufthauch auf die Wange, keine Schmatzerei!

Neutrale Grußformeln sind: *„Bonjour, guten Morgen, guten Tag", „bonsoir, guten Abend"* und *„au revoir, auf Wiedersehen".* Diesen Grußformeln fügt man die Anrede *Madame, Mademoiselle, Monsieur* oder *Messieurs, Mesdames,* meist verkürzt auf *Messieurs-Dames,* hinzu.

Auf keinen Fall im Geschäftsleben mit *„Salut, hallo, tschüss"* grüßen.

Sehr oft kommt auf die Begrüßung *„Bonjour!"* die Frage *„Ça va? Wie geht's?".* Eine ehrliche Antwort wird hier wie im Deutschen nicht erwartet. Man antwortet darauf mit *„On fait aller! Es geht, man tut, was man kann!"*

Man sollte sich nicht zu schnell selbst vorstellen. Es ist besser abzuwarten, wie die Franzosen uns in ihre Hierarchie einfügen und uns persönlich bekannt machen.

Das allgemeine Winken beim *Verabschieden à la Américaine* ist nicht erwünscht. Man gibt jeder Person bei der Verabschiedung die Hand. Den Satz *„Have a nice day!"* unbedingt vermeiden. Er klingt zu salopp.

Frauen brauchen bei der Begrüßung und beim Handschlag die Handschuhe nicht auszuziehen. Allerdings sollte bei der Begrüßung der Blickkontakt intensiv und ernst gehalten werden.

Förmliche Anreden

Grundregeln

Kennt man den Namen einer Person nicht, ist es erlaubt, sie mit *„Monsieur, Mademoiselle* oder *Monsieur ohne Nachnamen"* anzusprechen. Auch den Kellner im Restaurant kann man so heranrufen.

Man befindet sich immer auf der sicheren Seite, wenn man eine Frau mit *Madame ohne ihren Nachnamen* anspricht, egal ob die Frau verheiratet ist oder nicht. Unverheiratete Frauen wünschen manchmal eine Anrede mit *Mademoiselle.*

Spricht man viele Personen an, sagt man einfach *Messieurs-Dames.*

Franzosen lieben Berufstitel sehr. Es gibt einige hunderttausend Franzosen, die den Titel *„Monsieur le Président"* tragen und so auch korrekt angesprochen werden. Jeder Vorsitzende eines Vereins trägt diesen Titel, der auch öfter genannt wird. Ehrenzeichen werden von den französischen Geehrten so oft wie möglich getragen. Berufstitel sind in Frankreich wichtiger als in Deutschland.

In hierarchisch strukturierten Unternehmen wie in Frankreich schreibt man wichtige ausländische Geschäftsbriefe am besten immer direkt an die Geschäftsleitung, an den *„Président-directeur général"*.

In geschäftlichen Situationen wird der *Président-directeur général* mit *„Monsieur le Président"* oder *„Monsieur le Président-directeur général"* angesprochen. Vor allem Untergebene sprechen ihren Vorgesetzten so an. Personen auf gleicher Ebene sprechen sich mit *„Monsieur"* oder *„Madame"* ohne Nachnamen an.

Anreden in Briefen/beim Vorstellen von Personen

Monsieur,	Sehr geehrter Herr ...,
Madame,	Sehr geehrte Frau ...,
Mesdames, Messieurs,	Sehr geehrte Damen und Herren,
Mademoiselle,	Fräulein ... (wird verwendet, wenn man weiß, dass man an eine sehr junge, unverheiratete Frau schreibt)
Monsieur l'Avocat (général)	Herr Rechtsanwalt
Madame la Directrice	Frau Direktor
Monsieur le Maire	Herr Bürgermeister
Madame le Maire	Frau Bürgermeisterin
Monsieur l'Adjoint	Herr Bürgermeisterstellvertreter
Madame l'Adjointe	Frau Bürgermeisterstellvertreterin
Monsieur le Conseiller (= pour les conseillers municipaux)	Herr Gemeinderat/Stadtrat
Monsieur le Directeur général (= pour les directeurs généraux des administrations centrales et des industries nationalisées)	Herr Direktor (= Anrede für Direktoren der zentralen Verwaltungsbehörden und von verstaatlichten Firmen von EDF oder SNCF)

Monsieur le Directeur (= pour les directeurs et sousdirecteurs des administrations centrales et des établissements publics)	Herr Direktor (= Anrede für Direktoren und Abteilungsleiter von zentralen Verwaltungsbehörden und von öffentlichen Einrichtungen)
Monsieur le Directeur	Herr Direktor (= an den Leiter einer Abteilung in einem Betrieb)
Madame la Directrice	Frau Direktor (= an die Leiterin einer Abteilung in einem Betrieb)
Monsieur le Chef du Personnel	Herr Vorsitzender/Herr Personalleiter (= an den Personalleiter eines Unternehmens)
Monsieur le Président-directeur général	Herr Generaldirektor/ Herr Vorstandsvorsitzender

Ansprechen von Frauen mit/ohne Titel

Bei Personen, die eine offizielle Funktion begleiten, wird in der mündlichen Anrede der Titel einfach angehängt. Bei Damen bleibt meist der Titel in männlicher Form.

Beispiele: *Madame le Ministre*
Madame le Professeur
Madame le Maire

Komplizierter verhält es sich, wenn eine Frau mit einem Mann verheiratet ist, der einen Titel, *un titre,* trägt. Normalerweise hat die Ehefrau eines Mannes, der Inhaber eines offiziellen Titels ist, keinen Anspruch darauf, dass sie mit dem Titel ihres Ehemannes angesprochen wird. Allerdings gibt es auch bei dieser Regel Ausnahmen. Die Frau eines Marschalls, *„un maréchal“* und eines Botschafters *„un ambassadeur“*. In diesen Fällen werden die Frauen mit *„Madame la maréchale“* – *„Frau Marschall“* – und mit *„Madame l'ambassadrice“* – *„Frau Botschafterin“* – angesprochen.

Es kommt vor, dass der Titel des Mannes in der weiblichen Form verwendet wird, wenn man mit den Ehefrauen von hohen Beamten *„un magistrat“*, von Präfekten *„un préfet“* oder von Offizieren *„un officier“* spricht. Beispiele hierfür sind *„la préfète“*, *„la sous-préfète“*, *„la générale“*, *„la mairesse“*, *„la colonelle“*. Dies ist jedoch nur im vertrauten Umfeld, *„dans le style familier“*, der Fall und hat eine ironische Wirkung; in der offiziellen Sprache kommen diese feminisierten Titelbezeichnungen nicht vor.

Wenn es in der offiziellen Sprache jedoch eine feminisierte Form eines Titels gibt, dann sollte diese auch verwendet werden.

Ausnahmen:

„l'avocate", „la présidente", „la secrétaire", „la députée", „la conseillère", „l'inspectrice", „la pharmacienne", la directrice".

Die Frauen werden angesprochen mit:

„Madame la présidente" oder *„ Madame la directrice".*

Im Gegensatz dazu stehen die folgenden Titelbezeichnungen, die in der maskulinen Form stehen bleiben und vor die das Wort „madame" oder „femme" gesetzt werden:

„une femme professeur, eine Lehrerin", „une femme ingénieur, eine Ingenieurin", „une femme médecin, eine Ärztin" oder *„madame le Maire, Frau Bürgermeisterin".*

Allgemeine Regel:

Eine allgemein verbindliche Regel, was das Hinzufügen oder das Weglassen von Titeln angeht, gibt es nicht. Es gibt zum Beispiel Personen, die auf ihren Titel sehr viel Wert legen. In diesem Fall sollte man beim Vorstellen den Titel mit anbringen. Andere Personen hingegen sind bescheidener und ziehen die Diskretion vor. In einer solchen Situation sollte der Titel weggelassen werden.

Akademische Titel

Die universitären Titel, wie Professor oder Doktor, nehmen in Frankreich eine wesentlich geringere Bedeutung als in Deutschland ein. Die Universitäten in Frankreich spielen keine große Rolle – dagegen wohl die *Grandes écoles.* Sie können allerdings keine Titel vergeben. Bestenfalls spricht man einen Mediziner mit *„Docteur Dupont"* an.

Anreden von Adeligen

Adelstitel werden in der Regel von demjenigen genannt, der die anwesenden Personen vorstellt: Monsieur Granger wird der Gräfin des Pins vorgestellt. Vor einem Adelstitel wird nie die Bezeichnung „Herr" (= „monsieur") oder „Frau" (= „madame") genannt. Der Adelstitel „Herzog" bzw. „Herzogin" bildet die Ausnahme: *„Monsieur le Duc des Pins".*Wenn die Person, die vorgestellt wird, nicht das Familienoberhaupt ist, dann sollte diese mit dem Vornamen vorgestellt werden: *„Le comte Alain des Pins",* also Graf Alain des Pins. Es verhält sich ähnlich bei der Ehefrau eines Grafen: Vor dem Namen der Ehefrau kann der Vorname des Ehemannes – also des Grafen – genannt werden, wenn dieser nicht das Familienoberhaupt ist: *„La comtesse Alain des Pins"*. Es ist aber auch möglich, dass die Ehefrau einfach mit der Formel *„la comtesse des Pins"* angesprochen wird.

Bei einem weniger formellen Empfang, eher einem persönlichen Abendessen an einem öffentlichen Ort oder aber im Berufsleben können Titel weggelassen werden. Es hängt hier ganz vom Taktgefühl ab, ob man die Titel nennt oder unter den Tisch fallen lässt. Der folgende Dienstgrad dagegen wird jedoch immer genannt: *„colonel des Pins"*, zu Deutsch *„Oberst des Pins"*.

Personen mit Adelstitel werden normalerweise nicht mit ihrem Titel angesprochen, es sei denn, man schreibt ihnen einen Brief. Dies ist allerdings auch nur dann gültig und verbindlich, wenn man an einen Prinzen oder an eine Prinzessin schreibt: Die Anrede lautet in solchen Fällen *„Prince"*, *„Princesse"* oder aber *„Monseigneur"* oder *„Madame"*, wenn es sich um Prinzen oder um Prinzessinnen handelt, die gerade regieren, also an der Macht sind.

Schreibt man an einen Herzog oder an eine Herzogin, dann werden diese mit *„Monsieur le Duc"* bzw. mit *„Madame la Duchesse"* angesprochen.

Ein *de* oder *d'* deutet nicht automatisch Adel an. Wenn *de* in einem Namen auftaucht, dann wird es meist groß geschrieben *„De"*. Es kommt in vielen flämischen Namen vor, beispielsweise in Cornelius *De Vos*.

Anreden mit „Maître"

Akademiker, *„les académiciens"*, und große Künstler, die sehr berühmt und bekannt sind, beispielsweise Musiker, Maler oder Schriftsteller, werden mit *„maître"* angesprochen.

Anreden am Telefon

Am Telefon meldet sich in Frankreich der Angerufene nur mit *„Allô?"* oder *„Allô, ici Madame Gachet"*. Die Firma meldet sich dann mit: *„Maison Pfidor – Bonjour!"* Er meldet sich meist nicht mit dem Namen.

Ruft man in einem französischen Unternehmen an, dann fragt die Sekretärin: *C'est de la part de qui, s'il vous plaît?* Erst dann nennt man seinen vollen Vor- und Nachnamen.

Beispiel: *„Ici, Peter Müller"* oder *„Peter Müller à l'appareil!"*

Duzen und Siezen

Niemals das vertrauliche *„tu, Du"* im Geschäftsleben von sich aus nutzen, sondern immer die höfliche *vous-Form.* Dies gilt auch dann, wenn man Sekretärinnen oder Dolmetscher anredet.

> Wird im Geschäftsleben von einer dritten Person der Vorname angeboten, dann nimmt man diesen Vornamen an und spricht diese Person sehr förmlich mit *vous* an. Bitte nicht mit *tu!*

Mit „Du" spricht man einen Kollegen nur dann an, wenn er dazu besonders eingeladen hat oder wenn er selbst dazu übergeht.

Franzosen duzen sich, wenn sie Absolventen der gleichen *Grande école,* einer Elitehochschule, sind, unabhängig vom Alter und unabhängig von dem Sozialstatus, den jeder einnimmt. Absolventen unterschiedlicher Grandes écoles duzen sich nicht.

Schriftverkehr

Höflichkeitsformeln

Wer besonders höflich wirken möchte, verwendet den Konjunktiv, der für Franzosen als Zeichen der besonderen Wertschätzung obligatorisch ist.

Beispiele: *Je voudrais ... vous demander ...*
Pourriez-vous ... me dire ...

Aufforderungen, etwas zu tun, kann man elegant durch folgende Worte abmildern:

Beispiele: *Soyez gentil ... Seien Sie doch so freundlich ...*
Faites-moi le plaisir... Tun Sie mir den Gefallen ...
Ayez la bonté/la gentillesse ...
Haben Sie die Güte/die Freundlichkeit ...

Beispiele für Anreden im Schriftverkehr

Schreibt man einen Brief an einen Geschäftsführer eines Betriebes, ist die Wendung *„Monsieur le Directeur"* bzw. *„Madame la Directrice"* praktikabel.

Wenn man hingegen ein Schreiben an den Vorsitzenden eines Vereins oder einer Gesellschaft, „une société", verfasst, dann lautet die Anrede *„Monsieur le Président"* bzw. *„Madame la Présidente".*

Sind sich der Absender und der Empfänger des Briefes in irgendeiner Weise bekannt oder gar befreundet, so werden vor die Anrede entweder die Adjektive *„cher"* bzw. *„chère"* oder die Possessivpronomen *„mon"* bzw. *„ma"* gestellt. Dies wirkt jedoch sehr persönlich!

Beispiele:

„Chère Madame et Amie" oder *„Mon cher Docteur et Ami"*.

> *Regeln:*
>
> In der *Anrede* (= l'appel) und in der *Grußformel* (= la formule de politesse), wird der Name nicht genannt, auch wenn er bekannt ist.
>
> In der Anrede und in der Grußformel werden generell die gleichen Anreden verwendet: Wenn man zum Beispiel in der Anrede *„Mesdames, Messieurs"* schreibt, dann muss man in der Grußformel auch *„Mesdames, Messieurs"* verwenden. Die Anrede wird in der Grußformel also wiederholt.

Außerdem muss man wissen, dass die Anreden „Monsieur" und „Madame" weder in der Anrede noch in der Grußformel abgekürzt werden dürfen. Man wird also nie *M.* für *„Monsieur"* oder *Mme* für *„Madame"* schreiben!

Je länger die Grußformel ausfällt, umso höflicher wirkt sie! Man sollte also gerade bei der Grußformel nicht zu sparsam mit Worten sein! Folglich ist die Grußformel *„Veuillez recevoir, Mesdames, Messieurs, l'expression de nos sentiments les plus distingués"* die höflichste und beste und sollte in jedem Fall verwendet werden!

Einige Briefabschlüsse

Veuillez agréer, Monsieur et cher client, mes salutations distinguées.

Förmlich: L'expression de ma haute considération.

Veuillez recevoir, Madame, l'expression de mes sentiments très respectueux.

Bei großer Vertrautheit: amicalement oder *amitié.*

Unter Freunden: Je t'embrasse oder *grosses bises.*

Vorsicht! Bei der Verabschiedung muss die Anrede *„Madame,Monsieur, Monsieur et cher client"* wieder aufgegriffen werden. Auch bei der schriftlichen Begrüßung gilt die Form *„Monsieur et cher client/sehr geehrter Kunde"* als sehr höflich.

„p.p. oder *p.pon"* heißt *par procuration* und zeigt die Prokura eines französischen Geschäftspartners an.

Aufbau eines Adressfeldes

Monsieur **Philippe Dumont**
Service des ventes
Editions Superbonne S.A.
Immeuble XV
8, rue de la Concorde
F-78009 Toulouse

S.A. ist eine Abkürzung für *Société Anonyme* und bedeutet, dass es sich um eine Aktiengesellschaft handelt. Die Bezeichnungen *rue* und *avenue* werden nicht mit Großbuchstaben geschrieben, sondern oft im Adressfeld mit r. oder av. abgekürzt. Der Name der Stadt oder der Kommune wird immer mit Großbuchstaben geschrieben. Ein B.P. würde *boîte postale* heißen und entspricht dem deutschen Postfach. Die Abkürzung CEDEX heißt *Courrier d'entreprise à distribution exceptionnelle,* das ist eine Sonderzustellung von Geschäftspost.

Smalltalk und Konversation

Niemals über *Napoleon* negativ reden. Er ist der Stolz der Franzosen.

Franzosen lieben Diskussionen über Kunst, Literatur, Musik, Kino, Küche und Geschichte. Franzosen schwärmen von Lieblingsrestaurants oder delikaten Weinen und technologischen Errungenschaften wie dem T.G.V. (Hochgeschwindigkeitszug, *„le train à grande vitesse"*).

Niemals als Gast beginnen, über das *Privatleben* zu reden. In Frankreich wird dieses Verhalten als aufdringlich betrachtet. Dieses Thema sollte der französische Gastgeber selbst aufbringen.

Es ist unhöflich, nach dem *Alter, Beruf* oder *Verdienst* zu fragen. Ebenso nach Glauben, Politik oder Scheidung.

Unbedingt vermeiden, über den *Zweiten Weltkrieg zu* reden.

Berufliche Errungenschaften sollten niemals prahlerisch dargestellt werden. Wird man aber danach gefragt, dann bescheiden formulieren.

Neben Ricci, Laroche, Yves St.-Laurent, Pierre Cardin und Christian Dior gibt es viele *couturiers, Modeschöpfer,* über die man gerne spricht.

Welches Thema ist besonders beliebt? Paris – für Franzosen die schönste Stadt der Welt.

Tipps für das Business

Die Dezentralisierung der Regierung in Frankreich, die wachsende Privatisierung der früher einmal verstaatlichten Unternehmen und die steigende Beteiligung Frankreichs in der Europäischen Union bestimmen verstärkt *ausländische Investitionen in Frankreich.* Ganz besonders ist die französische Regierung auf Joint-Ventures der High-Tech-Industrie erpicht.

Franzosen haben Angst vor *„franglais"*. Eine Akademie mit dem Namen *„L'Académie Française"* arbeitet daran, die Reinheit der französischen Sprache zu erhalten, das heißt, alle Anglo-Amerikanismen wie *„computer/ordinateur"* oder *„surfing/planche à voile"* werden von vornherein eliminiert. Die *„Académie Française"* wurde im Jahre 1635 von Kardinal Richelieu gegründet. Die vierzig Mitglieder sind Schriftsteller, Poeten, Philosophen, Wissenschaftler und Ethnologen. Die „Académie Française" hat die Aufgabe, die französische Sprache „rein und sauber" zu halten. Dies bedeutet hauptsächlich, dass sie die französische Sprache vor Anglizismen schützen will.

Bataille de la porte/Kampf an der Tür. Der soziale Stand ist in Frankreich entscheidend dafür, wer als erstes durch die Tür tritt oder in den Aufzug darf. Man nennt das den *savoir faire-Test.* Angestellte, die im Rang niedriger sind, lassen Vorgesetzte als erstes durch die Tür bzw. in den Aufzug.

Der *Wohlfühlabstand* ist in Frankreich kleiner als in Großbritannien und in Deutschland, etwa 40 Zentimeter.

Auf den *Visitenkarten* alle erworbenen Grade und vollständigen Titel festhalten. Am besten auf der Rückseite der Geschäftskarte in französischer Sprache.

In den *Sommermonaten* Juli und August, ab dem 14. Juli, dem französischen Nationalfeiertag, finden deutlich weniger Geschäfte statt.

Arbeitsplatzsicherheit ist ein großes Kriterium für Franzosen. Die Arbeitnehmer werden selten entlassen, und die Loyalität zum Arbeitgeber ist groß.

Die *französische Sprache* war früher die internationale Sprache der *Diplomatie* und dadurch sehr weit verbreitet. Sie wurde jedoch durch das Englische ersetzt. Eine Sprache, die bei Franzosen nicht sehr intellektuell klingt. Der Geschichtsunterricht im französischen Bildungssystem beschränkt sich hauptsächlich auf die Geschichte des Landes.

Franzosen kritisierten an *Deutschen, dass sie manchmal unflexibel* sind. Die Deutschen dagegen sehen die hohe Flexibilität der Franzosen als Schwäche an, wirklich an einem Problem dranzubleiben und es auszuarbeiten.

Franzosen *diskutieren und debattieren* sehr viel. Jeder darf seine Meinung äußern. Die Entscheidungen werden aber letztendlich immer vom Directeur oder Président-directeur général ohne seine Untergebenen getroffen. Für Deutsche ist diese Vorgehensweise nicht konsensbildend und zeigt wenig Teamgeist. Oftmals bleibt man dann nicht bei einer gefällten Entscheidung, sondern beginnt die Entscheidung zu überarbeiten und an geänderte Situationen anzupassen.

Es wäre ein *grober Fehler, in der Mittagspause weiter zu verhandeln* oder eine Einladung ins Restaurant abzulehnen. Für Franzosen ist das gemeinsame Essen ein wichtiger Bestandteil der Kontaktpflege. Beim Mittagessen wird auch Wein getrunken.

Zu Abendeinladungen nach Hause immer Blumen mitbringen. Eine ungerade Anzahl von Blumen mitbringen, aber niemals dreizehn. Chrysanthemen, sie sind für Begräbnisse, rote Rosen und gelbe Blumen vermeiden. Gelb ist die Farbe für ein außereheliches Verhältnis und Untreue. Gerne werden an Gäste auch exquisite Bonbonnieres verschenkt.

Wie verhalten sich Franzosen im Geschäftsleben?

Auffallend in den französischen Büros sind die Formalität und die strenge rigide Hierarchie. Berufstitel zählen sehr viel.

Französische Manager folgen erst dann den Anweisungen ihrer Chefs, wenn sie den Sinn des Projekts verstanden haben und überzeugt sind, dass ihr Input zählt.

Die Wochenenden und das Privatleben sind für Franzosen heilig. Die freie Zeit wird für die Familie reserviert. Der Franzose lässt sich nicht durch seine Arbeit, durch Macht oder Prestige definieren. Er macht Überstunden, wenn er das muss.

Als Romanen *reden sie lauter* als die Deutschen, gestikulieren mehr, verhalten sich aber rational und akzeptieren andere Tugenden.

Franzosen sind an ihren Geschäftspartnern auch persönlich interessiert und stellen persönliche Fragen, die aber nicht das Familienleben betreffen.

Beispiele:

Welche Lebensphilosophie hat jemand?

Hat der Geschäftspartner eine ähnliche Erziehung genossen?

Kann der Geschäftspartner in seinem Land gute Kontakte vorweisen?

Eigene Kinder und Ehemann/Ehefrau niemals von sich aus erwähnen.

Viele Geschäfte kommen erst dann zustande, wenn das Vertrauen bei den Franzosen aufgebaut ist. Vertrauen wird in Frankreich geweckt durch Gefühle, Gemeinsamkeiten, gute persönliche Beziehung, Flexibilität, Originalität, Erziehung und network. In Deutschland wird Vertrauen mit anderen Attributen geweckt. Bei uns zählt eher Zuverlässigkeit, Pünktlichkeit und gute Arbeit. Franzosen reden aus deutscher Sicht viel. Nach der kartesianischen Theorie braucht der Franzose Zeit, um sein logisches Gedankengebäude zu erklären und um alle Aspekte eines Problems zu erläutern. Franzosen zeigen mehr Fantasie und Leidenschaft. Deutsche wirken auf Franzosen nicht kommunikativ genug.

Franzosen halten sich nach deutschem *Geschäftsgebaren* zu wenig oder gar nicht an die Tagesordnung. Der Grund hierfür ist, dass Franzosen ihre aktuellen Vorstellungen und Ideen in ein Meeting miteinbringen möchten, ohne Rücksicht darauf, ob ihre Ideen in der Tagesordnung vorgesehen sind oder nicht. Häufig sind Tagesordnungen auch offen.

Franzosen halten solange an *ihrer Meinung* fest, bis man ihnen das Gegenteil beweist.

Ähnlich wie Japaner haben Franzosen ein *starkes Selbstbewusstsein,* und jeder ist für sich, an deutschen Verhältnissen gemessen, individualistisch. Deutsche interpretieren daher Franzosen manchmal als nicht teamfähig. Dieses Selbstvertrauen in Kombination mit viel Wissen ermöglicht es ihnen, aus dem Team auszuscheren und eigene Wege zu gehen. Franzosen haben hohe Ansprüche.

Es ist ein *Grundwert von Franzosen,* alles Ungerechte, Unwahre oder Unmoralische aus der Welt zu schaffen. Und zwar sofort und ohne zu zögern. Deutsche gewinnen dabei den Eindruck, dass Franzosen schnell angreifen.

Ideenforschung wird in Frankreich in allen Phasen der Entscheidung in einer *Besprechung zugelassen.* Für Deutsche ist das nicht immer der geradlinige, stringente Weg der Entscheidungsfindung.

Franzosen wirken auf Deutsche manchmal chauvinistisch, weil sie nationalistisch handeln können und von anderen Ländern weniger beeindruckt sind. Allerdings entspricht das nicht der Wahrheit, wenn Deutsche glauben, dass Franzosen wenig Rücksicht auf andere nehmen. Nach Malraux, dem ehemaligen Kulturminister, ist Frankreich nur dann erfolgreich, wenn es für die Menschheit kämpft. Die französische Kultur muss missionarisch erweitert werden – *rayonnement!*

Meetings sind förmlich. Die Sitzordnungen sind hierarchisch.

Verträge können schriftlich geschlossen werden. Aber nicht immer werden sie von den Franzosen eingehalten.

Taktik und Ablauf von Verhandlungen

Bei Verhandlungen versuchen Franzosen sofort zu Beginn herauszufinden, welche Zielvorstellungen und welchen Kurs die Gegenpartei fährt. Die eigenen Ansprüche werden von den Franzosen erst spät in der Verhandlung aufgedeckt. Man steuert mit logischen Beweisen auf dieses Ziel zu. Erst wenn man ihnen ihre Logik widerlegt hat, lassen sie sich auf Kompromisslösungen ein.

Kumpelei schon am Anfang eines Meetings wird mit Misstrauen begegnet. Anreden mit Vornamen und Jackett ausziehen, gleich nach der Begrüßung, sind tabu. Themen aus dem Privat- oder Familienleben sind in einer Besprechung fehl am Platz. Franzosen suchen *beständige Geschäftsbeziehungen* und verfolgen Ziele langfristig. Entscheidungen werden in den oberen Führungsetagen gefällt und nicht durch Konsens.

Franzosen haben eine schnelle Auffassungsgabe, und trotzdem sind die Verhandlungen oft langwierig. Entscheidungen werden hinausgezögert, damit man den Geschäftspartner in seiner *Verhandlungstaktik* länger beobachten kann. Zu einer Entscheidung selbst kommt es im Verlauf des Meetings meist nicht, da der Hauptentscheidungsträger oftmals nicht unmittelbar teilnimmt. Briten und Amerikaner klagen nach Verhandlungen: „Wir haben über mehrere Stunden geredet und sind zu keiner klaren Entscheidung gekommen." Franzosen sind von Details fasziniert.

Franzosen bleiben hart bei ihren Argumenten, wenn die Verhandlungen stagnieren.

Sie bereiten sich sehr gut auf ihre Verhandlungen vor, sehen viel durch die *„französische Brille"* und haben manchmal einen schlechten Blick für das Internationale. Mangelnde Fremdsprachenkenntnisse erschweren Meetings.

Franzosen sind sehr aufmerksam und vorsichtig. Sie erwarten umgekehrt den nötigen Respekt im Umgang miteinander. In ihrer Feinfühligkeit und Ehre sind sie aber mit den hohen Erwartungen von Spaniern und Südamerikanern nicht zu vergleichen.

Wie wirkt man sympathisch auf Franzosen?

- Durch sehr förmliches Benehmen, beispielsweise Benutzen nur von Nachnamen, und sehr große Höflichkeit gegenüber Managern bzw. Entscheidungsträgern.
- Durch logisches Argumentieren. Widersprüche werden von den Franzosen aufgedeckt.

- Durch Fördern eines guten Gesprächs und deutliche aktive Teilnahme an Diskussionen.
- Wer kein angelsächsischer Anhänger ist, sammelt Bonuspunkte.
- Durch Respektieren der betrieblichen Hierarchien und der vielen Weisungsebenen.
- Durch Eleganz und stilistische Sicherheit.
- Durch gute Französischkenntnisse.
- Durch Trennen von Privat- und Berufsleben.
- Durch Schreiben von Geschäftsbriefen in einem perfekten Französisch.
- Durch sehr aufmerksames Lesen von Visitenkarten beim Empfang derselben. Das zeigt Interesse und Respekt.
- Durch Komplimente. Ein Lob für die Bemühungen des französischen Geschäftspartners, eine humane Arbeitsatmosphäre zu schaffen, den hübschen Tennisplatz usw.
- Durch Unterlassen von direkter Kritik an Franzosen.
- Durch Entschuldigen, wenn nötig. Franzosen entschuldigen sich häufig.

Beziehungen und enge Treffen schaffen

Der erste Kontakt und das erste Gespräch sollten vor Ort von Angesicht zu Angesicht stattfinden. Französische Geschäftspartner trauen dem Telefon nicht. Es wirkt zu unpersönlich und aufdringlich.

Intellektuelle Errungenschaften werden stark respektiert, *Blutsverwandtschaft* zählt im französischen Geschäft aber mehr. Über die Hälfte aller Manager stammt aus wohlhabenden und einflussreichen Familien, die sich zum größten Teil untereinander kennen.

„ENA" ist eine Abkürzung für *École Nationale d'Administration,* eine angesehene nationale Verwaltungsschule, und das *„X"* steht für *École Polytechnique.* Die *École des hautes études commerciales* ist ebenfalls eine bedeutende Akademie in Frankreich. In diesen Bildungseinrichtungen für Spitzenkräfte ist die Verbindung untereinander sehr stark. Das formelle „vous" lässt man bei Begegnungen im Geschäftsleben fallen. In diesen Gruppen befinden sich auch Premierminister und Präsidenten. Das engverwobene Geschäftsnetzwerk wird sehr geschätzt.

Geschäftliche Beziehungen können auch sehr gut über die *Freimaurer,* die *Mitglieder im Lions- und Rotary Club* geknüpft werden. Ist man selbst Mitglied dieser Vereinigungen, sollte man französische Clubkollegen kontaktieren und einen Besuch in den örtlichen Clubs abstatten.

Zehn goldene Regeln für den Beziehungsaufbau

- *Die Beziehung kultivieren.* Das heißt nicht als Erster/Erste das Geschäft auf den Tisch legen. Das zweite oder nächste Treffen – *rencontre* – planen. Viel Geduld in die Meetings mitbringen.
- *Eine Analyse durchführen.* Das heißt die Geschichte des Unternehmens und die Organisationsstruktur vor den Meetings erforschen.
- *Den richtigen Geschäftspartner wählen.* Das heißt den wirklichen Entscheidungsträger und nicht dessen Bevollmächtigten kontaktieren.
- *Viel Zeit mitbringen.* Franzosen lassen sich nicht antreiben.
- *Langeweile ist tödlich.* Niemals das Gespräch öfter oder lange stocken lassen. Dann eher ein kontroverses Argument einbringen. Schweigen gilt sogar als Ablehnung. Verbaler Fluss sollte in einer geschäftlichen Kommunikation demonstriert werden.
- *Alles formell halten.* Das heißt immer die korrekte Anredeform einhalten.
- *Keine Schuldzuweisungen einer konkreten Person zuordnen.* Schuldzuweisungen sind in einer Geschäftsbeziehung tabu. Auf das Problem besser indirekt Bezug nehmen.
- *Diplomatie ist alles.* Schlagkräftige Argumente überzeugen Franzosen.
- *Über Geld spricht man zum Schluss.* Auch wenn für uns das Geld eine wichtige Rolle spielt. In Frankreich ist es das letzte Thema bei einer Verhandlung.
- *Im Sturm ausruhen.* Bei hitzigen Debatten und emotionalem Engagement der französischen Geschäftspartner sollte man selbst Ruhe bewahren und nicht laut werden. Es gilt als *mal élevé.* Wenn mit den Armen viel gestikuliert wird und schon einige im Gesicht rot anlaufen, ist das ein gutes Zeichen. Man ist involviert und befindet sich mitten im Gespräch.

Unternehmensformen und Anreden

Der ranghöchste Direktor wird in Frankreich mit *„Monsieur le Président-directeur général“*, abgekürzt PDG, angeredet. Ein leitender Angestellter heißt *Administrateur.* Jede Abteilung hat einen Leiter, den *Directeur-général.* Eine Abteilung an sich gliedert sich dann noch in kleine Sektionen, die von einem *Chef de division,* einem *Chef de service* und/oder einem *Chef de section* geführt werden.

In französischen Unternehmen existiert eine rigide Hierarchie, verbunden mit festen Weisungsketten. Der mächtigste unter den Mächtigen ist der *Prési-*

dent-directeur général. Alle Kommunikationswege laufen senkrecht zum PDG. Stabsmanager unterstützen seine Arbeit. Der PDG ist eine starke Autoritätsfigur und muss ein sehr hohes Maß an fachlicher Kompetenz aufweisen. Bei sehr formellen Anlässen wird der PDG mit *„Monsieur le Président-directeur général"* angesprochen. Morgens beim alltäglichen Treffen im Büro spricht man ihn einfach mit *„Monsieur"* an.

Ein öffentlich-rechtliches Unternehmen kann eine *Société Anonyme (S.A.),* also Aktiengesellschaft, oder eine *Société à Responsabilité Limitée (SARL)*, eine Gesellschaft mit beschränkter Haftung, sein.

Société Anonyme S.A.

Die *Führungsstruktur der Société Anonyme* kann unterschiedliche gesellschaftsrechtliche Formen annehmen:

- Die Unternehmensleitung kann aus einem *Conseil d'Administration* (Verwaltungsrat) bestehen, der aus mindestens drei Anteilseignern besteht und von mindestens sieben Aktionären gewählt wird. Den Vorsitz hat der *Président,* der vom Conseil d'Administration gewählt wird und für das Management verantwortlich ist. Der Conseil d'Administration kann einen oder mehrere *Directeurs-générals,* Generaldirektoren, zur Unterstützung des Président berufen. Sehr oft ist es in Frankreich bei dieser Rechtsform so, dass die Funktion des Président und die des Directeur-général zum Présidentdirecteur général zusammengelegt wird. Die unternehmerische Exekutive und die Kontrollfunktion liegen damit kumuliert in einer Hand. Diese Personalunion ist in Deutschland nach dem Aktiengesetz nicht erlaubt.
- Oder die Unternehmensleitung rekrutiert sich aus einem *Conseil de Surveillance,* genannt Aufsichtsrat, und einem *Directoire,* dem Vorstand. Bei dieser Führungsstruktur werden keine Funktionen kumuliert. Der Vorstand besteht aus zwei bis sieben Mitgliedern. Bei mehreren Vorstandsmitgliedern gibt es einen Vorstandsvorsitzenden. Die Zahl der Aufsichtsräte beläuft sich zwischen drei und achtzehn. Die Vorstandsmitglieder werden vom Aufsichtsrat gewählt und ernannt. Der Vorstand führt das Unternehmen und wird vom Aufsichtsrat kontrolliert sowie jährlich entlastet. Die Entscheidungen werden im Vorstand mehrheitlich bestimmt.

Société à Responsabilité Limitée (SARL)

Die Gesellschaft mit beschränkter Haftung hat normalerweise weniger Anteilsinhaber. Die Inhaber berufen einen oder mehrere *Gérants,* also Geschäftsführer, ins Amt. Er wird mit *„Monsieur"* angesprochen und nicht mit *„Monsieur le Gérant"*.

Weitere Unternehmensrechtsformen

Liest man auf der Visitenkarte *SAS,* dann ist das die Abkürzung für *Société Anonyme Simplifiée.* Eine vereinfachte AG, die als Gesellschafter nur einen Aktionär benötigt. SCA ist die *Société en Commandite Anonyme* (KG aA). Die SNC ist die *Société en Nom Collectif* (OHG). Und die SCS ist eine *Société en Commandite Simple* (KG). Die *Société en participation ostenible* ist eine Arbeitsgemeinschaft oder BGB-Gesellschaft.

Restaurantetikette

Franzosen wie Briten laden ihre Geschäftspartner weniger nach Hause, sondern eher in ein Restaurant ein. Nirgendwo auf der Welt wird gutem Essen mit derartiger Begeisterung und Professionalität gefrönt.

Zwei von drei Franzosen nehmen ihr Mittagessen regelmäßig in Restaurants sein, während acht von zehn Niederländern und Briten ein Sandwich im Büro zu sich nehmen.

Niemals die *Ellbogen* oder die Unterarme auf den Tisch legen. Die Hände nicht auf die Knie legen. In Frankreich gehören *beide Hände auf den Tisch.*

Die *Serviette nicht in den Hemdkragen* stecken, sondern aufgefaltet auf den Schoß legen. Die Lippen vor und nach dem Trinken mit der Serviette abtupfen.

Gesellschaftlich sollten sich *Frauen* Wein und Wasser nicht selbst nachschenken, sondern eine dritte Person darum bitten.

Niemals vor dem Dessert das Geschäftliche klären.

Brot wird in Frankreich nicht vor dem Beginn des Menüs gekostet. Erst wenn die Vorspeise serviert wird, beginnt man das Brot zu brechen, nicht zu schneiden. Das Brot wird nicht auf dem Tellerrand abgelegt, sondern links vom Hauptteller auf das Brottellerchen. Falls kein Brottellerchen vorhanden ist, legt man das Stückchen Brot links vom Hauptteller auf die Tischdecke. In Deutschland darf schon vor dem Beginn des ersten Gangs eines Menüs am Brot genascht werden. Niemals vom Brot abbeißen!

Jeder einzelne Gang eines Menüs wird in Frankreich links von jedem Gast serviert. Die Weine rechts. Gesellschaftlich werden ausnahmslos erst alle Damen bedient, dann alle Herren. Man hebt den Teller und das Besteck von links aus und ersetzt sie zugleich von rechts. Das ist allgemein verbindlich und muss befolgt werden. In Deutschland wird der Teller von rechts eingedeckt und ausgehoben. Servierplatten werden von links vorgezeigt.

Beim Einschenken des Weins von rechts durch den Oberkellner sagt er jedem Gast mit leiser Stimme den Wein und den Jahrgang, beispielsweise „*Château du Grand Moulas 1974"*. Der Wein wird nur zu zwei Dritteln eingeschenkt und gehört in Frankreich zu jedem Mittagessen.

Möglichst während des Weintrinkens nicht *rauchen*. Der Weingeschmack wird sonst beeinträchtigt.

Und nun zum Zigarrenrauchen

Die Bauchbinde der Zigarre ist eine Erfindung des Holländers Gustav Bock, der den Handel mit Havanna-Zigarren stark vorangetrieben hat. Der Zweck einer Bauchbinde besteht zum einen darin, eine Marke von allen anderen zu unterscheiden, und zum anderen schützt sie die Finger davor, fleckig zu werden. Außerdem hält die Bauchbinde das Deckblatt der Zigarre zusammen – was bei einer guten Zigarre eigentlich nicht notwendig sein sollte. In Großbritannien ist es schlechter Stil, die Bauchbinde und damit die Zigarrenmarke vorzuzeigen. Man entfernt die Bauchbinde, wenn man die Zigarre ein paar Minuten geraucht hat, damit der Klebstoff der Bauchbinde sich durch die Wärme des Rauchs leichter löst. Versucht man vor dem Rauchen die Bauchbinde zu lösen, dann läuft man Gefahr, das Deckblatt zu beschädigen. In Frankreich löst man die Bauchbinde eher nicht.

Sitzordnung – la place à table!

In Frankreich sitzen sich Hausherr und Hausherrin in der Tischmitte gegenüber, während in Großbritannien jeder von ihnen am Ende des Tisches sitzt. Der männliche Gast *Monsieur Dumont* sitzt rechts von der Gastgeberin und der männliche Gast *Monsieur Matthieu* links von ihr. Der weibliche Gast *Madame Matthieu* sitzt rechts vom Gastgeber und der weibliche Gast *Madame Dumont* links von ihm. In dieser Position wird jedes Paar gleichermaßen gewürdigt.

Damen und Herren sollen abwechselnd sitzen. Die Tische mit sechs, zehn, vierzehn und achtzehn Gästen ermöglichen die oben beschriebene Sitzordnung. Bei acht, zwölf oder sechzehn Personen muss die Gastgeberin einen Platz weiterrücken, um einen Wechsel zwischen Dame und Herr einzuhalten.

Die größte Angst – *dreizehn am Tisch!* Dreizehn Personen am Tisch bringt Unglück. Besser ist es noch, eine Person zusätzlich einzuladen, damit diese schicksalsträchtige Zahl vermieden werden kann. Ab acht Personen am Tisch bereitet man handgeschriebene Tischkarten mit dem Namen inklusive Titel des Gastes vor. Oft wird bei gesellschaftlichen Anlässen bei verheirateten Frauen der Name des Ehemannes auf die Karte geschrieben.

Beispiel: Madame Jean-Claude Lalane

In Deutschland ist diese Vorgehensweise absolut unüblich, ja eigentlich verpönt. Verheiratete Damen haben ihren eigenen Namen auf ihrer eigenen Tischkarte.

Einige französische Spezialitäten

Claires spéciales grosses. Das sind besonders große Austern. Außer der Bezeichnung *Claires* für Austern spricht man auch von *Huîtres* und von *Gravettes.* Das Austernfleisch wird mit der Austerngabel von der Schale gelöst. Die Schale wird zum Mund geführt und ausgeschlürft. Schlürfgeräusche sind erlaubt.

Clovisses. Das sind Muscheln, die meistens roh mit Zitrone serviert werden.

Escargots de Bourgogne. Das sind Schnecken aus der Bourgogne, mit Champignons zubereitet. Mit der Schneckenzange hält man das Schneckenhaus fest. Mit der kleinen Gabel holt man das Fleisch raus.

Wenn man *Oursins* auf der Speisekarte liest: Vorsicht, skurrile Leckerbissen! Hier handelt es sich um Seeigel, die entweder roh gelöffelt oder kurzgekocht wie ein Ei längshalbiert mit etwas Zitrone gegessen werden. Man nennt sie auch *châtaignes de mer* oder *hérissons marins.* Der Koch hat bereits in der Küche an der Unterseite des Seeigels ein Deckelchen aufgeschnitten und die ungenießbaren Esswerkzeuge sowie Innerein dabei entfernt. Zur Dekoration lässt er diesen Deckel auf dem Seeigel liegen, der später vom Gast am Tisch entfernt wird. Die gelborangenen, nach Jod schmeckenden Eierstöcke bzw. die Gonaden, die der Fachmann *Zungen* nennt, holt man als Restaurantgast mit einem Löffel heraus und genießt sie roh. Enthalten die Eierstöcke Rogen, dann ist er äußerst delikat. In Frankreich ist der Verkauf von Mai bis September verboten.

Pâté de foie gras. Das ist eine Gänseleberpastete.

Praires. Venusmuscheln, die wie Austern gegessen werden.

*Bouillabaisse.*Die klassische Bouillabaisse soll unbedingt drei Sorten Fisch enthalten: Drachenkopf, Knurrhahn, Meeraal und viele andere Fische.

Homard grillé. Ein gegrillter Hummer. Zum Hummeressen benötigt man Hummergabel, Hummerzange und die Finger. Für die Reinigung der Finger solle eine Fingerschale eingedeckt sein. Die Scheren werden mit der Zange geknackt. Die Gelenke der Beine werden gebrochen, dann wird das Fleisch mit der Hummergabel herausgeholt.

Lotte. Die Franzosen nennen den Seeteufel Lotte.

Grenouilles sautées provençales. Das sind Froschschenkel in Öl gebraten, und heiß in einer Butter-Knoblauch-Petersilie-Mischung, eine *persillade,* geschwenkt, gesalzen und gepfeffert. Die Froschschenkel werden wie Geflügel mit Messer und Gabel gegessen.

Kein französisches Essen ohne Brot als Beilage. Von der Vorspeise bis zum Käse gibt es Brot. Meistens gibt es *Baguette,* zerstückelt in kleinen Körbchen. In Deutschland gibt es Brot nur zu den Vorspeisen. Dann wird das Brottellerchen abgeräumt. Auf Wunsch des Gastes kann es aber auch stehen bleiben.

Hat man in Frankreich kein Extratellerchen für das Brot, darf auch auf der Tischdecke, links vom Hauptteller, gekrümelt werden. Franzosen allgemein haben mit der Reinheit oder den Flecken der Tischdecke keine Probleme. Brot wird als sättigendes Grundnahrungsmittel genutzt, und die weiche Baguettemasse eignet sich vorzüglich zum dezenten Auftunken von Soßen. Bitte nicht anfangen, die Teller und Töpfe mit der Baguettemasse auszuputzen! Und bitte schon gar nicht das Messer mit der Baguettemasse reinigen. Beobachten kann man auch, dass vergossene Getränke mit Brot aufgesaugt werden. Wo Tischkultur gefragt ist, ist dieses Verhalten völlig tabu! Brot muss übrigens gebrochen werden und wird nicht mit dem Messer geschnitten.

Das Wort *Salat* darf auf einer Menükarte geschrieben sein. Aber nicht das Wort *fromage, Käse,* da es kein gutes Abendessen ohne Käse gibt. Die Suppe nicht kalt blasen.

Die klassische Reihenfolge eines französischen Menüs ist folgende:

Hors-d'oeuvre (Vorspeisen)

Entrées (Eingangsgerichte) warm oder kalt (Salat)

Potages et soupes (Suppen)

Poissons (Fische)

Trou Normand (Eissorbet)

Viande (Fleisch)

Grillades et rôtis (Gegrilltes und Gebratenes)

Au feu de bois (Vom Holzkohlenfeuer)

Entremets (Süßspeisen)

Fromages (Käse)

Pâtisseries (Gebäck) oder *andere Desserts*

Fruits (Früchte) oder *Glaces* (Eis)

In Frankreich gibt es über 750 Käsesorten. Bitte auch niemals ein ganzes Stück Brot mit Käse belegen bzw. nicht eine Stulle schmieren. Ein mundgerechtes Stück Brot mit den Händen abbrechen und mit einem mundgerechten *Stück Käse* belegen. Erlaubt ist auch, einen Bissen Brot und ein Häppchen Käse abwechselnd zu essen. Beim Käseessen bleibt man bei der Weinsorte, die man schon zum Hauptgericht hatte. Käse wird in Frankreich in der Speisekammer bei zehn bis achtzehn Grad gelagert. Bestenfalls im Hochsommer finden wir ihn im Kühlschrank. Wenn ein Käse seine Qualitätskriterien erfüllt, wird er wie der Wein mit einem *AOC-Prädikat* versehen. Das heißt *Appelation d'origine contrôlée.* Es gilt in Frankreich als ungezogen, Käsespitzen auf der Käseplatte abzuschneiden. Man nimmt auch zunächst nur eine Käsesorte auf den Teller und nicht ein ganzes Käsesortiment. Die Franzosen genießen den Käse am häufigsten in der Reihenfolge mit zunehmender Fettstufe und Festigkeit. Zunächst ein frischer Schafskäse, dann folgt ein milder Weichkäse und zum Abschluss ein pikanter Blauschimmelkäse. Die Käserinde kann man durchaus mitessen. Abschneiden sollte man sie nur, wenn sie zu hart oder zu würzig ist.

In einfacheren Restaurants wird oft nach dem Käse ein Stück Obst serviert. In teuren Restaurants wird man stattdessen nach dem Käse *eine Süßspeise* oder *pâtisserie* anbieten. Wird Obst serviert, dann wird auch eine *Wasserschale* eingedeckt. Diese Wasserschale nicht mit der orientalischen Sitte des Händewaschens verwechseln, sondern in der Schale die Früchte waschen.

Der *Digestif* schließt den Magen und den Abend. Er wird zum Kaffee gereicht. Welche Digestifs werden besonders gern getrunken? Als Erstes sind die Obstwässer und Weinbrände zu nennen, quasi die *eau-de-vie/Branntwein/Schnaps: armagnacs* und *cognacs,* die aus Weißwein destilliert werden. Sie tragen die höchsten Qualitätsbezeichnungen: drei Sterne bedeuten ein Mindestalter von 36 Monaten, *V.O. und V.S.O.P.* heißen *Very Old bzw. Very Superior Old Pale,* auf französisch auch *réservé,* ein Mindestalter von mindestens vier bis fünf Jahren. Die nächsthöhere Qualitätsstufe lautet für den armagnac Q.S., qualité supérieure. Für den Cognac, der dann mehr als zehn Jahre alt ist, V.V.S.O.P.

In Frankreich gilt, nur das einfache Volk stößt mit den Gläsern an. Während Geschäftsessen also nicht die Gläser klingen lassen, wenn der dezente Ton *comme il faut* herrscht. Die vornehme Zurückhaltung verbietet diese Emotionalität. Nicht auf das *Santé* warten, vielleicht wartet man vergebens. Bitte dann zu trinken anfangen, wenn der Gastgeber/die Gastgeberin selbst beginnt.

In Frankreich keine russischen langen *Toasts* aussprechen, sondern in der Kürze liegt die Würze.

Hat man als Gastgeber eine Flasche Wein erhalten, dann muss dieses Weingeschenk an diesem Abend geöffnet und getrunken werden. Außerdem gilt es als höchste Verletzung des *Weincodex, Wein* überhaupt mit Wasser zu verdünnen. Auf Französisch heißt das *couper son vin.* Nach dem Espresso trinkt man keinen Wein mehr, sondern andere alkoholische Getränke, beispielsweise Liköre oder Branntweine.

Grad der Fleischzubereitung

- *Saignant* ist die Bezeichnung für blutiges Fleisch. Es wird nur ganz kurz von beiden Seiten angebraten.
- *Bleu* ist die Bezeichnung für rotes Fleisch, das etwas länger gebraten wurde.

- *A point* nennt man das Fleisch, das tatsächlich völlig durchgebraten ist. Man brät es aber in Frankreich wesentlich kürzer als in Deutschland.

Gestik, Mimik und Körpersprache

Die Franzosen sind genaue Beobachter der nonverbalen Kommunikation.

Die Franzosen reden mit ihren Händen so viel wie mit dem Mund.

Der Blickkontakt im Gespräch ist unerlässlich.

Franzosen sind mit Lächeln sehr vorsichtig.

Das Abzählen mit den Fingern beginnt nicht mit dem Zeigefinger, sondern mit dem Daumen.

Das Schnippen mit dem Finger, um den Ober heranzurufen, gilt als unhöflich.

Das Kinn reiben heißt, dass eine Sache oder ein Gespräch schwerfällig oder langweilig ist.

Das Naseputzen in der Öffentlichkeit wirkt grob. Niesen am Tisch ist in Ordnung.

Das *„Okay-Zeichen"*, ein mit einem Daumen und Zeigefinger geformter Kreis, heißt in Frankreich *„null"* oder *„wertlos"*, und nicht wie in Deutschland *„okay!"*

Das Okay wird mit dem Daumen nach oben angezeigt.

Ein Schulterzucken allein bedeutet: *„Dies ist lächerlich – ich bin nicht besorgt!"*

Spielt ein Franzose eine *imaginäre Flöte,* dann spricht eine andere Person zu lange, und es ist allen langweilig geworden.

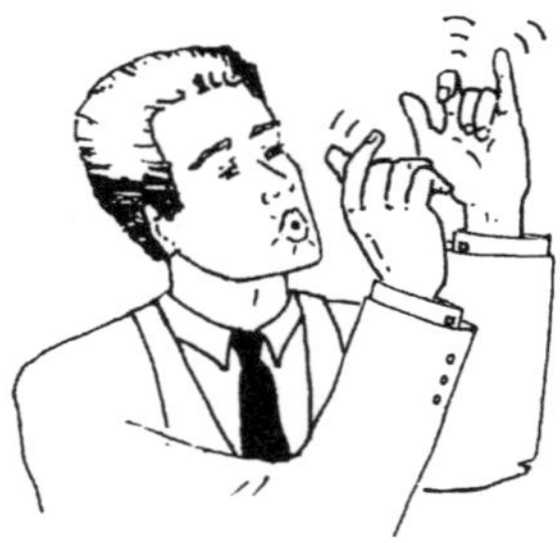

Augenzwinkern gilt in Frankreich als unhöflich.

Zwickt sich jemand mit den Fingern in die Nase, heißt das, dass jemand betrunken ist.

Das Fingerzeigen auf eine Person ist völlig tabu. Um auf jemanden zu zeigen, nimmt man die gesamte Hand, deren Handfläche nach oben geöffnet ist.

Mit den Fingern schnalzen ist in Frankreich vulgär.

Den eigenen Körper, die Haltung und die Gefühle sollte man immer unter Kontrolle haben. Während eines Treffens oder Essens niemals die Ellbogen auf den Tisch legen.

Absolut tabu sind das Sprechen mit Händen in den Taschen und das Aufschlagen der Handflächen über eine geschlossene Faust.

Das nachfolgende Zeichen heißt in Frankreich *„das ist beinahe perfekt"*. In anderen Ländern Europas wird dieses Zeichen als grob angesehen. Im Unterschied zum „wertlos"-Zeichen mit rundem Daumen und Zeigefinger wird bei diesem Zeichen der Zeigefinger abgeknickt.

Pünktlichkeit

Zeit wird in Frankreich flexibel gehandhabt. Meetings fangen selten pünktlich an. Oft wartet man auf den Président-directeur général, bis die Diskussion richtig losgeht. Zum Teil kommen die Geschäftsleute zu spät und ohne Entschuldigung. Kollegen und Geschäftspartner fühlen sich dabei aber nicht beleidigt. Als Ausländer sollte man aber immer pünktlich erscheinen.

Politik und Religion

Frankreich ist eine Präsidialrepublik mit einem parlamentarischen System. Die Legislative stellt die *„Nationalversammlung/l'Assemblée nationale"* dar. Sie besteht aus einem Präsidenten, der vom Volk direkt in zwei Wahlgängen gewählt wird und aus einem Premierminister, dem Mehrheitsführer der Legislative.

Die Mehrheit der Franzosen ist römisch-katholisch. Es gibt noch Protestanten, Juden und Moslems. Sehr interessant ist die Tatsache, dass neben den Katholiken der Islam die zweitstärkste Religion in Frankreich darstellt, mit etwa 5 Millionen Muslimen.

Business-Outfit

Ein Meeting ist ein förmlicher Anlass. Deshalb erscheinen Franzosen auch sehr förmlich gekleidet, das heißt im dunklen Anzug. Sie tragen dazu das aktuelle Parfum und eine modische farbige Krawatte. Die Franzosen kleiden sich im Business immer mit Stil und Eleganz.

Damen

Französische Frauen geben ihre Weiblichkeit, *Stil* und *Eleganz* in der Geschäftsarena nicht auf. Seidentücher, manikürte Nägel und leichtes Make-up werden von ihnen bevorzugt.

Die klassischen Kostüme und Hosenanzüge für das Geschäftsleben können aus Tweed, Wolle, einfarbig, Hahnentrittmuster oder Schottenkaro usw. sein. Nie zu viel Schmuck auf einmal tragen. Genauer beschrieben: niemals mehr als neun auffällige Teile am Körper tragen. Dazu gehören: Ohrringe, Haarspangen, Ringe, Armband, Uhr, Halskette, Gürtel, Schals, Handtasche, Brille usw., sonst wirkt es zu überladen, und das einzelne Schmuckstück kommt nicht zur Geltung.

Geschäftsfrauen sollen selbstbewusst, aktiv und nicht zu bescheiden auftreten.

Herren

Prinzipiell sollte ein *Herrenanzug* abends nach 18 Uhr niemals braun sein. Diese Farbe ist der Sportkleidung vorbehalten. Sehr gerne werden in Frankreich dunkelgraue Anzüge aus Flanell, Anzüge mit Prince-de-galles-Muster, grauer Harris Tweed, marineblaue zweireihige Blazer mit einer grauen Flanellhose oder dunkelblaue Anzüge getragen. Der dreiteilige Anzug wird immer weniger im Geschäftsleben getragen.

Dazu trägt der Mann häufig weiße Hemden mit einer modischen Krawatte. Die *Manschette* sollte höchstens zwei Zentimeter aus dem Jackettärmel herausragen. Wenn möglich, keine Hemden mit kurzen Ärmeln tragen.

Der elegante *Smoking* wird aus *Köper* oder aus *Barratea,* einem Gemisch aus Wolle und Mohair, oder aus reiner schwarzer Wolle mit Aufschlägen in Mattsatin hergestellt. Im Sommer dürfen die Jacke aus weißer Seide und die schwarze Hose aus leichtwolliger Gabardine sein. Die Strümpfe sollten immer knielang aus feiner Wolle oder Kaschmir sein. Die Farbe der Strümpfe bilden eine farbliche Brücke zwischen Schuh und Hose. Keine T-Shirts unter den Hemden tragen. Keine Armbänder, Halsketten, keine Ringe, außer dem Siegelring. Keine Wappen auf Taschentücher oder Hemden sticken lassen. Dort ist nur Platz für die Initialen.

Die Krawatte wird nach der offiziellen Dienstzeit schnell abgebunden. In den Restaurants findet man die Franzosen sehr häufig ohne Krawatte vor, und die Jacketts werden leger über die Stuhllehne gehängt. Ausgenommen sind natürlich sehr offizielle Veranstaltungen und höherpreisige Restaurants.

Bei Einladungen in das Privathaus sollte man sich formell kleiden. Niemals das Jackett ablegen, bevor man nicht dazu ermuntert worden ist.

Besondere Feiertage

1. Januar	Der Neujahrstag wird oft mit Austernessen gefeiert.
März/April	Ostern
1. Mai	Tag der Arbeit
8. Mai	Ende des Zweiten Weltkrieges, Sieg über Hitler-Deutschland
Mai/Juni	Christi Himmelfahrt
14. Juli	La Fête Nationale/Französischer Nationalfeiertag. Zum Gedenken an die Französische Revolution 1789 und zur Gründung der Republik feiern Franzosen diesen Nationaltag mit einer großen Parade mit vielen Ehrengästen auf dem Prachtboulevard „Champs-Elysées“ in Paris.
15. August	Mariä Himmelfahrt
1. November	Toussaint, Allerheiligen
11. November	Ende des Ersten Weltkrieges
25. Dezember	Noël, Weihnachten

Grundvokabular

Bonjour!	Guten Tag!
Ça va?	Wie geht's?
Bien, merci!	Danke, gut.
Je m'apelle ...	Ich heiße ...
Au revoir.	Auf Wiedersehen.
Le Matin	Der Morgen
L' Après-midi	Der Nachmittag
Le Soir	Der Abend
La Nuit	Die Nacht
Demain	morgen
Aujourd'hui	heute
Hier	gestern
Pardon?	Wie bitte?
Pardon!	Entschuldigung!
Je ne comprends pas.	Ich verstehe nicht.
... s'il vous plaît?	... bitte.
Pourriez-vous m'aider?	Können Sie mir helfen?
Merci.	Danke.
Excusez.	Entschuldigen Sie.
Ça ne fait rien.	Das macht nichts.
Ça coute combien?	Wie viel kostet das?
La carte	die Speisekarte
La Rôtisserie	das Grillrestaurant
La Crêperie	Kleines Restaurant für Pfannkuchen
Est-ce que vous parlez français?	Sprechen Sie französisch?
L'addition, s'il vous plaît!	Die Rechnung bitte!
Hors-d' oeuvre	Vorspeisen
Les Entrées	Eingangsgerichte
Garçon, s'il vous plaît!	Herr Ober!
C'est pour vous!	Das Trinkgeld ist für Sie!
Garçon l'addition, s'il vous plaît!	Herr Ober, die Rechnung bitte!

Inhalt

Großbritannien – gentlemanly

Es gibt kein Land in Europa, das so außergewöhnlich zahlreiche Verhaltensformen und Regeln kennt wie Großbritannien. Die Ursache liegt in der Unterschiedlichkeit der Landesteile England, Schottland und Wales.

An einem entscheidenden Grundsatz halten alle britischen Landesteile fest – *der Vorliebe zur Tradition.* Was ist das Erfolgsrezept für den brillanten britischen Bilderbuchrasen? *Die traditionelle tausendjährige Kultivierung!* Die sorgsam gepflegte Tradition und die britische Kontinuität spiegeln sich in den geschäftlichen Verhaltensnormen, den traditionellen Universitäten in *Cambridge* und *Oxford* sowie in den Parlamentseröffnungen wider.

Dieses Kapitel behandelt erfolgreiche Umgangsformen mit Kunden, Mitarbeitern, Vorgesetzten und Team-Kollegen aus Großbritannien. Trotz der zahlreichen Unterschiede von Land zu Land und der verschiedenen Gesellschaftsklassen gibt es eine bestimmende Ober- und Mittelschicht, die die britische Form maßgeblich beeinflusst.

Eliteschulen wie beispielsweise *Eton public schools* und Universitäten wie in Oxford und Cambridge unterstützen die gesellschaftliche Elitebildung. Dort haben Kinder die Gelegenheit, ein Beziehungsgeflecht für das spätere Leben aufzubauen, das *Old boys network.* Für den Geschäftserfolg in Großbritannien sollte man sich Klarheit über dieses Beziehungsgeflecht verschaffen. Die aristokratische, anglikanische und monarchische Tradition betont die Wichtigkeit der gesellschaftlichen Beziehungen, die mit der Klasse verbunden ist und damit, welche Persönlichkeit man ist und welche man kennt.

Auf die Einhaltung bestimmter Rituale, Bekleidungsvorschriften und Verhaltensregeln, die oft mehrere Jahrhunderte alt sind, wird großer Wert gelegt.

Korrektes Vorstellen, Grüßen und Bekanntmachen

Sich und andere Personen vorzustellen, ist in Großbritannien besonders von Bedeutung. Kurioserweise existiert eine Person gesellschaftlich nur zur Hälfte, bis sie einer Gruppe vorgestellt wird bzw. bis man sich selbst vorstellt.

Sich-selbst-Vorstellen

Die feine britische Art ist, dass man von Dritten vorgestellt wird. Es kann sein, dass es nicht angemessen ist, sich selbst vorzustellen, beispielsweise wenn man sich in einem Personenkreis einer höheren Gesellschaftsschicht befindet.

Männer sollten sich nicht selbst als *„Mr Smith"* bezeichnen. Der *Familienname* oder der *Vor- und Zuname* reicht aus. Das Gleiche gilt für Frauen. Die amerikanische Art, sich selbst vorzustellen, wird in Großbritannien zunehmend praktiziert. Man wartet nicht mehr auf die Vorstellung durch Dritte.

Regeln für das Vorstellen und Bekanntmachen Dritter

- Als allgemeine gesellschaftliche Regel gilt: Männer werden immer Frauen vorgestellt. Im Falle von Personen des gleichen Geschlechts werden Jüngere Älteren vorgestellt.
- Im Businessleben dagegen zählt nicht Geschlecht oder Alter, sondern der berufliche Rang. Das heißt, der Rangniedrigere, egal ob Frau oder Mann und welchen Alters, wird immer dem Ranghöheren vorgestellt!

> Im Geschäftsleben entscheidet im Umgang mit Mitarbeitern und Kunden immer der Geschäftsrang/die Hierarchie und nicht das Geschlecht oder das Alter der Geschäftspartner. Wichtige Ausnahme: Man empfängt ein verheiratetes Kundenpaar, dann sind das Geschlecht und das Alter von ganz wichtiger Bedeutung. Die Dame wird zuerst begrüßt und dann erst der Herr.

Altmodische Ritterlichkeit spielt im modernen Geschäftsleben keine Rolle mehr. Es ist beispielsweise nicht notwendig, dass die Herren jedes Mal aufstehen, wenn eine Dame ein Meeting betritt. Und wo im gesellschaftlichen Leben Männer immer den Frauen vorgestellt werden, ist es unmöglich, in einem Unternehmen den Vorstandsvorsitzenden einer Sekretärin vorzustellen!

- Die höflichste Formulierung des Vorstellens ist: *„Serena, darf ich dir Peter Beech vorstellen?"*, *„Serena, may I introduce Peter Beech to you?"* oder einfach *„Serena Ash, dies ist Peter Beech!"*, *„Serena, this is Peter Beech!"*.
- Eilige Geschäftsleute sagen kurz: *„Peter Beech – Serena Ash."*
- Verheiratete Paare werden individuell vorgestellt und nicht als *„Peter und Betty Beech"*. Vor allem die Damen mit eigenen Berufskarrieren werden heute mit ihren eigenen Namen im gesellschaftlichen und beruflichen Kontext vorgestellt. In diesen Fällen ist es manchmal hilfreich, in der Konversation einen Hinweis auf deren Ehestand zu geben: *„Dies ist Betty Oak, die Ehefrau von Peter"* – *„This ist Betty Oak, Peter's wife"* oder *„Darf ich Ihnen Kristina Happy vorstellen? Dies ist Harry Lucky!"* *„May I introduce Kristina Happy? That's Harry Lucky!"*

Konservativere Briten stellen ein Ehepaar vor mit: *„Mr and Mrs Tom Married"*. Der Vorname des Ehemannes wird vor den Familiennamen gesetzt, und der Vorname der Ehefrau fällt völlig weg.

> *Regel:*
>
> Bei der Vorstellung Dritter Vor- und Nachnamen verwenden. Ohne Mr und Ms!

Indirekte Vorstellung

Wenn man Geschäftsleute ohne eine formelle Vorstellung in eine Konversation hineinziehen möchte, kann man folgendermaßen vorgehen: *„Henry, Jeanie hat mir von der neuen Kursentwicklung der BP-Aktie erzählt!"* Eine klassisch-britische Art einander vorzustellen. *„Henry, Jeanie has told me about the latest development of the BP-shares!"*

Besonderheiten bei der Vorstellung von Frauen

Die Wahl der Nachnamen der Frau, wenn sie einmal verheiratet ist, kann auch Probleme aufwerfen. Viele Frauen arbeiten aus Einfachheitsgründen weiterhin unter ihrem Mädchennamen. Andere Frauen mit eher traditionellen Ansichten in Bezug auf die Heirat übernehmen den Namen des Mannes.

Andere schließen einen Kompromiss, indem sie den Nachnamen ihres Mannes annehmen, aber ihren eigenen Vornamen beibehalten. Anstatt mit *„Mrs John Married"* angesprochen zu werden, würde eine verheiratete Frau sich *„Mrs Jane Married"* bei der Arbeit nennen. Eine zunehmende Anzahl von Frauen übernimmt die amerikanische Form der Doppelbildung der beiden Namen der Ehepartner. Aus Stephanie Single wird bei ihrer Hochzeit mit Mr Miller *Stephanie Single-Miller.*

In Großbritannien ist Augenkontakt minimal in der Konversation, ebenfalls beim Bekannt machen. Wenn man mit jemandem bekannt gemacht wird, blickt man ihm kurz in die Augen und sieht dann schnell wieder zur Seite. Ist eine Beziehung gewünscht oder soll Interesse gezeigt werden, dann ist unbedingt Blickkontakt notwendig. Blickkontakt zu vermeiden, ist ein sehr gebräuchlicher Weg zu sagen: *„Ich will ungestört sein! I do not wish to be disturbed!"*

Wichtige Tipps für das richtige Grüßen und Verabschieden

Der korrekte Gruß bei einer Vorstellung ist: *„How do you do?"* oder *„Pleased to meet you!"* Diese Art der Begrüßung ist keine echte Frage, sondern erwartet als Antwort ebenfalls: *„How do you do?"* und nichts weiter. Man antwortet bitte *nicht* mit *„sehr gut, danke"*, sondern wiederholt nur die Frage. *„Very well, thank you!"*

Das amerikanische *„How are you?"* sollte beim allerersten Kontakt vermieden werden. Erst beim zweiten oder dritten Wiedersehen fragt man: *„How are you?"*. Der Geschäftspartner antwortet dann mit: *„Fine, very good, thank you!"*, ohne seine physische oder psychische Verfassung in Erwägung zu ziehen. Diese Frage ist äußerst floskelhaft zu bewerten und erwartet von vornherein ein *„fine"* als Antwort.

Ein Gruß ist ebenfalls: *„Nice to meet you"*. Allerdings nur beim ersten Treffen. Bei allen weiteren Meetings fragt man: *„Nice to see you!"* Worauf die Antwort lautet: *„Nice to see you, too!"*

Das lockere *„Hallo/hello"* im Geschäftsleben unter Geschäftsführern und Vorständen ist normalerweise nicht üblich, es sei denn, die Geschäftspartner kennen sich schon seit längerer Zeit oder das Treffen ist weniger formell. Mitarbeiter gleicher Ebenen grüßen im Geschäftsalltag durchaus mit *„Hello"*.

„Good morning" wird bis 12.00 Uhr mittags verwendet. Ab high noon dann das *„Good afternoon"*. Ab 18.00 Uhr *„Good evening"*.

Es ist verpönt, bei der Begrüßung Briten in amerikanischer Art auf den Rücken zu schlagen. Ebenso sollte man nicht die Arme um die Schultern des Geschäftspartners legen.

Das amerikanische allgemeine Zuwinken bei der *Verabschiedung* ist nicht gerne gesehen. Das Beenden eines Gesprächs mit der amerikanischen Redewendung *„Have a nice day!"* sollte vermieden werden. Für Briten ist diese Vorgehensweise zu salopp.

Begrüßung durch Händegeben

Nur beim Kennenlernen von Geschäftspartnern ist es üblich, sich die Hände zu schütteln. Das Gleiche gilt für abendliche Einladungen. Die gesellschaftliche Konvention schreibt vor, dass die Frauen die Hand zuerst anbieten. Im Geschäftsleben jedoch strecken beide Parteien ihre Hände sofort aus.

Im normalen Geschäftsalltag werden am Morgen in den Büros auf keinen Fall die Hände geschüttelt!

Werden britische Gäste in Deutschland empfangen, dann gibt der Gastgeber dem Ranghöchsten, egal ob Mann oder Frau, zuerst die Hand.

Kommen Deutsche in Großbritannien zu einem Geschäftsmeeting, dann streckt der ranghöchste britische Gastgeber seinen Gästen zuerst die Hand entgegen.

Der Händedruck sollte diskret fest ausfallen.

Wenn die Hände geschüttelt werden, dann gilt es als elegant, dabei den Kopf ganz leicht zu beugen, zu lächeln und der Person in die Augen zu sehen.

Kussattacken sind im Geschäftsleben völlig tabu.

Umarmungen als Begrüßung gibt es wirklich nur unter sehr gut Befreundeten im Business. Männer umarmen sich nie!

Mündliche Anreden

Anrede mit Vornamen

Im Geschäftsleben spricht man sich bald unter Kollegen aller Stufen und beider Geschlechter mit Vornamen an. Dies weist nicht auf ein Freundschaftsverhältnis hin, sondern ist Ausdruck eines lockeren Umgangs.

Der Ranghöhere kann dem Rangniedrigeren den Vornamen anbieten, allerdings nicht wie in den USA beim allerersten Treffen, sondern beim zweiten oder gar dritten Meeting.

> Ist der Geschäftspartner deutlich in der Rangfolge höher angesiedelt oder betagt, sollte er unbedingt mit *Mr, Mrs, Lord oder Lady Whosoever* angesprochen werden. Die formellere Anrede ist im Zweifel dann die bessere. Sie wird von Vorständen und Geschäftsführern von Großfirmen, Rechtsanwaltskanzleien und Steuerberatungsgesellschaften etc. erwartet.

Gebrauch von „Sir, Madam und Ma'am"

Im normalen Geschäftsalltag ist die Anrede *„Sir"* sehr gebräuchlich, vor allem nach Fragestellungen wie: *„Can I help you, Sir?"*

Sir in Verbindung mit Vornamen findet man im Gesellschaftlichen und bei Adeligen sowohl im Mündlichen als auch im Schriftlichen.

Beispiel:

Elton John, der von der Queen im Jahr 1999 zum Ritter geschlagen wurde, wird mit *„Sir Elton"* angesprochen. In Briefen wird er allerdings mit *Sir Elton John* angeschrieben.

Vorgesetzte werden von ihren männlichen Untergebenen auch mit *„Sir"* (mein Herr) angesprochen, wenn sie sich einschmeicheln wollen, oder von Dienstboten und Chauffeuren.

„Madam" sollte tunlichst nicht im Geschäftsleben genutzt werden. Dieser Ausdruck ist ungebührlich und stellt die höchste Beleidigung einer Geschäftsfrau überhaupt dar. „Madam" gibt es nur in der Einzahl. „Ma'am" ist die Abkürzung für Madam.

Ausnahmen

Der Begriff „Madam" ist nur in folgenden Fällen erlaubt:

Ein weibliches Vorstandsmitglied einer Public Limited Company/plc wird mit *„Madam Chairwoman"* angesprochen.

Wenn in Kaufhäusern besserer Klasse, wie „Harrods" oder „Harvey Nichols" in London, die Bedienung fragt: *„Can I help you, Madam?"*

In Briefen steht *„Dear Sir!"* oder *„Dear Madam!"*

Besonderheiten in der mündlichen Anrede

Bei offiziellen Anlässen wird der männliche Vorstand einer *Public Limited Company/plc,* beispielsweise von Rover, mit *„Mr Chairman"* und der weibliche Vorstand mit *„Madam Chairwoman"* angesprochen. Sind mehrere Vorstandsvorsitzende von unterschiedlichen Firmen anwesend, dann werden die Herren mit *„Messers Chairmen"* und die weiblichen Vorstandsvorsitzenden mit *„Madam Chairwomen"* angeredet.

Anrede und Anschrift „Dame" als Pendant zum „Sir"

Königin Elisabeth II. vergibt die Titel *„Dame"* und *„Sir"* zu Neujahr und zu ihrem Geburtstag, beispielsweise an Schauspielerinnen wie *„Dame Judy Dench"*. Frauen können von der Queen ebenfalls zum *„Knight of the British Empire"* (deutsch: Ritter) geschlagen werden. Dann ist die Anrede dieser Frau ebenfalls: *„Dame mit Nachname"*. Zuteil wird diese Bezeichnung auch Frauen, die sich für Wohltätigkeitsorganisationen einsetzen oder besondere Verdienste in der Politik vorweisen können. Dieser Titel wird nicht vererbt.

Anrede von Adeligen

Erhebung in den Adel auf Lebenszeit oder in den Ritterstand durch die Königin sind die höchsten Auszeichnungen, die es in Großbritannien gibt.

Adelige, wie „Earl of Wherever" oder „Baron of Whatnot" müssen mit *„Earl Wherever"* oder *„Baron Whatnot"* bezeichnet werden. Der Titel „Lord" steht dem Adeligen nicht automatisch zu, sondern wird unter ganz bestimmten Umständen von der Königin verliehen. Siehe Kapitel „Lord und Lady".

Herzöge, *„Dukes"* und Herzoginnen, *„Duchesses"*, werden mit *„Duke"* oder *„Duchess"* bezeichnet. Die besonderen Titel, wie *Earl of XY* und *Baron of XY* werden für Umschläge, Erwähnungen in Zeitungen etc. reserviert. In der mündlichen Sprache werden die Adelstitel ohne *„of"* verwendet.

Ein Adeliger mit vererbtem Adelstitel oder ein von der Königin Geadelter wird mit *„Sir"* plus Vornamen angeredet, auch im Brief.

Anrede von „Lord" und „Lady"

Welche *Voraussetzungen* müssen vorliegen, damit eine Person *Lord* genannt werden darf?

> Die Person hat den *Titel Lord geerbt* oder
>
> die Person ist *Lord Justice* oder
>
> *Member of the House of Lords* oder
>
> von der *Königin zum Lord* ernannt worden.

„Lord Justice" entspricht in Deutschland quasi einem Richter am Bundesverfassungsgericht.

> *Regeln für die mündliche Anrede:*
>
> „Lord plus Familienname oder verliehener Name".
>
> „Lady plus Familienname oder verliehener Name".
>
> Lord mit Familiennamen ohne „of".
>
> Den Vornamen nicht dazusetzen.
>
> Adelige können nicht automatisch mit „Lord" und „Lady" angesprochen werden.

Falsche Anrede:

„Ich glaube nicht, dass Sie John Dewsbury, den Lord of Yorkshire, bereits getroffen haben."

„I do not believe that you John Dewsbury, the Lord of Yorkshire, are affected."

Richtige Anrede:

„Ich glaube nicht, dass Sie Lord Yorkshire bereits getroffen haben!"

„I do not believe that you Lord Yorkshire are affected."

oder

„I do not believe that you, M'Lord, are affected."

Ein *„Lord"* wird mit Familiennamen bzw. verliehenem Namen angesprochen.

Mitglieder des *„House of Lords"* sind Adelige, kirchliche Würdenträger und von der Königin zum Adel *„Geschlagene"*. Sie werden mit *„Lord plus Nachname"* angesprochen.

Der Lordtitel kann unter konkreten Voraussetzungen weitervererbt werden. Großgrundbesitzer beispielsweise können den Lordtitel an ihre Nachfahren weitergeben. Ein *politischer Lord* muss persönlich erworben werden und ist nicht vererbbar.

Anrede „M'Lord" und „M'Lady"

[*milord*] Diese Anrede gibt es nur in der mündlichen und nicht in der schriftlichen Form. Der Titel stammt aus früheren Zeiten, wird aber unter den Briten aktuell noch bei Fragestellungen verwendet. Übersetzt *„Mein Herr"* bzw. *„Meine Dame"*, darf natürlich nur derjenige angesprochen werden, der auch tatsächlich ein Lord/eine Lady ist. Der Nachname wird nicht mitangehängt. Eine Princess könnte ebenfalls mit M'Lady angesprochen werden.

Beispiel:

„Are there the balance sheets, M'Lord?"

Bei einem Lord-Justice ist eine Anrede mit *„M'Lord* bzw. *M'Lady"* ebenfalls üblich.

Anrede von Arbeitgebern

Wenn es darum geht, wie das Personal seine Arbeitgeber anspricht, so sind die Regeln noch immer formell. *Sir* und *Madam, Mr und Mrs,* gefolgt von dem Familiennamen, und *My Lord und My Lady* oder *Your Lordship und Your Ladyship* sind immer noch an der Tagesordnung.

Anrede von Hochkommissaren und Botschaftern

Bei offiziellen Anlässen sollte traditionell ein Hochkommissar des Commonwealth oder ein Botschafter mit *„Ihre Exzellenz – Your Excellency"* angesprochen werden. In der Unterhaltung dann mit „Sir" oder „Madam" oder mit dem Namen, falls dieser bekannt ist. Sollte der Anlass eher gesellschaftlich sein, dann ist *„High Commissioner/Botschafter"* die geeignete Anrede. Das Ansprechen mit dem Namen ist nur zulässig, wenn er oder sie Ihnen bekannt ist.

Eine weibliche Adaption dieser Rollen gibt es übrigens nicht. Der Ausdruck „Botschafterin" ist nur eine rein höfliche Formel, die für die Ehegattin des im Dienst befindlichen Botschafters Anwendung findet. Die Ehegattin des Hochkommissars des Commonwealth und männliche Ehegatten von weiblichen Botschaftern kennen diesen Schmuck nicht.

Anrede von „McArthur und seiner Gattin"

„Mc" ist keine bestimmte Anredeform, sondern ein Teil eines schottischen Nachnamens. Familienclans haben diesen Namensbestandteil weitervererbt. Heute hat dieser Name keine besondere Bedeutung mehr. „Mc" heißt „Sohn von". „Mc" verrät nicht, ob die Geschäftsperson weiblich oder männlich oder

gar noch ein Minderjähriger ist. „Mc“ und der nachfolgende Familienname kann je nach Familientradition zusammen oder auseinander geschrieben sein.

Wie spricht man eine Person mit „Mc“ an?

Beispiel*: Mc Mary ist der komplette Nachname.*

Anrede: Mr Mc Mary, Ms Mc Mary, Mrs Mc Mary.

Anrede von Frauen im Geschäftsleben: „Miss oder Mrs oder Ms?“

Wie in Deutschland auch, sollte man in Großbritannien die Bezeichnung *„Miss“* für eine Frau unbedingt vermeiden. Diese Titulierung von Geschäftsfrauen ist nicht mehr üblich und wäre inzwischen auch beleidigend. Allerdings kann es durchaus vorkommen, dass sehr betagte Frauen aus der gewohnten Vergangenheit resultierend mit „Miss“ angesprochen werden möchten, dann sollte man sie auch mit *„Miss“*, ansprechen.

Die Anrede *„Mrs“*, [misiz], steht eindeutig für eine weibliche Person, die verheiratet ist.

Beispiel: „Mrs Miller wants to see you!“

Zunehmend hatten die Frauen mit diesem Titel im Berufsleben die bittere Erfahrung gemacht, dass sie im Vergleich zu ihren männlichen Kollegen aufgrund ihrer nach außen getragenen Verheiratung, gekoppelt mit der „potenziellen Gefahr“, eine Familie gründen zu wollen, benachteiligt worden sind. Bewerbungsschreiben wurden fadenscheinig zurückgeschickt bzw. im Vorfeld abgelehnt, eine berufliche Höherstufung war fast immer unterbunden worden.

Schon in den 70er Jahren hatte man in den Vereinigten Staaten eine wesentlich diplomatischere Form der Anrede praktiziert: *„Ms“*, gesprochen .

Beispiel: „Please, take a seat, Ms Usher!“

Diese Frauen sind verheiratet oder nicht, das heißt die Frau begegnet ihren neuen Arbeitgebern in puncto Familienstand völlig neutral. Diese Vorgehensweise haben die Geschäftsfrauen in Großbritannien adaptiert. Es ist nicht nur Trend, sondern sogar üblich, mit „Ms“ angesprochen zu werden. Unterstützt wird dieses clevere Vorgehen durch die Tatsache, dass britische Frauen bei der Verheiratung in den meisten Fällen ihren Namen nicht ändern.

Allerdings gibt es auch im Geschäftsleben noch Frauen, die das *„Mrs“* in der Anrede wünschen und dies ihren Arbeitskollegen auch mitteilen.

Zu beachten ist, dass Mr, Mrs, Ms und Miss im Schriftverkehr ohne Satzzeichen dahinter verwendet werden, da es eigenständige Wörter sind.

Falsch: Mr., Mrs.

Richtig: Mr, Mrs

> *Tabu:*
>
> Es gilt als äußerst unhöflich, eine Dame zu fragen, ob sie mit „*Mrs*“ oder „*Ms*“ angesprochen werden möchte.

Anrede „Master“

Die Anrede „*Master*“ ist äußerst altmodisch und bezeichnet das männliche Pendant zur „Miss“.

Anrede „Mister“

„*Mr*“ ist ein allumfassendes demokratisches männliches Präfix, das im Geschäftsleben in Kombination mit dem Familiennamen üblich ist.

Anrede von Vorständen und Geschäftsführern, siehe „Unternehmensstrukturen und Hierarchien“ *(siehe Seite 55).*

Mündliche Anrede von Geschäftsleuten mit Titeln

Anrede von Geschäftsleuten mit akademischen Titeln

Der Allgemeinarzt wird mit „*Dr. plus Nachname*“ angeredet. Die medizinischen Spezialisten, wie Chirurgen, spricht man mit „*Mr plus Nachname*“ an. Der Doktortitel eines Arztes wird mündlich ausgesprochen und im Schriftverkehr auch geschrieben. Hierbei handelt es sich um einen *MD*, einen *Medical Doctor.*

Sonst regiert das *britische Understatement!* Diese Untertreibung wird bewusst eingesetzt, wenn man davon ausgeht, dass das Gegenüber über den Rang und die Position Bescheid weiß. Hat ein Wirtschaftswissenschaftler promoviert, wird sein Doktortitel weder mündlich noch schriftlich verwendet! Eine logische Herleitung dieser Regeln ist nicht möglich, da bei den Anredeformeln *allein die Tradition* die Vorgehensweise diktiert.

Beispiel: „Doctor Smith, come over here!“

Der Professorentitel wird, falls vorhanden, wie in Deutschland ebenfalls genannt.

Beispiel: „Professor Johnson, please sign here!“

Der Professor, gleich welcher Fakultät, wird immer mündlich und schriftlich mit *„professor"* angeredet bzw. schriftlich betitelt. Allerdings darf im Schriftverkehr „professor" mit „Prof." und „doctor" mit „Dr." abgekürzt werden. Das gilt für das Adressfeld wie für die schriftliche Anrede: *„Dear Prof. Smith"*.

Besitzt eine Person den Doktor- und den Professorentitel, wird bei offiziellen Veranstaltungen nur der höchste Titel genannt. Sehr zu beachten ist, dass im Britischen *Mr* und *Ms* in der mündlichen Anrede weggelassen wird, sobald ein Doktor- oder Professorentitel vorhanden ist. In Deutschland dagegen sagt man: *„Herr Professor Müller"*.

Es gibt im Britischen keine weiblichen Bezeichnungen für *„doctor"* oder *„professor"* und auch keine weiblichen Berufsbezeichnungen.

> *Regel in der mündlichen Ansprache:*
>
> „Professoren- oder Doktortitel plus Nachname"
>
> *Beispiel: „Professor Miller"*

Weitere akademische Titel

B.Sc[Econ]	Bachelor of Science in Economics
M.A.	Master of Arts
M.Sc.	Master of Science
Ph.D.	Doktorat

Auf Visitenkarten und Grußformeln von Briefen ist der Brite wohl auf seine erworbenen, verliehenen und ererbten Titel bedacht. Genannt werden aber obige akademische Titel bei einer Begrüßung nicht.

Was tun bei einer verzwickten Kombination von Adel und akademischem Titel?

In der mündlichen Anrede dominiert eindeutig der Adelstitel. Der Professorentitel oder Doktorentitel wird weggelassen.

> *Regel:*
>
> Earl of Whatsoever und Professorentitel
>
> Mündliche Anrede: *„Earl Whatsoever"*

Die Träger akademischer oder adeliger Titel würden diese bei der Selbstvorstellung nie benutzen.

Eine stetig zunehmende Ungezwungenheit verwischt die alten Höflichkeitsregeln, sodass das Vorstellen von Personen mit Titeln für viele Geschäftsleute schwierig wird.

Als allgemeine Regel gilt:
Personen mit Titel fühlen sich bei einer zu großen Vertrautheit verletzt.

Gelegentlich kann es vorkommen, dass titelführende Aristokraten Visitenkarten überreichen, auf denen der Titel durchgestrichen ist. Das ist ein Zeichen dafür, dass man die Person bei einem zwanglosen Gespräch ohne Verwendung des Titels ansprechen darf.

Schriftliche Anreden

Allgemeine Regeln

Schriftliche Anreden *im Brief* bzw. *auf dem Briefumschlag:*

Anrede im Brief	*Briefumschlag*
Dear Professor Simms	Prof. John F. Simms
Dear Doctor Peters	Dr. M. L. Peters
Dear Ms Smith	Ms Anne Smith Chairwoman of the Board of Directors
Dear Mr Smith	Mr Adam Smith Chairman of the Board of Directors
Dear Mr Russell	Mr J. P. Russell Managing Director Edelheim Corp.
Dear Mr Miller	Mr P. Miller Authorized Manager per pro.
Dear Earl Spencer	Charles, Earl of Spencer
Dear Norfolk	Edward, Duke of Norfolk
Dear Baron Flammer	Baron Christopher Flammer
Your Majesty	Elisabeth, Queen of the United Kingdom of Great Britain and Northern Ireland
Your Royal Highness	Anne, the Princess Royal Andrew, Duke of York

Auf der Briefanschrift wird nur der Vorname des Ehegatten erwähnt. Erst als Witwe erhält die Ehefrau wieder in der Anschrift ihren Vornamen zurück: *Mrs Elena Married.*

Regel:

Im Anschriftenfeld von Ehepaaren schreibt man sehr formal:

Mr and Mrs Tony Married

In jeder Adresse auf dem Briefkuvert müssen sämtliche Titel, akademischen Grade und Auszeichnungen vermerkt sein, sogar *O.B.E.* das heißt *Officer of the British Empire,* ein von der Königin verliehener Ehrentitel, vergleichbar mit dem Bundesverdienstkreuz.

Beispiel: Mr John Robbins, O.B.E

The Most Excellent Order of the British Empire

Das Ordensabzeichen des *Britischen Empire* wurde 1917 erstmals vergeben, um hauptsächlich die Zivilisten aus dem ersten Weltkrieg für ihre besonderen Dienste zum Wohle der Bevölkerung mit einem Orden auszuzeichnen. Der Großmeister ist der *Duke of Edinburgh.* Es gibt eine militärische und eine zivile Einordnung. Folgende Ränge, *ranks in the Order,* werden von der britischen Königin vergeben:

Knight or Dame Grand Cross	*G.B.E.*
Knight or Dame Commander	*K.B.E. oder D.B.E.*
Commander	*C.B.E.*
Officer	*O.B.E.*
Member	*M.B.E.*

Empfehlung: Wenn man keinen Fehler in der Anschrift schreiben möchte, dann sollte man sich vorher bei der Sekretärin des Geschäftspartners vergewissern.

Regel:

Soll der Brief vom Empfänger persönlich und nicht von der Sekretärin geöffnet werden, sind die Kürzel *„c/o"* zu Beginn der Namenszeile notwendig. Eine Abkürzung für *„care of"*.

Beginn eines Briefes

Beispiele: Dear Lord Purple, ... oder *Dear Mr Brown, ...*

„Dear Sir" ist für die Geschäftskorrespondenz reserviert.

„Dear John Brown," findet man in Geschäftsbriefen, eignet sich aber nicht für die gesellschaftliche Korrespondenz.

Die Verwendung von *„Dear Sir or Madam"* ist ein derartiger Schnitzer, dass die meisten Schreiben, die so beginnen, sofort in den Papierkorb wandern. Eine persönliche Anrede muss möglich sein!

Briefe, die mit *„Dear Mr Clark"* beginnen, sollten mit *„Yours sincerely"* enden, und jene mit dem Anfang *„Dear Sir"* sollen mit *„Yours faithfully"* schließen.

Briefe an Menschen, die man bereits kennt, können persönlicher ausfallen, indem *„with best wishes"* oder *„kind regards"* am Briefende hinzugefügt wird. Eine sehr persönliche Note hat ein Brief, wenn er am Anfang und am Ende per Hand geschrieben ist.

Schriftform „John Smith, Esq."

„Esq." ist eine Abkürzung für *„Esquire"* und bezeichnet eine bürgerliche Person, die früher zur Zeit Heinrichs des Fünften (1387–1422) im Kampf von „Agincourt" im Jahre 1415 einem Lord, das heißt einem Ritter, gedient hat. Als „Squire" hat er seinem Ritter das Schutzschild und die Ritterrüstung gepflegt oder die Lanze getragen. Er galt als Diener seines Ritters und seines Landes, da er in Kriegen für seinen verstorbenen Lord weitergekämpft hat.

Der Begriff wird heute noch in der Schriftform für Männer genutzt. Traditionell wurde *Esq.,* es wird nie voll ausgeschrieben, für alle Männer verwendet, die aus der oberen Gesellschaftsschicht waren, und keinen Titel hatten. Auch im Business kann jeder männliche Geschäftspartner auf diese Weise angeschrieben werden. Üblicher ist aber „Mr".

Regel:

Schriftform:	*Mr John Smith* oder *John Smith, Esq.*
Mündliche Form:	*„Mr Smith"* oder *„John"*

Beschriftung von Briefumschlägen

Der Stil von Namen der Gäste auf formellen Geschäftseinladungen

Das Aufschreiben von Namen der Gäste ist auf Karten und Umschlägen unterschiedlich. Volle Titel, Ränge und Auszeichnungen werden zwar für die Umschläge, aber nicht für die Einladungen verwendet. Geschäftspersonen ohne Titel werden einfach als *Mr* oder *Ms* auf der Karte bezeichnet. Dasselbe gilt für den Umschlag.

Regel:

Ein Lord wird mit seinem vollen Titel auf dem Briefumschlag angegeben, aber informeller auf der Karte als *„Lord plus Nachname".*

Einzige Ausnahme: Herzöge, Grafen und Barone werden auf Briefumschlägen und Karten voll betitelt.

Beispiele:	*„The Earl of Spoon"*	*auf dem Briefumschlag*
	„The Earl of Spoon"	*auf der Karte*
	„The Countess of Spoon"	*auf dem Umschlag*
	„The Countess of Spoon"	*auf der Karte*

Platzkarten dürfen niemals mit dem Computer geschrieben werden, sondern handschriftlich mit Tinte.

> *Adressfelder auf den Briefumschlägen:*
>
> *Beispiel:*
>
> Mr and Mrs Charles
>
> Flat 46, 3 Ennismuck Gardens
>
> London SW7 RB4

Visitenkarten

Üblicherweise werden die Visitenkarten am Anfang eines Gesprächs ausgetauscht. Eine Orientierung an den Gepflogenheiten des britischen Gastgebers ist hier unbedingt notwendig. Jedenfalls beginnt der Gastgeber zuerst mit dem Visitenkartenaustauschen.

Regeln bei einer guten britischen Konversation

Um Fremden eine gute Grundlage für eine Konversation zu liefern, wird empfohlen, beim Vorstellen von fremden Geschäftspersonen eine kleine zusätzliche Bemerkung zu machen. Beispiel: *„Kristina ist soeben aus Budapest zurückgekommen."*

Für den Fall, dass unbeabsichtigt *Aussagen Beleidigungen* zur Folge haben, sollten diese schnell übergangen werden, indem man zu einem anderen Thema übergeht. Bitte versuchen Sie nicht verzweifelt, sich aus diesem Schlamassel herauszuwinden. Wohlerzogene Menschen werden das Problem erkennen und Konversations-Rettungsanker zuwerfen.

Es ist keine passende Gesprächseröffnung, danach zu fragen, was der Gesprächspartner *beruflich unternimmt.* Diese Frage ist aufdringlich und kritisch für die, die keine Arbeit haben.

Briten wetten für ihr Leben gerne. Seien es die Siegeschancen eines englischen Vollblutes, das Abschneiden der eigenen Fußballmannschaft oder der Ausgang von Wahlen. Die Briten setzen auf fast alles Geld und reden sehr gerne darüber. Bevorzugte Gesprächsthemen sind Aktienkurse, Cricket, Pferderennen, Golf, Fußball und das Wetter. Letzteres ist ein Lieblingsthema der Briten zum Beginn von Small-talk.

Damen nach ihrem Alter zu fragen ist völlig tabu.

Persönliche Platitüden, wie *„Sie schauen so gut aus"* sind zu vermeiden, da diese von sensiblen Empfängern so interpretiert werden könnten, als würde man abwertende Bemerkungen über den vorhergehenden Status machen.

Niemals „Toilette" sagen , sondern *„lavatory"*.

Niemals „Lounge" sagen, sondern *„Drawing room"*.

Niemals „Kiddies" sagen, sondern *„children"*.

Trotz aller erstaunlichen Artikel in der Tagespresse empfiehlt es sich nicht, *sich über die Monarchie, die britische Politik, britische Tierseuchen* sowie die *Zustände im Land* kritisch zu äußern.

Briten mögen es nicht, wenn man in *ihr Privatleben* durch persönliche Fragestellungen eindringt. Britische Geschäftspartner fühlen sich peinlich berührt, wenn sie die letzten Einzelheiten von fremden Privatleben erfahren.

Ebenso nicht nach der praktizierten Religion oder nach politischen Affinitäten fragen. Joviales Gehabe, Schulterklopfen oder langanhaltendes Händeschütteln ist Briten zuwider.

Humor ist zwecks Auflockerung ein wesentlicher Bestandteil der britischen Konversation.

Komplimente an einen Geschäftspartner sollten auf keinen Fall zu persönlich ausfallen. Adjektive, die in einem romantischen oder sexuellen Kontext stehen, sind absolut tabu. Beispielsweise *lovely, gorgeous* oder *hot.* Die Briten ziehen eher *allgemein gehaltene Komplimente* vor.

Beispiele: *„Your office has a nice view!"*

„I like what you've done to your office!"

„That's an amazing computer, you have here!"

Tipps für das Business

Businesstermine nicht vor 9 Uhr und nicht für Montagvormittag sowie Freitagnachmittag ansetzen.

Pünktlichkeit ist gerade für Briten sehr wichtig.

Sind Geschäftsleute privat eingeladen, sollten *Blumen* mitgebracht werden. Bitte keine weißen Lilien! Sie werden bei Traueranlässen verschenkt. Die Blumen werden im Papier überreicht oder schon am Morgen der Einladung vorgeschickt.

Besonders beliebt ist der *Drink mit Kollegen* in einem Pub nach einem arbeitsreichen Tag.

Businesslunch und -dinner sind sehr beliebt, um Beziehungen zu knüpfen. Bei einem Mittagessen wird üblicherweise kein Alkohol getrunken. Das *Businesslunch* spielt eine dominierende Rolle im Vergleich zum Dinner. Frühestens zum zweiten Gang, wenn überhaupt, sollte man zum Hauptthema des Geschäftsgesprächs kommen. Die Sitzordnung bei einem Businesslunch hat nichts mit den gesellschaftlichen Konventionen zu tun. Die Geschäftspartner der Kaufpartei werden möglichst gegenüber platziert, sodass ein Drehen der Köpfe im Gespräch vermieden wird. Es gibt eine *deutliche Überlappung zwischen privatem und geschäftlichem Leben.* Geschäftsfrühstücke, Mittagessen und abendliche Besuche in Pubs sind gängig. Geschäftliche Einladungen können auf einem Golfplatz, Tennisplatz, bei Cricket- und Rugby-Spielen oder in der Oper stattfinden.

Die britischen Arbeitskräfte zeichnen sich durch eine *große Mobilität* aus, sowohl national als auch international.

Exzentrizität wird bis zu einem gewissen Grad geschätzt.

Die britische Betonung auf *Understatement* und *Reserviertheit* ist bei Geschäftsmeetings offensichtlich. Diese Reserviertheit wird von Ausländern manchmal als Distanziertheit interpretiert.

Es ist verpönt, in *Sitzungen* durch Telefonate und durch kurzweiliges Verlassen des Raumes die Gespräche zu unterbrechen. Sitzungen sind meistens informeller Natur, die mit Gesprächen über Nebensächlichkeiten beginnen und enden.

In Großbritannien kommt man erst bei *Geschäftsverhandlungen* zum Thema, nachdem kurz über außergeschäftliche Dinge gesprochen wurde.

Mit *„please, thank you, sorry"* und *„excuse me"* nicht sparen!

Waliser, Nordiren und Schotten sind Briten und keine Engländer.

Bei *offiziellen Abendeinladungen* wird nicht über das Geschäft gesprochen.

Private Einladungen für Geschäftspartner sind eher selten. Falls man doch eingeladen wird, immer der Dame des Hauses Blumen mitbringen.

Nachdem Verhandlungsergebnisse nicht per Handschlag besiegelt werden, sollte man die *Vereinbarungen im Detail* festhalten. Für einen englischen Richter zählt nur das geschriebene Wort. Deutsches Recht und ein deutscher Gerichtsstand sollte der Sicherheit wegen bei allen Auslandstätigkeiten ausgehandelt werden.

„Don't touch personal things!" Der persönliche Freiraum wird sehr respektiert, und die Briten fühlen sich unwohl, wenn man ihnen während einer Konversation zu nahe kommt. Eine Berührung wird im Allgemeinen vermieden.

Briten möchten nicht gefragt werden, *womit sie Geld verdienen* und wie viel sie für etwas bezahlt haben.

Vorsicht vor dem Wort *pants:* In Amerika heißt diese Vokabel Hose oder Jeans. In Großbritannien: Unterhose.

Verpönt ist zu *lautes Sprechen!*

Nie 13 Blumen verschenken. Die Zahl 13 bringt bei Abergläubischen kein Glück.

Die *Aussage „Ich hoffe, dass Sie noch bis zum Tee bleiben"* heißt so viel wie*: „Sie sollten sofort nach dem Tee gehen."*

Unternehmensstrukturen und Hierarchien

Die Bezeichnungen für die unterschiedlichen Führungsebenen eines britischen Unternehmens gleichen sich im Trend immer mehr den Titeln aus den Vereinigten Staaten an, beispielsweise *Chief Executive Officer* oder *Chief Financial Officer.*

Public Limited Company/plc

In Großbritannien gibt es eine *Public Limited Company/plc* (AG), die als Hauptentscheidungsgremium den *Board of Directors* hat. Er hat die eigentliche Machtquelle des Unternehmens. Gesetzlich ist geregelt, dass jede Public Limited Company einen *Board* mit mindestens zwei Vorständen aufweisen muss, die von den Aktionären gewählt wurden.

Der Vorstandsvorsitzende kann jetzt den amerikanischen Titel *Chief Executive Officer* tragen und ist für die gesamte Unternehmensleitung verantwortlich, oder er heißt *Chairman of the Board of Directors* oder *Managing Director.*

Neben dem Vorsitzenden gibt es ein Vorstandsmitglied, das die Unternehmensverwaltung und Einhaltung der Gesetze leitet, *Company Secretary.*

Es kann noch weitere Boardmitglieder geben, so genannte *Chief Financial Officers.* Sie sind speziell für das gesamte Finanzmanagement gewählt worden. Der Kaufmännische Vorstand heißt *Commercial Director,* der Exportleiter *Export Manager.*

Eine Holdinggesellschaft mit mehreren Töchtern weist einige Stufen von Boards auf, aber meist mit dem gleichen Vorstandsvorsitzenden. Diese „Zwischenboards" können dann *Local Boards,* bestehend aus *Local Directors,* heißen.

Private Limited Company/ltd.

Eine *Private Limited Company/ltd.* (GmbH) benötigt nach dem Gesetz nur einen Geschäftsführer, den *Managing Director,* der von den Gesellschaftern benannt wird.

Größere Unternehmen setzen manchmal *Non-Executive-Directors,* Aufsichtsräte, ein. Typischerweise Aristokraten, Politiker und pensionierte Beamte, die den Kontakt zur Regierung und zum Establishment halten.

Besonderheiten in der mündlichen Anrede

In Großbritannien werden die *Präsidenten* von Unternehmen *Managing Director* genannt. Der Präsidententitel hat in Großbritannien nicht die Schlagkraft und Bedeutung wie in den Vereinigten Staaten. Es sei denn, der Geschäftspartner ist Präsident einer sehr großen Firma. Der Titel *President* hat bei den Briten eher eine negative Konnotation. Amerikaner sollten von diesen Titeln absehen und sich in Europa als *Managing Director* vorstellen.

Zufall oder Termin? Treffen von Mitgliedern des Königshauses

Es ist sehr leicht möglich, Mitglieder des britischen Königshauses bei Gründungsfesten oder Wohltätigkeitsveranstaltungen zu treffen. In den Londoner Tageszeitungen *Daily Telegraph* oder *The Times* werden die offiziellen Repräsentationstermine des Königshauses bekannt gegeben.

Die königliche Familie sollte nie als *„die Royals"* oder *„the Royalty"* bezeichnet werden. Bei der Vorstellung und Verabschiedung gegenüber einem Mitglied der Königlichen Familie verbeugt sich normalerweise der Herr, die Dame macht einen Hofknicks. Natürlich nicht übertrieben oder affektiert! Eine Verbeugung hat aus dem Hals heraus zu erfolgen und nicht aus der Hüfte. Wichtig ist, dass das Gewicht auf den vorne stehenden Fuß verlagert ist. Den Handschlag sollte man nicht anbieten. Sollte die königliche Hand angeboten werden, dann diese nur leicht und kurz drücken.

Königin Elisabeth II. wird mit *„Ihre Majestät"* angesprochen. Danach ist es korrekt, sie mit *„Ma'am"* anzusprechen.

Der Prince von Wales wird mit *„Ihre königliche Hoheit"* angesprochen und danach einfach mit *„Sir"*. Die königliche Prinzessin wird mit *„Ihre königliche Hoheit"* und *„Ma'am"* angeredet.

Den „Herzog von Edinburgh" mit *„Prinz Philip"* oder den *„Prinz von Wales"* mit *„Prinz Charles"* zu bezeichnen, ist für den Personenkreis möglich, der diese wirklich gut kennt.

Königliche Einladungen sind Aufforderungen, die nicht abgelehnt werden dürfen.

Fremde Personen werden gegenüber den Mitgliedern des Königshauses präsentiert und vorgestellt, niemals jedoch umgekehrt, indem gesagt wird: *„Ihre Majestät, darf ich Ihnen Sir Arthur Tutting vorstellen?"*, *„Your Majesty, may I present Sir Arthur Tutting?"* Zu beachten ist, dass nur der Name von Sir Arthur verwendet wird und nicht der Name der Königin.

Niemals nähert man sich direkt einem Mitglied der Königsfamilie und stellt sich selbst oder andere vor. Die korrekte Form ist es, sich den Begleitpersonen, beispielsweise dem Privatsekretär, Lord Lieutenant oder Schutzbeauftragten langsam zu nähern und zu fragen: *„Glauben Sie, dass Ihre Majestät oder Seine/Ihre königliche Hoheit Lord Simson kennen lernen möchte? Do you think, that Her Majesty or His Royal Highness wishes to meet Lord Simson?"*

Ein großer Fauxpas ist außerdem, die Film- oder Fotokamera direkt auf das Gesicht eines Mitglieds der königlichen Familie zu richten.

Politische und kulturelle Highlights

Etikette im Royal Ascot

Royal Ascot ist einer der schönsten Termine im königlichen Renn- und Gesellschaftskalender. Im Juni wird der Öffentlichkeit die Gelegenheit geboten, wenn auch äußerst restriktiv, mit in der königlichen Loge zu sitzen. Nur wenige Bewerber haben Erfolg und erhalten einen Voucher. Tageszeitungen wie *The Times* und *Daily Telegraph* kündigen auf ihren Hofseiten die Termine für das Vergabeverfahren an.

Anträge müssen gestellt werden an:

Repräsentant Ihrer Majestät, The Ascot Office, St. James's Palace, London, SW1A BP. Der Antrag muss schriftlich und in der dritten Person verfasst werden. Ausländer stellen den Antrag auf den Voucher über ihre Botschaft in London.

Strikte Kleidungsregeln sind in der königlichen Loge einzuhalten:

Die Herren müssen einen Stresemann in der Farbe Schwarz oder Grau tragen. Die Westen können weiß, grau oder auch gelbbraun gehalten sein, aber keine bunten Muster. Schwarz wird als distinguierter angesehen. Eine Dienstuniform wäre ebenfalls möglich.

Ein Cut oder *Morning Suit mit Zylinder* muss nicht mehr getragen werden.

Damen kleiden sich mit einem formellen Tageskleid oder Kostüm. Hüte sind ein Muss für dieses glamouröse Pferderennen.

Das *Gold Cup Rennen* wird am Donnerstag veranstaltet, der legendäre *„Ladies' Day"*, und bietet die Gelegenheit für große Mode und große Hüte.

Etikette in Wimbledon

Den Höhepunkt des Tennisjahres stellt Wimbledon, ein Grand-Slam-Turnier auf Gras, dar. Veranstaltungsort ist der *All England Lawn Tennis and Croquet Club.* Jedes Jahr im Juni/Juli findet das Turnier statt.

Ein ungeschriebenes Etikettegesetz besagt, dass der Applaus für das Ende eines Spiels, Satzes oder Matches reserviert ist, um eine Ablenkung der Spieler so gering wie möglich zu halten.

Applaudieren während des Ballwechsels ist ein Fauxpas!

Veranstaltung für die Gewinner der Industrieehrung

Jedes Jahr zeichnet die Königin in einer Veranstaltung „Königliche Industrieauszeichnung" die Gewinner des Jahres aus, die zu Mittagessen und Cocktailparties eingeladen werden. Im Rahmen eines Stehempfangs im Februar oder März werden im Buckingham-Palast Unternehmen geehrt, die einen Preis gewonnen haben. Der Preis wird für herausragende Erfindungen, überdurchschnittliche Leistung und sozialgerechte Lösungen verliehen. Jeweils drei Unternehmensrepräsentanten werden geladen. Als Kleidung empfiehlt sich ein dunkler Anzug für den Herrn und ein Cocktailkleid für die Dame. Mitglieder des Königshauses stellen die Gäste der Königin vor.

Restaurantetikette

Es ist sehr sinnvoll, rechtzeitig anzukommen, sonst riskiert man, den reservierten Tisch zu verlieren. Der Tisch wird sehr oft schon nach 30 Minuten Verspätung weitervergeben.

Kommt der *Gastgeber zu spät,* ist es im Business inzwischen üblich, als Gast direkt zum Tisch zu gehen. Es ist jedoch unmöglich, mit dem Bestellen von Getränken und sogar noch schlimmer, mit dem Essen zu beginnen, bevor der Gastgeber eintrifft. Es ist den Gästen erlaubt, wenn ein Körbchen Brot auf dem Tisch steht, ein Stück Brot zu essen, während sie warten.

Beim Eintreten in das Lokal sollte man sich zunächst dem *Maître d'hôtel,* dem Restaurantmanager, vorstellen. Er führt den Gast zum Tisch. Die Reihenfolge im Business: Erst geht der Maître d'hôtel, dann die Gäste und zum Schluss der Gastgeber zum Tisch. Der Gast erhält den Platz mit dem Blick ins Restaurant.

Sitzordnung

Diese wird üblicherweise als *Placement* bezeichnet oder als *place à table.* Für ältere Generationen im Business ist es wichtig, hier noch nach den alten Regeln zu verfahren. Der führende weibliche Gast sitzt auf der rechten Seite des männlichen Gastgebers. Ansonsten ist dieser Platz dem ältesten der anwesenden Geschäftsfreunde vorbehalten. Der wichtigste männliche Gast findet an der rechten Seite der Gastgeberin Platz. Gastgeber und Gastgeberin sollten am Tisch einander gegenüber sitzen. Das zweitwichtigste Paar nimmt entsprechend auf der Linken des Gastgebers und der Gastgeberin Platz.

Rauchen

Es gehört sich nicht, vor dem Toast auf die Königin zu rauchen.

Während eines Geschäftsessens darf nicht geraucht werden. Nach dem Trinkspruch, wenn der Kaffee serviert wird, darf geraucht werden. Vorher sollten aber die Tischnachbarn gefragt werden. Zigarren, Cigarillos und Zigaretten sind akzeptabel, Pfeifen nicht.

Rauchen wird immer häufiger als antisoziales Verhalten betrachtet. Es wird als Beleidigung angesehen, wenn man vor der Hauptspeise raucht. Besser ist es, vor dem Rauchen seine Tischnachbarn zu fragen, ob sie das Rauchen nach der Hauptspeise stört.

Bestellung der Gerichte und des Weins

In der alltäglichen Geschäftspraxis hat sich inzwischen weit verbreitet, dass jeder Gast, egal ob Mann oder Frau, selbst sein *Gericht beim Ober bestellt.* Bei einem gesellschaftlichen Anlass und sehr förmlichen Business-Dinners ist zu empfehlen, dass der Gastgeber die Essenswünsche seiner Gäste beim Ober aufgibt. Der Gast sollte die Einzelheiten, wie beispielsweise etwas gekocht werden soll und die Beilagen, direkt mit dem Personal besprechen.

Es ist üblich, die *ersten zwei Gänge zusammen zu bestellen* und das *dessert/ sweet, Käse oder Kaffee* bis nach dem Hauptgang zurückzustellen.

Bei Geschäftsessen sind die ersten zwei Gänge mit anschließendem Kaffee üblich. Das Lunch ist normalerweise nicht so opulent.

Sollten Gastgeber/Gäste gerade *Diät* machen, wäre es sehr unangebracht, kein Essen zu bestellen. Um den Anblick eines leeren Tellers zu verhindern, sollte der Gastgeber/der Gast wenigstens einen grünen Salat bestellen.

In sehr guten Lokalen werden die Speisen auf Französisch und sehr blumig mit langen komplizierten Namen auf der Speisekarte festgehalten, beispielsweise:

„Paupiettes de saumon avec petits turbans de concombres aux jus de l'oseille sauvage",

dann kürzt man bei der Bestellung einfach ab und sagt: *„The salmon please."*

Der *Wein* wird am Tisch vom Gastgeber und von den Gästen gemeinsam ausgewählt. Der Gastgeber, unabhängig ob Mann oder Frau, bestellt daraufhin beim Ober. Der *Weinkellner* präsentiert die Flasche zuerst beim Gastgeber und dann beim Gast. Die Übernahme der traditionellen männlichen Rolle durch die Gastgeberin bedeutet, dass diese jetzt auch den Probeschluck des Weins erhält. Wenn der Wein nicht zurückgegeben wurde, dann füllt der Kellner die Gläser aller Gäste, beginnend mit den Damen, dann den Herren und er hört beim männlichen/weiblichen Gastgeber auf.

Der am weitesten verbreitete Trinkspruch ist *„cheers"*. Er heißt auf deutsch: „Zum Wohl" und ist sehr formell. *„Your health"* dagegen ist für das Geschäftsessen zu formell. Manchmal wird zum Ende eines sehr formellen Essens ein Toast auf die Königin ausgebracht. Im Übrigen werden alle anderen Toasts nicht auf Personen ausgebracht, die älter sind als man selbst, oder auf Ranghöhere.

Das Weinglas wird dann automatisch nachgeschenkt, wenn das Glas noch weniger als halbvoll ist.

Daran zu denken ist auch, dass in guten britischen Restaurants Sportschuhe, T-Shirts und Jeans nicht *comme il faut* betrachtet werden.

Servicepersonal und Trinkgeld

Auf keinen Fall sollte man die Restaurantbedienung mit *„Miss!"* rufen. Diese Bezeichnung wird in Großbritannien als vulgär eingestuft. Bitte einen männlichen Ober nicht mit dem transatlantischen *„Sir"* rufen! Man ruft dezent: *„Waiter/Kellner!"* oder *„Waitress/Kellnerin!"*. Diese Titel sind nicht beleidigend.

Wenn die Rechnung ohne Serviceaufschlag auf den Gesamtbetrag vorgelegt wird, ist es üblich, zwischen zehn und fünfzehn Prozent des Gesamtbetrages als Trinkgeld zu hinterlassen. Wenn die Leistung nicht erbracht wurde, sollte man nicht peinlich berührt sein, wenig oder gar kein Trinkgeld zu geben. Trinkgeld gibt man in Großbritannien entweder in bar, oder es wird auf dem Kreditkartenvoucher addiert. Allerdings sind die Rechnungen mit Service immer häufiger. Dann wäre es nicht mehr notwendig, Trinkgeld zu geben. Bei außerordentlich guter Bedienung sollte man einen kleinen Betrag hinterlassen.

Gute bis sehr gute britische Restaurants beschäftigen folgende Restaurantangestellte:

Restaurant staff

Maître d'hôtel	Restaurantmanager
Maître d'accueil	Empfangsmanager
Maître d'Head Waiter	Chefkellner
Wine Waiter	Weinkellner
Head Waiter	Oberkellner
Waitress	Kellnerin
Waiter	Kellner

Die amerikanische Art, nicht Aufgegessenes einzupacken, damit es mit nach Hause genommen werden kann und vermutlich später an den Hund verfüttert wird, ist in Großbritannien nicht akzeptabel.

Das gegenseitige Essen – ein Trend, Nudeln oder Fleisch von den Tellern mit Kollegen auszutauschen – ist eine unerwünschte Gewohnheit.

Wird man zum *high tea* eingeladen, dann werden Sandwiches, möglicherweise Obstkuchen und warme Pasteten in einer halbformellen Art am späten Nachmittag angeboten. Der Tee ist meist sehr stark und wird mit Milch serviert. High tea beginnt ungefähr um 17.00 Uhr und ist ein wirklicher Ersatz für das Abendessen.

Tee gibt es nur zum Frühstück oder zur Teestunde. Nach dem Mittag- oder Abendessen gibt es Kaffee.

Der späte Nachmittag ist auch die Zeit für den *cream tea,* was Tee mit Sahnegebäck und Marmelade, *Scones,* bedeutet.

Time for tea bedeutet, dass es Zeit für das Abendessen ist. Danach wird nur noch *white coffee,* also Kaffee mit Milch oder Sahne angeboten.

Ms Manners und die Tischetikette

Die besten Tischmanieren sind diejenigen, die die Essensvorgänge unbemerkt perfektionieren. Der Speisegast mit guten Manieren ist einer, der die Bedürfnisse der anderen vor seine eigenen stellt.

Gäste, egal ob Mann oder Frau, setzen sich im Geschäftsleben zuerst.

Wenn man mit einem *fait accompli,* einem Überraschungsgang, konfrontiert wird, dann isst man einfach nur wenig oder nur die Beilagen. Es wird keine Aufopferungsbereitschaft verlangt, jeden Gang des Menüs restlos aufzuessen.

Das Essen wird immer von der linken Seite serviert und die Getränke von der rechten.

Besonderheiten in Großbritannien:

Falls Salatschüsseln oder Ähnliches herumgereicht und den Gästen ermöglicht wird, sich selbst zu bedienen, so werden die Gerichte gegen den Uhrzeigersinn herumgereicht. Jeder Gast kann sich dann von der linken Seite bedienen.

Servierplatten werden vom Ober von links gereicht, damit die rechte Hand des Gastes nicht eingeschränkt wird.

Der Suppen- sowie Dessertlöffel wird nicht von vorne in den Mund gesteckt, sondern seitlich gehalten. Es wird von der Seite des Löffels gegessen.

Die Serviette darf niemals *„Serviette"* genannt werden, sondern *„napkin"*, und sollte sofort beim Hinsetzen auf dem Schoß ausgebreitet werden. Die Lippen vor dem Trinken bitte abtupfen und nicht abwischen.

Die Speisen werden auf den *Gabelrücken* gedrückt und so in den Mund geschoben. Der Rücken der Gabel zeigt immer nach oben.

Beim Suppeessen wird der *Löffel im Teller weggeschoben* und dann seitlich am Mund angesetzt. Das heißt die Bewegung des Aufnehmens des Essens mit Gabel oder Löffel, sei dies Suppe oder Erbsen, geschieht immer von einem weg.

Die Suppe wird nicht geräuschvoll eingesaugt, sondern in den Mund geneigt.

Die *normale Reihenfolge eines Menüs* besteht aus Austern, Suppe, Fisch, Entrée (ein Zwischengericht beispielsweise aus Spargel, Bries oder Pilzen), Braten mit Gemüse, Wild, Salat, Dessert, Käse und Obst.

Das Fleisch wird gebraten entweder *blue, rare, medium rare, medium* oder *well done.*

Salz wird immer auf der Seite des Tellers platziert und niemals direkt auf das Essen gegeben.

Brötchen werden mit der linken Hand gegessen und vorher in bissgroße Stücke zerlegt und individuell gegessen. Es ist nicht höflich, in Brot hineinzubeißen.

Brot und Butter werden bei formellen Abendessen nicht serviert, aber sie kommen bei formellen Mittagessen zum Einsatz.

Salat, meistens der erste Gang, wird allein mit der Gabel in der rechten Hand gegessen. Salat sollte möglichst nicht geschnitten werden.

Portwein wird normalerweise mit dem Käse serviert. Er wird aus kleinen stämmigen Gläsern getrunken.

Mit dem Kaffee wird auch Schokolade oder *After-Dinner-Mints* angeboten. Für denjenigen, der keinen Kaffee möchte, gibt es nach einem Business-Dinner auch *Kräutertees.*

Pudding niemals *„sweet, afters"* oder *„dessert"* nennen. Pudding wird immer mit Löffel und Gabel gegessen, mit Ausnahme von Eis und Sorbet, die nur mit einem kleinen Nachspeiselöffel gegessen werden. *„Pudding"* steht umgangssprachlich für den gesamten Nachtisch. Die korrekte Bezeichnung für das Wort *„Nachtisch"* ist *„sweet"* oder *„dessert"*.

Begleitcracker oder *Biscuits* zum Käse müssen wie Brötchen gegessen werden, das heißt es werden kleine Stücke abgebrochen und individuell mit Butter bestrichen. Ob man die Rinde vom Käse isst, ist eine Sache des Geschmacks.

Es ist unhöflich, mit *überkreuzten Beinen* zu sitzen oder mit dem Stuhl zu schaukeln.

Die *Ellbogen* dürfen auf keinen Fall auf den Tisch.

Es zeugt von schlechten Manieren, das *eigene Besteck zu verwenden,* wenn man sich von Servierplatten und Terrinen bedient: besser das Vorlegebesteck verwenden.

Für den Fall, dass das Essen in einem arabischen oder indischen Restaurant stattfindet, ein warnendes Wort: *Niemals die linke Hand zum Essen* einsetzen oder den Mund direkt berühren. Immer nur die rechte Hand nutzen.

Wenn man aus Tee- oder Kaffeetassen trinkt, immer die Tasse zwischen den Fingern und Daumen halten. Die Finger nicht um den Henkel herumgleiten lassen.

Niemals mit dem abgespreizten kleinen Finger aus einer Tasse oder einem Glas trinken. Keine schlürfenden Geräusche!

Verlässt man notgedrungen zwischen den Gängen eines Menüs den Tisch und hat vor zurückzukommen, dann legt man die *Serviette* auf die Stuhllehne. Kommt man dagegen nach Beendigung des Menüs nicht mehr an den Tisch zurück, wird die Serviette auf dem Tisch, links vom Gedeck, abgelegt.

Trinksprüche und Toasts

Toasts werden am Ende eines formellen Businesslunchs oder -dinners und bei Bankettveranstaltungen ausgesprochen. Der üblichste ist der Toast auf die Königin mit den einfachen Worten: *„The Queen/Die Königin"*, ohne irgendwelche Einleitungssätze. Dieser wird gemeinsam nach dem Essen ausgesprochen. Sind Musiker anwesend, werden diese wahrscheinlich die gesamte britische Nationalhymne im Anschluss anstimmen.

Folgende Reihenfolge beim Toast ist zu beachten:

Zuerst erhebt sich der Hauptgastgeber und spricht den Toast aus. Darauf erheben sich die Gäste und wiederholen im Chor den Toast. Die Musik fängt an, die Nationalhymne zu spielen. Die Gläser bleiben aber noch auf den Tischen stehen, bis die Musik endet. Sobald die Kapelle aufhört, erheben der Hauptgastgeber und die Gäste die Gläser, der Trinkspruch wird gesprochen und es wird getrunken. Danach setzen sich alle wieder. Bei einem „normalen Businessdinner" gibt es den Toast auf die Königin nicht.

Wichtige Regeln für das Toastzeremoniell

Es kann äußerst peinlich sein, als erster aufzustehen, da manche Trinksprüche im Sitzen gesprochen werden. Vor allem bei der Marine ist diese Vorgehensweise üblich, da die See stark in Bewegung ist und früher die Messen auf dem Schiff sehr niedrig waren.

Clubs

Männer gehörten früher oft mehr als nur einem Club an. Heute ziehen es Männer vor, die Zeit mit ihren Familien zu verbringen. Die Mitgliedschaft in den großen alten Clubs wie *White's, Brooks's and Boodle's* oder *Heritage Club* ist aber immer noch in hohem Maße begehrt. Die Wartezeit für die Listen dieser Clubs kann über sechs Jahre betragen. Mit korrekten Empfehlungsschreiben und richtigen Sponsoren kann die Wartezeit verkürzt werden. Diese Clubs bieten ein schönes Clubgelände, gutes Lunch oder Dinner, Sicherheit für die oberste Klassengesellschaft, Freizeitmöglichkeiten. Einige Clubs sind Männern vorbehalten.

Etiketteregeln in den Clubs

- Eine diskrete und diplomatische Vorgehensweise in den Clubs bleibt im Vergleich zu einer snobistischen, *„Livreedinner & Rolls-Royce"*, immer noch die beste.
- Man verhält sich im Club nicht wie in einem Hotel oder Restaurant, sondern wie ein Gast bei einem Gastgeber. Es wäre unhöflich, sich zu sehr zu Hause zu fühlen, es sei denn es wird einem ausdrücklich angeboten.
- Außerdem ist es nicht angebracht, *Clubangestellte zu fragen,* Dinge für Sie als Gast zu erledigen. Die Kommunikation sollte über den Gastgeber laufen.
- Unter keinen Umständen darf man dem Personal Trinkgeld geben.
- Auf keinen Fall sollte man als Gast dem Gastgeber anbieten, *die Essensrechnung im Club zu halbieren.* Eine Beteiligung kann man hinterher unter vier Augen aushändigen.

Trifft man als Gast seinen Gastgeber im Club, wird man gebeten, in der Vorhalle des Clubs zu warten. Es ist unhöflich, in den anderen Räumen zu flanieren, mit Ausnahme der *„Lavatorys"*.

Zählen

Der Zeigefinger bedeutet „eins", der Daumen bedeutet „fünf". Gewöhnlich wird mit dem Kopf oder dem Kinn auf etwas hingewiesen, nicht aber mit dem Finger.

Kondolieren

- Wenn man den Verstorbenen nicht so gut gekannt hat, ist es in Großbritannien üblich, nicht zu kondolieren. Hat man aber die Ehegattin des Mr Chairman sehr gut gekannt, dann ist ein Kondolenzbrief angebracht. Sein mündliches Beileid drückt man nur gegenüber engsten Freunden oder Nachbarn aus.

Politik und Regierung

Großbritannien hat eine parlamentarisch-demokratische und erbliche Monarchie. Das Parlament besteht aus zwei Kammern: dem Unterhaus und dem Oberhaus. Formal ist das Parlament der Königin unterstellt, faktisch aber bestimmt es das politische Leben des Landes, während die Monarchie streng auf ihre Rolle als stabilisierende Repräsentationsfigur des Staates beschränkt ist. Die gewählte Regierung basiert auf dem parlamentarischen System, worin der Premierminister die Regierungspartei im Unterhaus repräsentiert.

Religion

Die britische Königin ist das Oberhaupt der Staatskirche *„Church of England"*. 57 Prozent der Bevölkerung sind Anglikaner. 15 Prozent gehören der protestantischen Kirche an, 13 Prozent der römisch-katholischen Kirche. Es gibt 1,5 Millionen Muslime, 400.000 Sikhs, 350.000 Hindus und 300.000 Juden.

Business-Outfit

Die Briten bleiben ihrem Stil treu: konservativ bei guter Qualität!

Wie ist der klassische Brite im Business gekleidet?

Im Business bevorzugt man die Schnürschuhe, ein Businessschuh der obersten Klasse, vielseitig und zu jeder Tages- und Nachtzeit akzeptiert.

Lederschuhe sind obligatorisch. Die Pflege der Absätze wird von den Briten akribisch betrieben. Es muss nicht der *rahmengenähte Schuh* von *„Clarkes"* oder *„Cleverley"* sein, der dem Fuß individuell angepasst wird. Aber Plastikund Gummisohlen beweisen schlechten Geschmack.

Bitte keine gestreiften Krawatten tragen! Gestreifte Krawatten, beispielsweise in Rot und Blau, sind den Clubs, Armeeregimentern und den Internaten, wie Eton in Windsor, vorbehalten. Trägt ein Mann doch eine Streifenkrawatte, muss er sich die Fragen *„Are you in a regiment?"* gefallen lassen – auch wenn die Streifen in die andere Richtung verlaufen!

Die Anzüge haben die Farben: *Grau, Anthrazit, Schwarz* und manchmal *Dunkelblau.* Aber bitte kein *Mittelblau!* Eine Sakko-, Hosenkombination ist meistens nicht angebracht.

Die *Anzugfarbe Braun* zeugt von wenig Klasse im Business und ist unter den Briten im Geschäftsleben sehr selten vorzufinden.

Nicht vergessen: *„White socks don't work!"*

Die Knöpfe der Herrenanzüge sollten auf keinen Fall goldfarben in Kombination mit einem Jackenemblem getragen werden, da sonst die Gefahr der Verwechslung mit *Clubjackets* besteht. Clubjackets haben fast alle Goldknöpfe und ein Clubemblem auf der Jacke. Bei einem klassischen Herrenanzug sollten die Knöpfe die Farbe des Anzugs haben. Clubjackets werden im normalen Geschäftsleben nicht getragen.

Das Jacket darf auch niemals ausgezogen werden. Es sei denn, der Gastgeber fordert seine Gäste an sehr heißen Tagen dazu auf. *„Gentlemen, you may remove your jackets!"* Diese Aufforderung veranlasst der Gastgeber bei ganz formellen Anlässen erst nach dem ersten Toast!

Die Maßschneidereien von London in der *Straße „Savile Row"*, neben der Oxfordstreet, sollte man gesehen haben. Dort gibt es eine Maßschneiderei neben der anderen, die sich auf die Herstellung von Herrenanzügen spezialisiert haben. Beispielsweise: Anderson & Sheppard, 30 Savile Row, London. Öffnungszeiten: Mo. – Fr. von 8.30 – 17.00 Uhr.

Der Melonenhut, genannt *„Bowler"*, ist in Großbritannien auch in hohen Kreisen selten geworden. Einige hochrangige Beamte in London tragen diesen Hut, der meist sehr hart und unbequem ist. Geschäftsleute tragen üblicherweise diesen Hut heute nicht mehr. Der Brauch des Bowlers stirbt in London allmählich aus.

Die *Hosenträger* der Herren sollten auf keinen Fall, wie in Amerika, offensichtlich getragen werden.

Der Kleidervermerk *„Smart Casual"* bedeutet, dass Herren den Anzug ersetzen können durch eine Kombination von einem Tweed- oder Cordjackett mit einer qualitativ hochwertigen Baumwollhose. Niemals Jeans oder Sweatshirt tragen!

Weil allerdings das Leben der englischen Aristokratie sich oft um den Landsitz dreht, wurde schon immer bei *informellen privaten Treffen der „Squired Look"* (squire heißt Landjunker) für Männer akzeptiert: Eine Tweedjacke, schwer, rauh und steif, also sehr gut geeignet, um kalten Wind, Regen oder Frost zu trotzen. Dieser Look sollte im Business nicht getragen werden

Nichtbriten stolpern häufig über den Ausdruck *„Black tie dinner", Dinner mit schwarzer Krawatte,* und tauchen mit einer schwarzen Krawatte auf, tatsächlich bedeutet dies eine formelle Abendeinladung.

Wie ist die klassische Britin im Business gekleidet?

Für die Damen ist ein klassisches *Businesskostüm oder ein Hosenanzug* zu empfehlen. Bitte kein Rüschenkleid und nicht zu weiblich anziehen, das untergräbt die Autorität.

Nylonstrümpfe sind auch bei noch so großer Hitze ein „Muss". Für die heißen Tage hat die Industrie eigens „14 – 20den Strumpfhosen mit Lycrabeimischung" entwickelt, die am Damenbein fast nicht zu sehen sind.

Damen sollten niemals *Sandalen* oder *Schuhe mit offenem Zehenteil* anziehen. Sandalen wirken im sachlichen Geschäftsleben zu sexy.

Die *Schultern der Damen* müssen auf jeden Fall mit Kleidung bedeckt sein. Wenn möglich sollten die Jackenärmel bis zum Handgelenk reichen, wie bei den Sakkos der Herren auch.

Frauen verwenden wenig Schmuck und Accessoires.

Mit *„Smoking und langem Kleid"* muss man am Abend schon rechnen.

Klassischer offizieller Kleidervermerk

Die *City of London* hat festliche Anlässe sehr gerne und erwartet immer noch ein hohes Maß an Formalitäten im Outfit. Für gesellschaftliche und geschäftliche Anlässe kann die *notwendige Kleiderordnung im Einladungsschreiben* definiert sein.

- *„White tie affair"* bedeutet die feinste und formellste Erscheinung überhaupt. Das heißt, einen schwarzen Abendgehrock sowie ein weißes Hemd mit Steh- oder Flügelkragen mit weißer Krawatte für den Herrn. Schwarze Lackschuhe und schwarze Seidensocken runden das Gesamtbild ab. Orden werden häufig dazu getragen. Die Damen tragen ein sehr formelles langes Abendkleid. Kurze Kleider, ganz gleich wie glamourös, und Hosen dürfen nicht einmal in Betracht gezogen werden. Die Kleidervorschrift *White tie* ist auf Einladungsschreiben selten zu finden.

- *„Black tie affair"* heißt *Dinnerjacket* oder *Smoking* für die Herren und *kleines Schwarzes* für die Damen. Diese Kleiderordnung ist sehr häufig anzutreffen. Die Hosen sind nach unten enger geschnitten und besitzen eine Borte. Das Abendhemd ist aus Baumwolle oder Seide, entweder in glatter Marcella-Optik oder mit gefältelter Vorderseite. Die Krawatte sollte schwarz sein aus *Barettaseide* oder *Faille. Kummerbund* kann getragen werden, aber Abendwesten sind viel mehr *comme il faut.*Das Outfit der Dame kann aus jedem Stoff sein von Lycra bis Glanzkleid.
- *„Decorations"* auf einer gesellschaftlichen Einladung impliziert, dass Mitglieder des Königshauses anwesend sein könnten. *Decoration* heißt „mit Orden". Zum Frack wird die große Decoration getragen und zu allen anderen gesellschaftlichen Anlässen die kleine Decoration.
- *Morning Suit* ist ein Cut, der beispielsweise anlässlich einer Einladung nach Ascot getragen wird.

Besondere Bankfeiertage

Die Bankfeiertage wurden erstmals 1871 mit einem Gesetz eingeführt. Damals gab es neun Bankfeiertage, an denen die Banken geschlossen waren. Seit 1971 schreibt ein neues „Banking and Financial Dealings Act" zwei Feiertage vor, den *Spring Bank Holiday,* als Frühlingsfeiertag, und den *Summer Bank Holiday,* weil er im letzten Wochenende vor Schulbeginn liegt. 1974 hat man den 1. Januar auch als *„Bank Holiday"* eingeführt. Mit der Einführung der EU wurde der erste Montag im Mai *„May Bank Holiday"* Ersatz für den deutschen 1. Mai.

Bank Holiday	1. Januar
May Bank Holiday	Erster Montag im Mai
Spring Bank Holiday	Letzter Montag im Mai
Summer Bank Holiday	Letzter Montag im August

Inhalt

Königreich der Niederlande – ein Land mit Konsens

Königreich der Niederlande – ein Land mit Konsens

„Gott schuf die Erde, aber der Niederländer machte die Niederlande." Die Niederlande sind das dichtbesiedelste Land in Europa. Ein Fünftel des Landes wurde durch Dämme, Deiche und Schutzwälle dem Meer abgerungen und dazu gewonnen. Das Bewusstsein, kein Risiko mit der Natur eingehen zu wollen und die Überzeugung, dass das Land, die Gesellschaft und die Wirtschaft durch enormen Arbeitseinsatz und viel Engagement verändert werden können, zeichnet die Niederländer ganz besonders aus.

Der offizielle Name des Landes lautet *„Königreich der Niederlande"* und nicht *„Holland"*. Holland ist die Bezeichnung für den westlichen Teil der Niederlande, in dem die großen Städte wie Amsterdam, Rotterdam und Den Haag liegen. Als *„Randstad Holland"* oder auch *„Randstad"* bezeichnet man den Städtekomplex am Westrand der Niederlande: Rotterdam, Leiden, Haarlem, Amsterdam und Utrecht.

Die Niederländer gelten als sehr pragmatisch, praktisch, effizient, nicht wertend und gut organisiert.

Die Niederlande können viele sehr namhafte multinationale Unternehmen wie beispielsweise Royal Dutch Shell (Öl), Aegon (Versicherungen), Ahold (Nahrungsmittelverkaufskette), Philips (Elektronik), ABN-Amro, ING (Bankwesen), Unilever (Hersteller von Nahrungsmitteln, von Eiskreme bis Seife) und Akzo (Chemieindustrie) vorweisen. Außerdem ist die Amsterdamer Börse die älteste Börse der Welt und gehört zu den zehn besten Spitzenmärkten für Wertpapiere. Die Niederlande verfügen über Erdgas, aber sonst kaum über Ressourcen. Das Land lebt vom Handel und von der Verarbeitung importierter Rohstoffe. Es ist Weltexporteur Nummer eins in Sachen Pflanzen und Blumen. Nach Luxemburg sprechen die Niederländer die meisten Sprachen in der EU und sind international ausgerichtet.

Vorstellen, Grüßen und Bekanntmachen

In den Niederlanden gelten drei wichtige Regeln. Der Herr wird einer Dame vorgestellt, eine jüngere Person einer älteren und der Rangniedrigere einer Ranghöheren, wie in Deutschland auch.

Vorstellungsprozedere

Niederländer fühlen sich dann am wohlsten, wenn sie sich nicht selbst vorstellen müssen, sondern von Dritten vorgestellt werden. Man kann durchaus Leute bitten, einen bei anderen Personen vorzustellen.

„Frau Vos, darf ich Ihnen Herrn Bakker vorstellen?", „Mevrouw Vos, mag ik u meneer Bakker voorstellen?" Dazu macht man eine kleine Handbewegung in Richtung des Vorgestellten, zwecks Vermeidung von Missverständnissen. Frau Vos gibt Herrn Bakker daraufhin die Hand und nennt ihren Namen. Herr Bakker nennt noch einmal den seinen.

„Darf ich Ihnen meine Frau/meinen Mann ... vorstellen?", „Mag ik u mijn vrouw/mijn man ... voorstellen?" Dabei wird oft der Vorname der Frau/des Mannes genannt. *„Darf ich Ihnen meine Tochter Joke vorstellen?", „Mag ik u mijn dochter Joke voorstellen?"* oder informeller *„Meine Tochter Joke.", „Mijn dochter Joke."*

Informell:

„Mein Verlobter, Jan Poelman", „Mijn verloofde Jan Poelman", in offizieller Umgebung aber: *„Mein Verlobter, Herr Poelman", „Mijn verloofde de heer Poelman."* Freund oder Freundin werden als *„mein Partner/meine Partnerin", „mijn partner"* vorgestellt egal, ob man zusammenlebt oder nicht. Das gilt auch für gleichgeschlechtliche Partner.

„Darf ich Ihnen Herrn Professor de Groot vorstellen?" Im Niederländischen wird dabei das Wort „Herr" meist weggelassen.

Beispiel: „Mag ik u professor de Groot voorstellen?"

Bei Personen mit Titeln geht der Titel beim Vorstellen dem Namen voran. Das gilt auch für Geistliche, Bürgermeister, Ärzte, Minister, Notare. Juristen führen in den Niederlanden üblicherweise den Titel *Meester* (in de rechten), abgekürzt zu *„Mr."* Jemanden, der an der Universität studiert hat, stellt man nicht als „Doktor", *„doctor"*, vor – er ist kein Arzt, was man in der Regel darunter verstehen würde.

Hat man den Namen schlecht verstanden oder wieder vergessen, kann man durchaus beim Betreffenden nachfragen: „Verzeihung, aber ich habe Ihren Namen nicht richtig verstanden." *„Neemt u me niet kwalijk, maar ik heb uw naam niet goed verstaan."* Nicht aber, wenn es sich um den neuen Vorgesetzten handelt, dann sollte man lieber einen Kollegen fragen.

„Angenehm", *„angenaam"* oder *„angenaam kennis te maken"* ist sowohl in Flandern wie in den Niederlanden nicht mehr üblich. In den Niederlanden lässt man die Höflichkeitsfloskel zunehmend ganz weg. Mitunter hört man noch *„Hoe maakt u het"*, dem englischen „How do you do?" entsprechend. Man antwortet darauf aber nicht mit einer Schilderung, wie es einem geht.

Handschlag

In den Niederlanden wie auch in Deutschland schüttelt man sich zur Begrüßung und zur Verabschiedung die Hände. Betritt man einen Raum, dann sollte man jedem die Hand geben, angefangen beim Ranghöchsten oder gesellschaftlich bei der Dame. Tragen die Damen Handschuhe, dann sollten sie bei der Begrüßung in der linken behandschuhten Hand den rechten Handschuh halten oder beide Handschuhe in der linken Hand lose halten. Die Hände beim Geben niemals überkreuzen. Niemals einem niederländischen Geschäftskollegen auf den Rücken schlagen oder ihn berühren. Blickkontakt muss gehalten werden, solange die Person spricht.

Als Mindestreaktion einer Frau auf eine Begrüßung gilt ein Kopfnicken ohne Händedruck. Männern ist diese Art der Begrüßung nicht erlaubt.

Handküsse sind in den Niederlanden aus der Mode.

Formelle Begrüßungs- und Abschiedsformeln

Die formellen Begrüßungs- und Abschiedsformeln im Geschäftsleben sind *„Dag, Guten Tag"* und *„Tot ziens, Auf Wiedersehen"*. „Dag" heißt auch manchmal „Auf Wiedersehen", wenn das „a" länger ausgesprochen wird wie „daaag". Umgangssprachlich und weniger formell sagt man *„Doei"* beim Verabschieden, das Äquivalent zum deutschen Tschüss. Im Brabanter Dialekt kommt auch *„Houdoe"*, das *„Behüt dich Gott"*, vor.

Nur mit „dag" zu grüßen, ist in den meisten Fällen zu wenig. Man grüßt Bekannte, deren Namen man kennt, mit *„Guten Tag, Herr Smit"*, *„Dag, meneer Smit"*. Weiß man den Namen nicht, setzen die Niederländer in der Regel ein *„mevrouw"* oder *„meneer"* dazu. *Beispiel: „Dag meneer"*.

In Deutschland gibt es diese Anrede ohne Nachnamen nicht. In manchen ländlichen Teilen der Niederlande legen unverheiratete Frauen Wert auf die Anrede *„juffrouw"*, *„Fräulein"*, mit oder ohne Nachnamen. So werden sie aber nur von Mitgliedern der Dorfgemeinschaft angesprochen, nicht von anderen; in der Regel gilt diese Anredeform als veraltet. „Juffrouw" war früher auch die Anrede für Frauen niederen Standes, sehr junge Frauen oder ledige Frauen jeglichen Alters. Heute spricht man grundsätzlich jede Frau spätestens ab dem 18. Lebensjahr mit *„mevrouw"*, *„Frau"* an, denn ab diesem Zeitpunkt sind Mädchen/Frauen volljährig und gelten als Erwachsene.

Die Gastgeberin steht grundsätzlich wie Herren zum Begrüßen auf. Aufstehen kann die Dame außerdem beim Begrüßen Gleichgestellter, beispielsweise bei einer Besprechung mit Kollegen.

Kopfnicken war ursprünglich eine für die Frau „erfundene“ Begrüßung. Sie signalisiert damit dem Gegenüber Ablehnung oder Entgegenkommen. Heute gilt es als Minimum der Reaktion auf eine Begrüßung durch andere. Aus einer Gesellschaft verabschieden können sich Männer wie Frauen durch freundliches Nicken in die Runde, eventuell mit Handheben, je nach Art der Gesellschaft.

Umarmung mit und ohne Kuss

Der Brauch stammt aus dem Süden der Niederlande und hat sich inzwischen im Norden ganz eingebürgert. Es ist eine Begrüßung zwischen Leuten, die sich gut kennen. Während man in Frankreich bei der *accolade* nur die Wangen aneinander hält, küsst man sich in den Niederlanden wechselseitig auf die Wangen, keinesfalls auf den Mund. Keiner ist jedoch zu dieser Art der Begrüßung verpflichtet.

Titel und Anreden

Wird man Personen vorgestellt, dann sind die Anreden *Meneer* und *Mevrouw*, Herr oder Frau, immer zusammen mit dem Familiennamen anzuwenden. Spricht man Personen an, dann gilt das Gleiche.

Bei Kellnern oder Ladenpersonal sagt man einfach *Meneer* oder *Mevrouw* ohne den Namen.

Duzen oder Siezen?

Befindet man sich in einer eher informellen Situation, neigen die Personen eher dazu *„jij, du“* zu sagen, das *„tutoyeren“*. Geht es dagegen sehr formell zu, ist die elegantere Lösung *„u, Sie“*. Das Siezen – *„vousvoyeren“*.

Befinden sich Deutsche in einem niederländischen „Du“-Biotop, und es wird ihnen ausdrücklich das „Du“ angeboten, sollte man unbedingt mitduzen. Andernfalls wirkt man distanziert oder sogar feindselig. Die höfliche Form im Geschäftsleben ist aber immer noch das „Sie“. „Du“ sagt man zu Kollegen, die man auch mit Vornamen anspricht.

Bei großen Generations- und Rangunterschieden spricht man sich auf allen Hierarchieebenen mit *Meneer* oder *Mevrouw* an.

Mitarbeiter benutzen relativ schnell das informelle *„jij/je, du"* und nicht das höfliche *„u, Sie"*. Der Respekt für sein Gegenüber bleibt hiervon unberührt.

In den Niederlanden ist es üblich, dass Schüler, Auszubildende und Studenten ihre Lehrer und Professoren duzen. In der mündlichen Ansprache liegt den Niederländern nicht so viel an Titeln. Ganz im Gegensatz zum Schriftverkehr. Bei der Adressierung und der schriftlichen Anrede in offiziellen Briefen wird genauestens auf die richtige Titulierung geachtet.

Niederländische Sekretärinnen duzen häufig ihre Chefs, wie auch die Chefs ihre Sekretärinnen. In Deutschland ist dieses Verhalten selten anzutreffen, weil sich die Autorität durch die *stärkeren hierarchischen Unterschiede* auch in formelleren Umgangsformen niederschlägt. Niederländer erkennen nicht, dass ein eher „gedankenloses Du" in Deutschland als plump und respektlos gedeutet wird. Niederländer nehmen nette Arbeitskollegen schnell in ihren eigenen Freundeskreis auf, während Deutsche Kollegenschaft und Freundeskreis eher trennen. Infolge vieler Fusionen von deutschen mit amerikanischen Unternehmen haben sich die „Sie-Gepflogenheiten" in Deutschland auch liberalisiert nach dem Motto „Sie dürfen mich duzen, Herr Kollege!". Vor allem bei internationalen wirtschaftsprüfenden und steuerberatenden Gesellschaften in Deutschland ist das Du mit Vornamen unter den Arbeitskollegen sogar unter Weglassen von akademischen Titeln gängig. Diese lockere Art des Umgangs wird selbstverständlich nicht gegenüber Kunden und Mandanten praktiziert. Das Du wird als Teil der ausländischen Unternehmensphilosophien in deutschen Filialen eingeführt, so wie beispielsweise beim schwedischen Bekleidungskonzern Hennes & Mauritz oder Ikea.

Wer ergreift die Initiative zur Verwendung des Vornamens?

Die Frau bietet dem Mann den Vornamen an, der Ältere dem Jüngeren, der Ranghöhere dem Rangniedrigeren, unabhängig davon ob der Ranghöhere die Dame oder der Herr ist.

Anrede von Akademikern wie Dr., Drs., Ir., und Ing.

Doktortitel weisen auf eine Universitätsausbildung mit Promotion hin, nicht auf einen Mediziner. Doktortitel werden wie in Deutschland mit Dr. abgekürzt.

Doctorandus, abgekürzt als *Drs.,* führen Akademiker als Titel, die einen Hochschulabschluss haben, aber noch nicht promoviert sind.

Den Titel *Ir.* für *Ingenieur* führen Personen, die an einer technischen Hochschule ein Studium abgeschlossen haben.

Ein *Ing.* für *Ingenieur* hat ein Diplom an einer Art Fachhochschule und wird im Ingenieurregister geführt.

Im *Schriftverkehr* ist ein formeller Kommunikationsstil besonders wichtig. Das heißt, im Brief müssen die richtigen Titel, Formeln und Arten der Anreden gewählt werden.

Beispiele:

Hochschullehrer(in)/Professor(in)

Adressanschrift als: „Hooggeleerde Heer/Vrouwe plus Nachname", („hooggeleerd" heißt hochgelehrt, hochgebildet).

Anrede Brief: „Hooggeachte Heer/Mevrouw plus Nachname"

Ansprechen mit: „Professor" mit oder ohne Nachname, ohne Heer.

Universitätslektor/dozent(in), Doctorandus Drs., Dr., Mag.

Adressanschrift als: Doctorandus Drs., Dr., Mag. plus Nachname.

Anrede Brief: „Hooggeachte Heer/Mevrouw plus Nachname"

Ansprechen mit: „Meneer/Mevrouw plus Nachname"

Doktor/Promovierter

Adressanschrift als: „Weledelzeergeleerde Heer/Vrouwe plus Nachname" („weledelzeergeleerd" heißt „sehr gelehrt", entspricht hier „sehr geehrte/r").

Anrede Brief: „Hooggeachte Heer/Mevrouw plus Nachname"

Ansprechen mit: „Meneer/Mevrouw plus Nachname"

Meester (Jurist), Ingenieur (Ir.), Notar/Notaranwärter

Anschreiben als: „Weledelgestrenge Heer/Vrouwe plus Nachname"

Anrede Brief: „Hooggeachte Herr/Mevrouw", beim Notaranwärter in seiner Funktion auch als „Notaris, Notar"

Ansprechen mit: „Meneer/Mevrouw plus Nachname"

Staatsbedienstete und Beamte

Minister, Staatsminister und Staatssekretär

Anschreiben als: „Zijne/Hare Excellentie, gevolgd door ambtelijke en persoonlijke titel(s), "Seine/Ihre Exzellenz, danach Amtstitel oder persönliche/r Titel".

Anrede Brief: „Hooggeachte"

Ansprechen mit: „Excellentie, Exzellenz", „Meneer/Mevrouw"

Die Titulatur im mündlichen Gespräch ist in den Niederlanden nicht so streng wie in Deutschland. Einen Professor kann man durchaus im Gespräch einfach mit „Heer Jansen" ansprechen. Mit Vorständen und Geschäftsführern ist in gleicher Weise zu verfahren. Also auch auf akademische und andere Titel verzichten!

„Van", „Van de", „Van den", „Van der" und „de" im Namen?

„*Van*" kann bürgerlich oder adelig sein.

An Herrn K. L. van Bueren schreibt man in der Anrede:

„Geachte heer Van Bueren", „Sehr geehrter Herr Van Bueren".

Ein wichtiger Hinweis zu *„van"* und ähnlichen Namensbestandteilen: Stehen die Initialen davor, schreibt man es klein. Stehen sie nicht davor, wie im Beispiel *„Van Bueren"* oben, schreibt man das *„Van"* groß.

Beispiele: Anke de Vries, Annette de Groot, Jaap van den Brink, Marijke van Loon.

Namen wie *van de Graaff* oder *de Groot* sind in den Niederlanden übliche Namen. *„Van de"*, *„van den"* und *„van der"* sowie *„de"* deuten nicht grundsätzlich darauf hin, dass die betreffende Person adelig ist. Meist sind diese Namen bürgerlicher Herkunft.

Mündliche Anrede:

„Meneer van de Vries" oder *„Mevroux van de Vries"*.

Deutsche Übersetzung: „Frau van de Vries". „Van de" sind Namensbestandteile und müssen genannt werden!

Anrede von Adeligen

Graf – „graaf"

Anschreiben als:	„Hooggeboren Heer, hooggeboren" = „hochadelig"
Anrede Brief:	„Hooggeboren Heer/Hooggeachte Heer/Zeer geachte Heer"
Ansprechen mit:	„Meneer"

Gräfin, verheiratet mit Graf

Anschreiben als: „Hooggeboren Vrouwe“, „hooggeboren“ = „hochadlig“, „vrouwe“ = Anrede für eine adlige Dame

Anrede Brief: „Hooggeboren Vrouwe/Hooggeachte Vrouwe/Zeer geachte Vrouwe“

Ansprechen mit: „Mevrouw“

Baron, Ritter und „Jonkheer“ – „Baron, ridder en jonkheer“

Anschreiben als:

„Hoogwelgeboren Heer“ „hoogwelgeboren“ = „hochgeboren“.

Anrede Brief: „Hoogwelgeboren Heer/Hooggeachte Heer/Zeer geachte Heer“

Ansprechen mit: „Meneer“

Wie werden Frauen angesprochen?

Frauen können bei der Heirat entscheiden, ob sie den eigenen Namen behalten möchten oder ob sie den eigenen Namen mit dem des Ehemanns kombinieren möchten. Nach dem Vornamen der Frau wird der Nachname des Ehemanns angefügt, dann erfolgen ein Bindestrich und der eigene Name. Man spricht Frauen mit einem Doppelnamen meist nur mit dem vom Mann übernommenen Nachnamen an. Früher haben Frauen mit dem vollen Doppelnamen unterschrieben.

Anreden im Schriftverkehr

Adressfeld:

Ultra Focus bv, Firma

Prinses Beatrixlaan 23, Straße

5679 AA Eindhoven, PLZ und Ort

Nederland

Schreibt man *„Aan“*, das heißt *„an“*. *„Aan de“*, das heißt *„an den/die“* oder *„De“*, das heißt *„der/die“*.

Schriftliche Anreden:

„Geachte mevrouw Jansen,

Geachte heer Jansen, ...“

schreibt man, wenn man den Anzuschreibenden mit Namen kennt.

Geht der Brief an eine Organisation, und man kennt den Ansprechpartner nicht mit Namen, dann schreibt man:

Geachte Mevrouw of Heer. Achtung: Mevrouw und Heer in diesem Falle mit Großbuchstaben am Anfang. Groß schreibt man in diesem Falle auch das „U“, „Sie“, Höflichkeitsform, während man es im Fall, *„Geachte mevrouw Jansen“*, klein schreibt.

„Zu Händen von“ heißt *„ten aanzien van“*, abgekürzt zu *t. a. v.*

Beispiel: t. a. v. de heer H. J. van Drommelen.

Zusammenziehungen, das heißt, Abkürzungen, bei denen der letzte Buchstabe erhalten bleibt, schreibt man ohne Punkt.

Beispiel: doctorandus, abgekürzt drs

„Echte“ Abkürzungen schreibt man mit Punkt.

Beispiel: telefoon, abgekürzt tel.

Namentlich bekannte Personen kann man in der Anrede durchaus ohne den Namen ansprechen. In Deutschland gebietet die Höflichkeit, jemanden, der einem namentlich bekannt ist, in der Briefanrede auch mit dem Namen anzusprechen.

Generell gilt: Offiziell wird die Anrede noch immer vom Status des Angeschriebenen und durch die Beziehung Briefschreiber/Adressat bestimmt.

> *Regeln:*
>
> In einem offiziellen Schreiben wird die Anrede gemäß Titulatur ohne Name, also zum Beispiel *„Hoogedelgestrenge heer“* geschrieben.
>
> In Schreiben an Privatpersonen, die wir kennen, nicht duzen.
>
> *Beispiel: Geachte heer/mevrouw plus Nachname*

An Organisationen schreibt man *„Geachte dames en heren“*, „sehr *geehrte Damen und Herren“*. Weiß man gar nichts über die Zusammensetzung der Organisation, kann man auch schreiben „Geachte dames, heren“. Was in etwa heißt *„Sehr geehrte Damen bzw. Herren“*.

In der schriftlichen Anrede wird wie in Deutschland nie abgekürzt.

Falsch: Direktor zu „Dir.“ und Professor zu „Prof.“.

Visitenkarten

Man hat die Wahl zwischen der Angabe des Vornamens, zusätzlich zum Familiennamen, der Angabe *eines* Vornamens plus weitere Initialen oder der Angabe von ausschließlich Initialen. Jüngere Leute schreiben üblicherweise den Vornamen auf die Visitenkarte. Bei Geschäftskarten bestimmt der Stil des Unternehmens die Handhabung.

Das Gleiche gilt für Telefonbücher und Briefkästen. Das Weglassen der Vornamen wird als Schutz der Privatsphäre interpretiert. In Deutschland, Großbritannien und Frankreich dagegen stehen immer die vollen Vor- und Nachnamen auf der Visitenkarte. Dies gilt sowohl für Frauen wie auch für Männer.

Unter dem Vornamen ist der Rufname zu verstehen, also beispielsweise Petra (nicht Petronella) oder Jaap (nicht Jacobus), es sei denn, der „offizielle Name" wird im täglichen Leben gebraucht. Ria Jansen kann sich auf ihrer Visitenkarte auch Maria A. Jansen nennen, in Flandern eher Ria Jansen ohne zweites Initial.

Ältere ledige Frauen schreiben nicht mehr Mej., *„mejuffrouw"* für „Fräulein" vor den Namen bzw. die Initialen. Das ist veraltet. Moderne Frauen nennen sich auf den Visitenkarten meist nicht mehr „mevrouw", „Frau", sondern nur beispielsweise „Linda de Boer" und dazu die Angabe des Berufs.

In Belgien, Flandern, hat man zwei Varianten von Visitenkarten. Die kleine Karte, die bei geschäftlichen Anlässen überreicht und zum Kondolieren verwendet wird, und die größere, die verschickt werden kann und vor allem von Ehepaaren genutzt wird.

Visitenkarten sind gute Anhaltspunkte dafür, wie jemand angeschrieben werden will. Außerdem geben sie Aufschluss über die richtige Schreibweise des Namens. Dabei sollte auf Unzweideutigkeit geachtet werden. Man sollte nicht schreiben *„P. J. v. d. Graaff"*, *„v. d."* kann *„van de"* oder *„van der"* oder *„van den"* heißen.

Smalltalk, Konversation und Humor

„Niederländer reden nicht über das Wetter, sie klagen darüber." Möchte man mit einem Niederländer in Kontakt kommen, eignet sich das Thema Wetter hervorragend. In Deutschland wird dieser Einstieg eines Smalltalks für zu langweilig und als zu wenig originell gehalten.

Witze und Scherze zu machen ist ebenfalls eine große Stärke der Niederländer. Um sein Ansehen als Ausländer zu steigern, sollte man mitmachen, ohne aggressiv oder ausfallend zu werden.

Die Niederländer verfügen über viele Künstler. Ein berühmter Maler aus dem goldenen Zeitalter des 17. Jahrhunderts: *Rembrandt Harmensz van Rijn (1606–1669)*. Er ist berühmt als Portraitist, der meisterhaft Licht und Schatten einsetzte. *Die Judenbraut* und die *Nachtwache* sind bekannte Werke. *Vincent van Gogh (1853–1890)*. Er malte Bauernhöfe und Landschaften in den blauen und braunen Farbtönen Südfrankreichs. Beispielsweise Kornfelder und Zypressenbäume.

Beliebte Themen für die Konversation: aktuelle Ereignisse, Kunst, Sport, Musik, öffentliche Verkehrsmittel, Haustiere vor allem Katzen, Philosophie, niederländische Museen, Windmühlen. Tabuthemen: Beruf, Rang, Status, Reichtum, private Familienangelegenheiten und Finanzen. Pausen im Gespräch nicht als Unsicherheit interpretieren, sondern als Gelegenheit, neue Gedanken zu fassen.

Tipps für das Business

In niederländischen Firmen gibt es *wenige Hierarchieebenen,* die Organisationsstrukturen sind flach. Entscheidungen werden von den Managern nicht autark getroffen, sondern immer mit ihren leitenden Angestellten im *Konsens,* ähnlich wie in Japan.

Niederländer mögen *keine langen Vorträge,* hören gern zu, diskutieren aber lieber. Plausch und Tratsch ist nicht typisch niederländisch. Gefühlsausbrüche werden normalerweise nicht gerne gesehen. Konfrontationen sind im Geschäfts- und Privatleben zu vermeiden. Auf Außenseiter wird beachtlicher Druck ausgeübt.

Bei geschäftlichen Anlässen hält auch eine Dame, die rangniedriger ist als ein männlicher Kollege, ihm die Türe auf.

Niederländer im Gespräch niemals unterbrechen. Fällt ihnen jemand ins Wort, bringen die Niederländer ihre Verärgerung mit dem Satz zum Ausdruck: *„Lassen Sie mich bitte ausreden!"*

Ein *„Ja"* in der niederländischen Kultur heißt wirklich *„Ja"* und nicht *„Nein"*. Niederländer peilen ein konkretes Ziel an und wollen Hindernisse sofort aus der Welt schaffen. Niederländer würden aus reiner Höflichkeit nicht *Ja* sagen, wenn sie *Nein* meinen. Eine Vorgehensweise, die in manchen anderen Kulturen wie beispielsweise China als unhöflich betrachtet wird, weil der andere sein Gesicht verlieren könnte.

Niederländer können sehr freundlich sein, aber auch sehr direkt, manchmal auch schmerzlich direkt, wie dies im Begriff *„Dutch uncle"* zum Ausdruck kommt – wohlmeinend, aber auch mit unverblümter Kritik. Die Direktheit der Niederländer kann erfrischend sein, aber auch taktlos wirken. Deutsche Geschäftsleute empfinden Niederländer manchmal als grob; sie sind oft nicht galant und zu flapsig für deutsches Geschäftsempfinden.

Das Geschäft wird in den Niederlanden in einer geradlinigen, ehrlichen und direkten Weise durchgeführt. Für machiavellistische Intrigen sind sie nicht geeignet.

Niederländer sind für die calvinistische Doktrin der harten Arbeit berühmt. Die Arbeit muss perfekt und termingerecht erledigt werden.

Willkommene *Geschenke* sind Eintrittskarten in ein Konzert, Musical oder Sportveranstaltungen mit einem Imbiss in der VIP-Loge, Blumen, Schokolade, eine Flasche Champagner. Niemals an ältere Geschäftskunden oder Kollegen weiße Blumen verschenken, da diese mit Begräbnissen assoziiert werden.

In den Niederlanden sollte man mittags nicht mit einem langen Arbeitsessen rechnen, wie man es von Großbritannien oder Frankreich gewohnt ist. Die *Mittagszeit dauert oft nur 45 Minuten.*

Beim Tod eines sehr guten Geschäftsfreundes oder Kollegen ist es in den Niederlanden üblich, dass die engsten Mitarbeiter und der Chef an der Trauerfeier teilnehmen.

Ein klassisches niederländisches Sprichwort besagt: *„Doe maar gewoon, dan doe je al gek genoeg"*, „Benimm dich normal, das ist verrückt genug". Niederländer praktizieren die gesellschaftliche Gleichheit. Ein extravagantes Benehmen ist in einem kleinen und dicht besiedelten Land nicht angebracht und verletzt andere. Deshalb sollte von Ausländern Reichtum nie zur Schau gestellt werden. Man sollte selbst bescheiden und sparsam sein!

„Niederländer lieben Grundsatzdiskussionen und deutsche Grundsatzentscheidungen." In Deutschland wird an einer Entscheidung, die gefallen ist, nicht mehr gerüttelt. Auch eine oppositionelle Minderheit wird das Ergebnis loyal mittragen. In den Niederlanden steht das Projekt grundsätzlich weiter zur Diskussion.

Ein *Coffeeshop* oder *koffieshop* ist in den Niederlanden eine Kneipe, in der weiche Drogen verkauft werden.

Niederländer haben *keine Obsession zur Gesetzgebung.* Findet die Realität mit der Projektplanung keine Übereinstimmung, sind Niederländer auch in der Lage, gut zu improvisieren.

Der Chef ist *primus inter pares,* das heißt „einer von uns". Er ist der wichtigste Mitarbeiter – kein Ehrgeizling.

Niemals den *Geburtstag* des niederländischen Geschäftspartners oder des Kollegen vergessen. Geburtstage sind sehr wichtige kulturelle Anlässe. Im Büro wird ein Geburtstagskuchen in der Kaffeepause erwartet, um das glückliche Ereignis mit Kollegen feiern zu können. Meist wird der Kuchen bei HEMA oder V&D gekauft.

Sonst trifft man sich mit Kollegen *eher beim Kaffee als beim Essen.* Geschäftspartner nach Hause einzuladen, ist nicht üblich. Eher verabredet man sich nach dem Abendessen. Niederländer schwelgen nicht in offiziellen hohen Feierlichkeiten.

Um nützliche Geschäftskontakte schließen zu können, sollte man in den großen niederländischen Städten in einen internationalen oder bilateralen Club eintreten. Die *örtlichen Handelskammern* stellen Adressen und Informationen bereit.

Niederländer sind von Haus aus *konservativ und streben nach Sicherheit.* Die Arbeitsplätze werden selten gewechselt, die Unternehmenstreue ist sehr hoch.

Niederländer sind häufig energische, sture und äußerst harte Verhandlungspartner. Das „Nein" hat man immer und sofort, das „Ja" kann man noch kriegen.

Overleg – eine konsensbildende Übung im Business

Overleg heißt so viel wie gegenseitige Beratung. Ziel ist die Ausarbeitung eines brauchbaren Kompromisses, der in Teamarbeit durch alle Teilnehmer gefunden wird. Jeder Teilnehmer hat die Möglichkeit sich zu äußern. Die Fähigkeit, ein funktionierendes Teammitglied zu sein, ist ein sehr wichtiges Attribut. Ehrlichkeit und Freundlichkeit sind dabei wichtige Zutaten. Aktiver Konsens!

Tipp

Das World Trade Institute in Rotterdam – Institut für den Welthandel – bietet Informationen über Marktforschung und Marktinformationen, Genehmigungen und Haftungen, finanzielle Fördermittel, Arbeitsverträge, Steuern und Abgaben etc.

Kontakt:

Herr E. Marriow Smit
Beurs-WTC, beursplein 37
Postbus 30099
3001 DB Rotterdam
Tel.: 0031-10-405 44 63
Fax: 0031-10-405-50 16

Was haben Niederländer und Deutsche gemeinsam?

Aufgrund der geringen Entfernung zu Deutschland decken sich viele Wesenszüge der Niederländer mit denen ihrer deutschen Nachbarn. Anstrengung, Engagement, Pünktlichkeit, Profitstreben und Arbeitseinsatz spielen eine wichtige Rolle. Niederländische und deutsche Manager haben gemeinsam, dass sie aufgeschlossen sind, sich förmlich betiteln, die Niederländer zumindest schriftlich, und Bildung wertschätzen. Die Niederländer teilen zwar viele Charakterzüge mit ihren deutschen Nachbarn, fühlen sich aber zu den Briten stärker hingezogen.

Was haben Niederländer und Briten gemeinsam?

Beide Nationen halten ihre Royals hoch und sind in ihren Traditionen verankert. Entschärft wird diese konservative Haltung durch eine parlamentarische Demokratie. Pragmatisches Geschäftsgebaren, Profitstreben und Eloquenz zeichnet beide gleichermaßen im Geschäftsleben aus. Privat schätzen beide ein eigenes Zuhause, beschmückt mit hübschen Gärten und Blumen.

Wie zeigt man Sympathie bei Geschäftspartnern und Kollegen in den Niederlanden?

- Durch Beglückwünschen der sehr guten Fremdsprachenkenntnisse der niederländischen Kollegen oder Partner.
- Durch Pünktlichkeit, Egalitarismus, Bescheidenheit, Sparsamkeit und rationales Denken. Macht wird getarnt und nicht zur Schau gestellt. Status verschafft man sich nicht durch überflüssigen Luxus, sondern durch gutes Benehmen, richtige Wortwahl und gute Aussprache.
- Durch Untermauerung aller Aussagen mit Fakten und Zahlen.
- Durch beidseitige Darstellung des Profitstrebens.
- Durch Zurückhaltung und Geduld bei langen Diskussionen.
- Durch deutliches Aufzeigen der eigenen Position.
- Durch Halten von Versprechen und Mitteilsamkeit.
- Durch differenzierte, detaillierte Meetingplanung und striktes Einhalten der Tagesordnung.
- Durch schnelles Umsetzen von Entscheidungen.
- Durch einen ausreichenden Wohlfühlabstand von einem Meter. Kumpelei wird als aufdringlich bewertet.
- Durch Verzicht auf harte Verkaufstechniken.
- Durch Diskretion in privaten Angelegenheiten.

- Durch Gastgeschenke bei Privateinladungen, beispielsweise Blumen.
- Durch taktvollen Humor, ohne Ironie und Sarkasmus.
- Durch beharrliche Argumentation und Standfestigkeit in der Meinungsbildung, ohne sich zu schnell bei Widerstand auf Kompromisse einzulassen.
- Argumente sollten von allen Beteiligten in einem Meeting vorgebracht werden. Detaillierte Zahlen und Fakten sollen die Aussagen untermauern.
- Durch Einhaltung von Zeitplänen und Tagesordnungen. Änderungen sind unerwünscht.
- Durch Blickkontakt, der sehr direkt ist und Interesse zeigt.
- Durch Beachtung der Hierarchien und deren Informationswege, auch wenn diese Wege im Einzelfall umständlicher erscheinen als andere.

Unternehmensformen

In den Niederlanden gibt es im Wesentlichen zwei sehr verbreitete Unternehmensformen.

Zum einen die *Naamloze Vennootschap, NV,* das ist eine Aktiengesellschaft. Und die *Beslote Vennootschap, BV,* eine Gesellschaft mit beschränkter Haftung.

Beide Gesellschaftsformen haben einen Vorstand und einen Generaldirektor. Die größeren Unternehmen müssen einen Aufsichtsrat, bestehend aus mindestens drei Mitgliedern, vorweisen. Die Größe der Betriebe wird nach Kapital und Beschäftigtenzahl bemessen. Ein Unternehmen darf seine Aufsichtsratsmitglieder nicht beschäftigen. Man nennt diese Mitglieder *Commissarissen.* Ihre Aufgaben entsprechen denen in Deutschland, das heißt sie ernennen und entlasten den Vorstand, sie bestimmen den Jahresabschluss und überprüfen Vorstandsbeschlüsse.

Diese Vollmachten und Kompetenzen der Aufsichtsräte sind in Großbritannien nur Anteilseignern vorbehalten. Anteilseigner haben in den Niederlanden kaum Eingriffsmöglichkeiten in die Geschäftspolitik der Führungskräfte. Die unternehmensstrategischen Entscheidungen wie Unternehmenszukäufe und Fusionen liegen hier eher beim Vorstand und nicht bei den Anteilseignern.

Restaurantetikette

Die letzte Praline, das letzte Plätzchen oder die letzte Scheibe Käse besser auf der Platte liegen lassen und nicht essen, sonst gilt man in den Niederlanden als sehr essfreudig. In Deutschland gibt es diesen Anstandshappen nicht mehr.

Wie in Frankreich darf man mit Brot die Sauce vom Teller auftunken. Hier wird ein französischer Brauch kopiert. In Spitzenrestaurants gibt es dafür einen Gourmetlöffel. Ein Löffel mit flachen Löffellaffen, geeignet um Saucenreste zu schöpfen.

Besteck kann *offen* oder *geschlossen* eingedeckt werden. Beim offenen Aufdecken liegen alle Löffel und Gabeln mit der nach innen gewölbten Seite nach oben auf dem Tisch. Beim geschlossenen Aufdecken liegen sie mit der gewölbten Seite nach oben, damit man die schöne Gravur zum Beispiel ein Monogramm von Jasper oder ein Familienwappen bewundern kann. Beim geschlossenen Aufdecken liegt der Dessertlöffel auf der Gabel über dem Teller, mit den Stielen nach rechts.

Eine Serviette niemals an der Krawattennadel fixieren, nicht an den Hals binden, nicht mit einem Ende unter den Essteller klemmen und nicht das Besteck mit der Serviette polieren. Sondern besser auf den Schoß legen und bei Verlassen des Tisches zusammengefaltet links vom Gedeck ablegen.

Die kleine Schwester der Serviette heißt *napkin,* kleine Serviette. Sie ist kleiner als 60 mal 60 Zentimeter und wird nur zum Frühstück, Brunch oder Mittagessen eingesetzt. Bei sehr formellen Dinners wird nach dem Beenden des Menüs die normalgroße Serviette durch die kleinere ersetzt. Außerdem wird die kleine Serviette immer neben oder unter eine Fingerschale gelegt.

In den Niederlanden wird während des Essens auch *gerne geredet.* Wenn ein kleines Gespräch zustande kommt, ruhig für einen kurzen Moment das Essen unterbrechen und dem Partner aufmerksam zuhören bzw. antworten.

Bei sehr formellen Dinners wird in den Niederlanden wie in Deutschland kein *„bon appetit"* oder auf Niederländisch *„eet smakelijk"* gewünscht, stattdessen spricht der Gastgeber einen Toast aus, oder die Gastgeberin nickt nur mit dem Kopf und beginnt zu essen.

Wenn auf dem Tisch *kein Aschenbecher* steht, dann ist das Absicht. Es soll nicht geraucht werden.

Steht als Vorspeise Hummer oder Austern auf dem Programm, dann findet man rechts vom Gedeck eine Hummerzange und die Hummergabel bzw. die Austerngabel. Werden Schnecken serviert, liegt die Schneckenzange links vom Gedeck und die Schneckengabel rechts. Das heißt, die Zange wird in der linken Hand und die Gabel in der rechten Hand gehalten.

Bei förmlichen Geschäftsessen werden Räucheraal und Heringe nicht mit den Fingern gegessen, privat schon.

Käse wird in den Niederlanden niemals am Ende eines Essens gereicht, man isst ihn morgens, mittags und abends als Brotbelag. Käse kauft man in den Niederlanden meist am Stück und schneidet ihn mit dem Käseschneider.

Abends zum *„Borrel"* oder zum Wein oder Bier ist man gern ein Stückchen Käse aus der Hand. Zum Borrel treffen sich auch Geschäftsfreunde nach Büroschluss.

Edamer als runde Käsekugel mit der bekannten roten Haut ist sehr berühmt. Der Gouda sieht von der Form aus wie ein Rad und ist flach. Weitere Käsesorten sind *Leidse kaas,* Leidener Käse mit Kümmelsamen gewürzt und *Friese nagelkaas,* Frieslandkäse mit Gewürznelken.

Eine Besonderheit ist das *Niederländische Lunch.* Es wird mittags gegen 12.30 Uhr als Mahlzeit mit verschiedenen Brotsorten und süßen Belägen serviert. Manchmal wird *broodjes* angeboten, Brötchen gefüllt mit Fleisch oder Käse oder *uitsmijter,* das sind zwei gebratene Eier, eine Scheibe Käse oder Schinken oder Roast Beef auf Brot. Als Getränk gibt es starken Filterkaffee, Tee, Milch oder heiße Schokolade. Oft wird eine Suppe oder Salat vorweg angeboten. Die Kaffeetafel wird mit Früchten, Eis oder Pudding abgerundet.

Das Abendessen ist die Hauptmahlzeit des Tages zwischen 18.00 Uhr und 19.00 Uhr.

Haring: Die ersten Heringe des Jahres werden in eine Salzlage gelegt und aufbewahrt. Traditionell isst man die Heringe am Fischstand, indem man den Fisch an der Schwanzflosse über den Mund hält und isst. Er wird ungekocht gegessen. Heringe werden roh, gesalzen, geräuchert oder getrocknet gegessen. Man bekommt sie aber auch gewürfelt mit Zwiebeln.

Op de borrel heißt *„Kommen Sie auf einen Drink".* Das ist eine familiäre Einladung am frühen Abend, so gegen 17.30 Uhr. Es gibt Wein, Bier, Jenever oder Sherry, dazu kleine Appetithappen. Da man nicht zum Abendessen eingeladen wurde, sollte man dann gegen 19.00 Uhr wieder gehen. Eine Einladung für 18.30 Uhr heißt, man ist zum Abendessen eingeladen. Jenever ist ein spezieller Wacholderschnaps. Der Trinkspruch heißt üblicherweise *„proost".*

Salz- und Pfefferstreuer sowie die Menagerie sollte man nach links so weitergeben, dass die annehmende Person direkt annehmen kann. Also nicht die Gegenstände zur Übergabe erst auf den Tisch stellen.

Das *Trinkgeld* beträgt wie in Deutschland auch etwa zehn Prozent.

Der Kellner oder der Ober wird angesprochen mit *„Ober"* oder *„Meneer".*

Ist man nicht ausdrücklich im Restaurant als Gast eingeladen, rechnen Sie damit, für Ihren Teil der Speisen und Getränke selbst zu zahlen. Nicht umsonst heißt es auf Englisch *„Let's go Dutch!";* damit ist gemeint: Jeder zahlt für sich selbst.

Tischordnungen

Eine wichtige Regel in den Niederlanden ist, dass der weibliche Ehrengast rechts vom Gastgeber sitzt und der männliche Ehrengast links neben der Gastgeberin. Der zweitwichtigste männliche Ehrengast sitzt rechts neben ihr. Der zweitwichtigste weibliche Gast sitzt links vom Gastgeber. Sowohl bei einem eckigen als auch bei einem runden Tisch sitzen Gastgeberin und Gastgeber einander gegenüber.

Bei Privatanlässen werden oft die Sitzplätze zwischen den Gängen eines Menüs getauscht, um die Konversation zu fördern. In der verbleibenden Sitzordnung sollten Damen und Herren abwechselnd gesetzt werden. Paare werden nicht nebeneinander platziert.

Gestik, Mimik und Körpersprache

Ein extensives Vokabular für die Hände, Mimik und Gestik hatten die Niederländer noch nie. Die Körpersprache wird nicht so sehr eingesetzt wie zum Beispiel in Italien. *Tippen Niederländer mit dem Zeigefinger auf die Schläfen,* heißt das, dass sie selbst oder andere sehr schlau sind. In Deutschland bedeutet dieses Zeichen eher Dummheit.

Das *Berühren der Innenseite des Ellenbogens* mit der anderen Hand bedeutet, dass jemand unzuverlässig ist.

Der Kreis mit Daumen und Zeigefinger heißt bei den Niederländern wie bei den Deutschen *„okay"*.

Die *Mahngebärde mit dem Zeigefinger* geht in Deutschland von links nach rechts. In den Niederlanden von vorn nach hinten.

Das *Victoryzeichen* gilt in allen europäischen Ländern, ja sogar auf der ganzen Welt.

Falsch: Handrücken der Person zuwenden.

Richtig: Handflächeninnenseite der Person zuwenden.

Falsch

Richtig

Häufig ist auch das *„afkloppen"*, das etwa dem Klopfen auf Holz entspricht. Wenn man das Schicksal nicht herausfordern will, klopft man mit der Faust auf den Tisch und sagt: *„Ik heb nooit hoofdpijn. Even afkloppen." „Ich habe nie Kopfschmerzen."*

Pünktlichkeit

Die Pünktlichkeit ist für die Niederländer besonders wichtig. Verabredungen und Termine werden prinzipiell eingehalten und bilden die Grundlage für ein geschäftiges Leben. Zur Unterstützung werden Tagebücher eingesetzt. Unpünktlichkeit wird mit Unzuverlässigkeit gleichgesetzt. Terminliche Absagen in letzter Minute sind bei Niederländern äußerst unbeliebt.

Politik und Religion

Die Niederlande sind eine konstitutionelle Monarchie mit einem parlamentarisch- demokratischen Regierungssystem. Die Gesetzgebung liegt beim Monarchen und beim Parlament, das aus zwei Kammern besteht. Die Minister werden vom Monarchen ernannt und sind dem Parlament verantwortlich. Fünf Prozent der niederländischen Bevölkerung stammen nicht aus den Niederlanden. Sie sind Franzosen, Juden aus dem mittleren Osten, Asiaten aus den ehemaligen niederländischen Territorien und Briten – ein Schmelztiegel von Kulturen. In den städtischen Gebieten Amsterdams, Rotterdams und Utrechts gibt es zahlreiche religiöse und ethnische Gruppe wie Indonesier, Malaien, Inder, Chinesen, Türken, Araber, Juden usw.

Die Menschen sind hoch gebildet, fast jeder beherrscht Deutsch oder Englisch als Fremdsprache.

Fast vierzig Prozent der Niederländer sind Katholiken, 26 Prozent Protestanten, 3 Prozent Muslime, und über ein Drittel der Bevölkerung ist konfessionslos.

Business-Outfit und Abenddress

Lounge Suit, Town Suit, Tenue de Ville oder *Toilette de Ville* sind Bezeichnungen für den ganz normalen Businessanzug, vorzugsweise dunkel als Zwei- oder Dreiteiler. Er ist in den Niederlanden eher dunkel. Helle oder gemusterte Stoffe werden seltener getragen. Man sollte auch immer daran denken, dass alles Statusgemäße vermieden werden muss. Die Anzüge von leitenden Führungskräften sind nicht immer besser als die der untergebenen Angestellten.

Grundsätzlich kleidet man sich im Geschäftsleben *legerer* als in Deutschland. Einen Anzug tragen Männer in hohen Positionen oder solche, die Kontakt zu Kunden haben. Das mittlere Management trägt auch bisweilen Anzug, verzichtet aber auf den Schlips und trägt statt eines Hemdes schon auch mal Polohemd oder Pullover darunter.

Die Kleidung ist *nicht an den sozialen Status geknüpft.*

Jacke ausziehen heißt, an die Arbeit gehen.

Die Abendgarderobe wird als *Tenue de Soirée* oder *Toilette de Soirée* bezeichnet und bedeutet Smoking oder Gesellschaftsanzug für die Herren und Abendkleid für die Damen.

Was ist ein Black tie, Cravate noir oder Dinner jacket?

Ein Abendanzug wird als *Black tie, Cravate noir* oder *Dinner jacket* bezeichnet. Der Smoking hat glänzende Seidenstreifen, ein schwarzes Jackett mit seidenem Kragen oder Revers, Fliege, weißes Hemd und manchmal auch Kummerbund. Das ist ein breiter Hosenbund aus Seide.

Was ist ein Dress suit, White tie oder Cravate blanche?

Ein Gesellschaftsanzug wird als *Dress suit, White tie* oder *Cravate blanche* bezeichnet. Hier sind schwarze Hosen gefragt mit Doppelstreifen, ein schwarzes Jacket, das vorne kurz und hinten lang ist, der klassische Schwalbenschwanz-

Frack. Dazu gehört ein gestärktes Hemd, eine Weste, eine weiße Fliege, schwarze Lackschuhe, lange schwarze Strümpfe. Zylinder, Handschuhe und elegante Abendcapes werden nicht mehr getragen. Der Gesellschafsanzug kann tagsüber und am Abend getragen werden, im Gegensatz zum Smoking, der nur am Abend nach 19.00 Uhr angezogen wird.

Für die Frauen heißt „Gesellschaftsanzug" ein langes Abendkleid mit Dekolleté, möglichst ohne Ärmel. Dafür lange Abendhandschuhe, die über die Ellbogen reichen, und eine kleine Abendhandtasche. Ein langer Rock mit Bluse ist kein Pendant zum langen Abendkleid!

Besondere Feiertage

Zur traditionellen Ferienzeit in den Monaten Juli und August läuft das Business ruhiger. Ebenso zwischen Weihnachten und Neujahr.

1. Januar	Der Neujahrstag, „Nieuwjaarsdag", ist ein gesetzlicher Feiertag.
31. Januar	Geburtstag von Königin Beatrix, kein gesetzlicher Feiertag.
30. April	*Koninginnedag.* Der Geburtstag von der Königin Juliana wird noch immer als offizieller Königinnengeburtstag begangen. Juliana ist die Mutter von Königin Beatrix. Der Tag ist ein Nationalfeiertag. Er wird mit Freilichtkonzerten, Feuerwerk und Jahrmarkt begangen. Bäume werden mit Ballons geschmückt, Gebäude beflaggt. Wenn der Tag auf einen Sonntag fällt, wird bereits am Vortag gefeiert.
März/April:	Ostersonntag und Ostermontag. „Pasen", Ostern sind gesetzliche Feiertage. Karfreitag ist kein gesetzlicher Feiertag.
4. Mai	Tag des Totengedenkens, *„Dodenherdenking"*, Zweiter Weltkrieg. Kein gesetzlicher Feiertag, aber um 20.00 Uhr abends werden zwei Gedenkminuten eingelegt.
5. Mai	Befreiungstag, *„Bevrijdingsdag"*, gedacht wird der Befreiung der Niederlande durch die Alliierten im Jahre 1945. Es handelt sich um einen Nationalfeiertag, der alle fünf Jahre gesetzlicher Feiertag ist.
Mai	Christi Himmelfahrt ist ein gesetzlicher Feiertag.
Mai/Juni	Pfingstsonntag und Pfingstmontag sind ebenfalls gesetzliche Feiertage.

September	Der dritte Dienstag im September ist *Prinsjesdag,* Prinzentag. Die Königin verliest die Thronrede und fährt mit ihrer goldenen Kutsche zum Parlament, wo die Sitzungsperiode feierlich eröffnet wird. Ferner werden die Etats für die kommende Sitzungsperiode eingereicht.
5. Dezember	*Sinterklaas,* Nikolaustag. Gefeiert wird die Ankunft des Nikolauses, „Sinterklaas", der per Schiff aus Spanien kommt und den Kindern Geschenke mitbringt. Begleitet wird er meist von mehreren „Zwarte Pieten", „Zwarte Piet" = schwarzer Peter, dunkelhäutigen Jungen, deren Haut mit schwarzer Farbe eingefärbt ist, die sozusagen seine Helfer sind.
25./26. Dez.	Der erste und der zweite Weihnachtsfeiertag sind gesetzliche Feiertage. Heiligabend hat für nicht gläubige Niederländer keinerlei Bedeutung. Katholiken gehen an Heiligabend spät zur Messe und essen anschließend zu Hause im Familienkreis.
31. Dez.	Silvester *(„Oudejaarsavond").* Es werden traditionell *oliebollen* gegessen. Das sind runde, gezuckerte Krapfen, gefüllt mit Rosinen.

Seit der Liberalisierung der Ladenöffnungszeiten, die in den Niederlanden weiter fortgeschritten ist als bei uns, zumindest in den Großstädten, ist es in den Niederlanden nicht mehr grundsätzlich so, dass an gesetzlichen Feiertagen die Geschäfte geschlossen sind.

Grundvokabular

ja	Ja
nee	Nein
alstublieft/alsjeblieft	Bitte (Siezform/Duzform), wird in Schriftform oft abgekürzt zu a. u. b./a. j. b.
dank u/je bzw. bedankt	Danke (u/je = Siezform/Duzform)
pardon	Entschuldigung, auch: wie bitte?
sorry	Entschuldigung/Verzeihung
wat zegt u/zeg je?	Wie bitte? (Siezform/Duzform)
dag	Guten Tag; auch: auf Wiedersehen
goede morgen	Guten Morgen

goede middag	Gruß für den Nachmittag (von 12 bis ca. 17:30 Uhr)
goeden avond	Guten Abend
Hoe gaat het ermee?	Wie geht es Ihnen/Dir?
Heel goed, dank u.	Sehr gut, danke.
En met u?	Und Ihnen?
spa rood	Mineralwasser mit Kohlensäure
spa blaauw	Stilles Mineralwasser
Mag ik even voorstellen?	Darf ich kurz vorstellen?
Mijn naam is X.Y.	Ich heiße X.Y.
Aangenaam, de Vries.	Angenehm, de Vries.

Inhalt

Italien – bella figura!

Italien – bella figura!

Bella figura, was so viel heißt wie *„eine gute Figur abgeben“* oder *„einen guten Eindruck machen“*. Es signifiziert die italienische Variante des Gesichtwahrens. *Bella figura* verlangt, dass man sich immer korrekt und formell darstellt. Es wird alltäglich sehr viel Energie darauf verwandt, das eigentliche Leben zu verschönern und so angenehm wie möglich zu gestalten. Ehre und persönlicher Stolz sind wichtig. *Bella figura* bedeutet außerdem, sich gegenüber der Familie, den Freunden und den engen Nachbarn stets korrekt zu verhalten, um Loyalität zu beweisen. Diese Einstellung wird stärker, je weiter man in den Süden Italiens kommt. Der entscheidende Faktor für das menschliche Handeln sind die Verwandtschaftsverhältnisse innerhalb und zwischen Familien. Letzten Endes ist die Gruppenorientierung in Sizilien der wichtigste Bestandteil aller zwischenmenschlichen Beziehungen. Wen man kennt, ist wichtig. Wie man angesehen wird, entscheidet darüber, wie man behandelt wird.

„When in Rome, do as the Romans do!“ Diese goldene Regel sollte von allen Ausländern beherzigt werden. Wertschätzung gegenüber Italienern wird auch dadurch zum Ausdruck gebracht, dass man sich den italienischen Verhaltensweisen weitestgehend anpasst. Zugegeben, es ist manchmal schwierig, sich den regionalen Gebräuchen der Mailänder, Römer und Sizilianer wegen der enormen kulturellen Vielfalt anzupassen. *„Campanilismo“*, übersetzt Lokalpatriotismus, wird in Italien sehr groß geschrieben. *„Rispetto“*, *Rücksichtnahme* und *„onore“*, *Ehre,* sind aber für das italienische Geschäfts- und Privatleben immer äußerst sensible Themen. Rücksichtnahme ist wie in Deutschland wichtiger als Floskeln. Italiener ziehen ein Gespräch einem Schriftwechsel vor und haben einen starken Sinn für zwischenmenschliche Beziehungen.

Sich-selbst-Vorstellen

Wird man nicht vorgestellt, übernimmt man es wie in Deutschland selbst. *„Buon giorno. Sono Carlo Bianchi, dell' Ufficio Relazioni Esterne della ASCO“*, *„Guten Tag, ich bin Carlo Bianchi von der PR-Abteilung der Firma ASCO“*. Die Reihenfolge Vor- und Nachname muss eingehalten werden. Den Nachnamen allein nennt man in Italien nur in der Schule und in der Kaserne. Der eigene Titel und die Berufsbezeichnung dürfen niemals bei der Selbstvorstellung hinzugefügt werden.

Tabu sind: *„Sono il signor, il dottor, l'architetto, l'onorevole Bianchi".* *„Ich bin Herr oder Dr.* oder *Architekt* oder *Minister Bianchi."*

Völlig tabu ist es, bei der Selbstvorstellung mit *„piacere" „angenehm"* zu antworten. Es klingt nach einer Schmeichelei und einer degenerierten Form einer guten Erziehung. Das Vergnügen, eine Person kennen zu lernen, kann in dieser frühen Phase der Beziehung noch gar nicht ernsthaft empfunden werden. Diese Formel beinhaltet ein Maximum an Unaufrichtigkeit!

Also, weder ein *„Piacere, dottor Bianchi"* noch ein *„Onoratissimo, Fortunatissimo, Felicissimo", „ich fühle mich geehrt, ich bin äußerst glücklich"*, da viel zu enthusiastisch.

„Salve", „Grüß dich" oder *„Buondì", „Tag"*, vermeiden, da es zu informell und oberflächlich klingt.

Wie stellt man sich am besten vor?

„Buon giorno, Marco Rossi!" Mit einem nur angedeuteten Kopfnicken ist diese Vorgehensweise ausreichend und direkt.

Korrektes Verhalten beim Vorgestelltwerden

Wird man von einer dritten Person bekannt gemacht, erhebt man sich, reicht die Hand und begleitet diese Geste mit einem *„Buon giorno, come sta?" „Guten Tag, wie geht es Ihnen?"* Der Gesprächspartner wird mit *„Buon giorno"* antworten und eventuell nach englischer Sitte entsprechend anfügen *„Come sta?"*.

Mit *„male", „schlecht"*, sollte nicht geantwortet werden, was hier auch nicht zur Debatte steht, es sei denn, die Person ist bekannt.

Italienische Anreden

Korrekte mündliche Anrede und Titel

Bei der Vorstellung Dritter ist es besonders wichtig, auf die richtige Verwendung von Berufsbezeichnungen und Ehrentiteln zu achten.

Italiener lieben Titel. Titel besitzen großes Prestige und bedeuten eine große Errungenschaft. Das zu respektieren, ist Grundvoraussetzung für eine erfolgreiche Geschäftsbeziehung mit den Italienern.

> *„Dottore"* und *„Dottoressa", „Herr/Frau Doktor"* wird auf jeden angewandt, der einen akademischen Grad hat, nicht nur auf Promovierte. Es kommt dabei kein Flair von Ausschließung oder Distanz auf. Verbessert die angesprochene Person nicht, kann man diesen wichtigen Kunden weiter mit

„dottore“ anreden. Jede Lehrerin und jeder Lehrer wird mit *„professore“* angeredet. Diese Titel werden auch ohne Nachnamen benutzt.

Wird eine Frau vorgestellt, verwendet man die weibliche Form für Doktor und Professor.

Beispiel:

„Dottoressa“ oder *„professoressa“*, *„Frau Doktor“* und *„Frau Professor“*.

Alle anderen Titel treten nur in der männlichen Form auf!

Beispiel:

„Le presento l'architetto Rossi!“ „Dies ist Architektin Rossi!“

Die Anrede *„Signora“*, *„Frau“*, ist unabhängig vom Familienstand üblich, nicht jedoch *„Signorina“*, *„Fräulein“*. Eine Ausnahme wäre dann möglich, wenn es sich bei der Angesprochenen um eine wirklich sehr junge Frau handelt. Der Herr wird mit *„Signore“* angesprochen. Der Familienname muss nur bei der anfänglichen Begrüßung oder bei Verabschiedungen dazugesagt werden. Im Geschäftsleben spricht man sich solange so förmlich an, bis der italienische Kollege das Du und den Vornamen vorschlägt.

Beispiel für eine morgendliche Begrüßung:

„Buon giorno, Ingegner Bianchi,“ bzw. *„Buon giorno, Signor Ingegnere Bianchi.“*

oder

„Buon giorno, Ingegnere.“

Die Regel lautet:

Wenn ein Eigenname folgt, wird: Dottore zu Dottor, Professore zu Professor und Signore zu Signor.

Im weiteren Verlauf des Gespräches kann man zwar nur „Signore“ oder „Ingegnere“ oder andere Titel sagen. Wenn man den Namen aber weiß, ist es immer besser, ihn auch zum Titel dazu zu verwenden.

Im privaten Bereich wird nur der Verwaltungsratsvorsitzende eines Unternehmens mit *„Presidente“* angesprochen, was die Berufsbezeichnung *„dottore, ingegnere“* oder andere Bezeichnungen ersetzen kann. *„Direttore“ „Direktor“*, wird der geschäftsführende Direktor eines Unternehmens, eines Büros, einer Bank oder eines Instituts genannt, egal ob es sich dabei um einen Mann oder eine Frau handelt. Von *„direttrice“* spricht man nur, wenn sie die Leiterin einer Schule oder eines Internats ist.

Bitte in der italienischen Anrede beachten:

Im Geschäftsleben ist es notwendig, dass zunächst alle akademischen Titel und Ehrentitel mit Familiennamen in der Anrede verwendet werden!

Beispiel:

Marco Bianchi hat einen Universitätsabschluss und wird mit *„Dottor Bianchi"* angesprochen, ein Ingenieur mit *„Ingegnere"* und der Anwalt mit *„Avvocato"*.

Bei Staatspräsidenten, dem Präsidenten der Abgeordnetenkammer, des Senats und der Region – wie beim Bürgermeister auch – geht dem Titel immer die Anrede *„Signor"* voraus.

Auch die Minister werden einfach mit *„Signor ministro"* angesprochen, während für die anderen Politiker *„Senatore, Onorevole"* vor den Nachnamen zu setzen ist.

Der Präfekt, als kirchlicher Würdenträger, wird mit *„Eccellenza" „Eure Exzellenz"* angesprochen. Dasselbe gilt für den Botschafter, *„Signor ambasciatore"*, *„Herr Botschafter"*. Priester mit *„Reverendo"* oder *„Padre"*.

Ein *Ehrentitel* kann beispielsweise *„Cavalliere"* sein, eine Bezeichnung, die an Geschäftsführer und Industrielle verliehen wird. Steht dieser Ehrentitel auf der Visitenkarte, sollte dieser Titel in der mündlichen Anrede unbedingt verwendet werden.

Völlig übertrieben sind die Anredeformeln der eloquenten Neapolitaner. In Neapel wird jede Person mit *„Dottore"*, *„Ingegnere"* oder *„Commendatore"* angesprochen. Der Titel *„Commendatore"* war in der faschistischen Zeit gängig und wurde damals an verdiente Politiker verliehen. Diesen Titel erwähnt man heute nicht mehr.

Siezen oder Duzen – Lei o tu?

Im Geschäftsleben spricht man sich zur Sicherheit mit *„Lei"*, also *„Sie"* an. Unabhängig vom Rang und der sozialen Klasse überwiegt in der mündlichen Anrede die höfliche dritte Person. Kennt man sich neben der geschäftlichen Tätigkeit auch privat, wird das informelle *„tu"* verwendet.

In kleinen Unternehmen sprechen sich Mitarbeiter untereinander schnell mit *Vornamen* und *tu* an. Vorgesetzten gegenüber aber immer beim *Lei* bleiben!

Schriftliche Anreden

Der Vorsitzende eines Unternehmens wird im Adressfeld mit „il Presidente", „Vorsitzender" oder „l'Amministatore delegato" „Geschäftsführendes Verwaltungsratsmitglied" oder „il Direttore Generale", „Generaldirektor" angeschrieben.

Aufbau eines Adressfeldes:
Firmenname oder Name der Behörde
Titel mit Vorname und Nachname
Straße mit Hausnummer
Postleitzahl und Ort

Beispiel:
Spett. Ditta
Rusconi S. p. A.
all' attenzione del Sig. Giani
Viale Lunigiana, 34
I-20122 Milano

Zum Namen des Empfängers kann ein abgekürzter Titel verwendet werden:

Beispiele: *Dott. Mario Rossi*
Ing. Carla Bianchi
Avv. Paolo Verdi

Entscheidet man sich dafür, den Titel auszuschreiben, so muss ein Adjektiv vorausgehen.

Beispiele: *Egregio Dottore*
Egregio Ingegnere
Gentile Avvocato

Name und Nachname werden in diesem Fall erst in der zweiten Zeile angefügt. *„Avvocato"* kann sowohl ein Anwalt als auch eine Anwältin sein. In vielen Fällen existiert in der italienischen Sprache bei der Berufsbezeichnung nur die männliche Form.

Gebräuchlich sind die Anreden

„Egregio"	Sehr geehrter ...
„Gentile",	Sehr geehrter, sehr geehrte ...
„Egregi Signori"	Sehr geehrte Damen und Herren
„Gentili Signore ..."	Sehr geehrte Damen
„Caro", „cara"	Lieber ..., liebe ...

Beispiele:

Egregio Ingegnere, ...	oder wenn kein Titel vorhanden ist
Caro Signor Rossi, ...	
Gentile Signora Rossi, ...	

Folgende Bezeichnungen sind sehr förmlich, aber nicht falsch:

„Distintolo/a"	Distintolo Dott./Ing./Sig. Bianchi
„Gentilissimo/a"	Verehrtester, Verehrteste ... wird für die Damen bei der Anrede im Geschäftsbrief verwendet, meist abgekürzt, z.B. Gent.ma Sig.ra Bianchi (Sehr geehrte Frau Bianchi).
„Squisito/a" oder *„Riverito/a"*	Verehrter/e
„Pegiatissimo/a"	Geschätzter

Folgende Schlussformeln sind gebräuchlich

„Con i migliori saluti"	Mit freundlichen Grüßen
„Cordiali saluti"	Mit freundlichen Grüßen für Personen, die bereits bekannt sind.

Lobhudelnde Schmeicheleien am Briefende vermeiden

„Distini saluti"	Hochachtungsvoll
„Con i migliori omaggi"	Meine Ehrerbietung
„Con ossequio"	Mit vorzüglicher Hochachtung
„I miei ossequi"	Mit vorzüglicher Hochachtung

Der Brief wird rechts unten von Hand mit blauer oder schwarzer Tinte und mit vollem Namen unterschrieben. Darüber wird mit Computer nochmals der volle Name in Klammern geschrieben. Üblicherweise ohne Titel. Wenn der Titel doch dazugefügt wird, sollte er von Hand mit Tinte durchgestrichen werden. Auch die Schlussformel, die Anrede und die Unterschrift können bei einem offiziellen Schreiben handschriftlich angebracht werden.

Regeln für das Bekanntmachen Dritter

Eine dritte Person stellt man folgendermaßen vor: *„Dottor Rossi. Le presento il dottor Ferrari dell'Ufficio Esterne della ASCO". „Herr Dr. Rossi, ich möchte Ihnen Herrn Ferrari von der PR-Abteilung der Firma ASCO vorstellen."*

Wenn eine Sekretärin vorgestellt wird, dann wird die Bezeichnung *Assistentin* genutzt.

Beispiel:

„Questa è Serena Rossi, la mia assistente!" „Das ist meine Assistentin Serena Rossi."

Wird die eigene Frau vorgestellt, wird keinesfalls die Formulierung *„La mia Signora"* verwendet, sondern besser: *„Le presento mia moglie!" „Ich stelle Ihnen* *meine Frau vor"*. Der Nachname kann noch hinzugefügt werden. Folgende Begriffe vermeiden: *„Il mio consorte"*, *„mein Gatte"* und *„la mia consorte"*, *„meine Gattin"*.

Was tun, wenn man den Namen des italienischen Kollegen während des Vorstellens vergessen hat?

In Italien reagiert man mit Schlagfertigkeit oder mit einem Kompliment!

Beispiel:

„Le presento il più bravo conoscitore di vini che abbia mai incontrato", *„Ich stelle Ihnen den besten Weinkenner vor, den ich je getroffen habe"*. Die entsprechende Person stellt sich dann selbst vor.

Ebenso ist es möglich, dass man auf jemanden trifft, den man vor langer Zeit flüchtig kennen gelernt hat. Der Name ist aber in Vergessenheit geraten. In solch einem Fall ist es angebracht, dieser Person mit den *Worten „Sono Carlo Rossi. Come sta? Ci siamo incontrati a Milano alla Triennale parecchio tempo fa"*, *„Ich bin Carlo Rossi, wie geht's? Wir sind uns vor längerer Zeit in Milano auf der Triennale begegnet!"*. Niemals beginnen mit: *„Spero che tu mi riconosca"*, *„Ich hoffe, du erinnerst dich an mich!"* Der Gesprächspartner würde erstarren, weil er nicht die geringste Ahnung hat, wer der andere ist.

> *Regeln für das korrekte Bekanntmachen*
>
> Man sollte immer erst abwarten, bis man von Dritten bekannt gemacht wird, bevor man sich selbst vorstellt. Die am wenigsten bedeutende Person wird der bedeutendsten vorgestellt. Die jüngste der ältesten. Der Mann der Frau.

Salutare – das Grüßen

Im Geschäftsleben grüßt man als Erster. Bis zum späten Vormittag, etwa bis 14.00 Uhr (regional unterschiedlich), mit *Buon giorno.* Danach mit *Buona sera,* guten Abend.

Der Rangniedrigere grüßt den Ranghöheren wie in Deutschland.

„Arrivederci", auf Wiedersehen, ist zur Verabschiedung eher angesagt als das lässige inflationäre *Ciao.* Kennt man sich unter Geschäftskollegen schon sehr gut, dann ist ein *ciao* erlaubt.

Auf die Frage *„Come va?"* oder *„Come sta?"* „Wie geht's?" bzw. *„Come stai?"*, *„Wie geht's dir?"* antwortet man als Geschäftspartner nicht ehrlich, sondern mit einem *„Bene e Lei/tu?" „Gut. Und Ihnen/dir?"*. Es entspricht dem englischen *„How do you do?"*, auf das man ebenfalls *mit „How do you do?"* antwortet. In Deutschland sind diese Begrüßungsworte nicht gewünscht.

Abgedroschene Phrasen wie *„Mi saluti la Sua signora", „Beste Grüße an die Frau Gemahlin"* vermeiden.

Küssen ist eine weit verbreitete Art der Begrüßung in Italien. Dabei werden *Luftküsschen* zunächst auf die linke und dann auf die rechte Wange gegeben. Schon beim zweiten oder dritten Treffen mit den italienischen Kollegen kann dieses Zeremoniell stattfinden.

Händedruck

Die Art und Weise des Händedrucks prägt entscheidend den ersten Eindruck. Der Händedruck sollte nicht weich und nicht zu fest sein. Die Hand nicht wie bei Staatschefs und anderen Persönlichkeiten zu lange in der des anderen halten. Keinesfalls beide Hände reichen. Während des Händereichens sollte man gerade stehen und Blickkontakt halten. Wenn der Geschäftspartner die Hände nicht frei hat oder gerade mit etwas beschäftigt ist, nicht insistieren. Sollte es sich bei dem zu Begrüßenden um eine Gruppe von Geschäftsleuten handeln, immer dem Ranghöchsten zuerst die Hand geben. Ist man gesellschaftlich und nicht geschäftlich unterwegs, dann erst der ältesten Dame die Hand reichen. Der Blickkontakt muss beim Händegeben solange der andere spricht gehalten werden.

Händeschütteln bedeutet Vertrauen.

Kennt man sich im Geschäftsleben schon etwas besser, berühren Italiener oft den Arm oder die Schulter des Gesprächspartners. Manchmal umarmen sie auch ihren Kollegen. Diese Zeichen der Freundschaft und des Vertrauens sollte man erwidern.

Beim Verabschieden jedem Einzelnen der Gruppe die Hand geben. Das amerikanische allgemeine Winken ist nicht gewünscht.

Visitenkarten

Die Visitenkartenübergabe findet in Italien nicht am Anfang eines Gesprächs statt, sondern erst dann, wenn man im Gespräch näher auf die berufliche Tätigkeit zu sprechen kommt oder gar erst bei der Verabschiedung, wenn ein weiteres Treffen vereinbart wird. Der Austausch wird somit personenbezogener und bedeutsamer.

Die Visitenkarte wird der entsprechenden Person unmittelbar in die Hand übergeben und nicht wie eine Spielkarte über den Tisch geschoben. Sitzen Personen weiter entfernt, sollte man in diesem Fall um den Tisch herumgehen und die Visitenkarten direkt überreichen.

Auf der Visitenkarte sollten alle akademischen Grade, Titel und Positionen stehen, weil die Statusembleme sehr wichtig sind. In Deutschland vermerkt man nur die aktuell wichtigsten Titel.

Smalltalk und Konversation

Themen wie Religion, Politik, Probleme der Korruption, Mafia, italienische Bürokratie und Rassenfragen, Kriege und Unfallberichte aus der Zeitung sind für ein Geschäftsgespräch nicht geeignet. Über die Gesundheit zu reden ist ebenfalls sehr heikel.

Die Interessengegensätze Nord-Süd sollten niemals angesprochen werden. Es gibt eine ständige mehr oder weniger verbale Bewegung im Norden, welche die Unabhängigkeit vom Süden möchte. Dieser Wunsch basiert auf dem Gefühl, dass sie im Norden das Geld verdienen, welches Rom durch ein Steuersystem in den weniger produktiven Süden umleitet. Die verbalen Bewegungen im Süden dagegen behaupten, dass der Norden nur seine eigenen selbstsüchtigen Interessen durchsetzen möchte. Neapolitaner und Mailänder sind auf vielerlei Weise verschieden.

Der persönliche Stolz der Italiener, ihrer Familien, ihrer Städte oder ihrer Freunde darf niemals verletzt werden.

Im Mittelpunkt steht in Italien das Familienleben. *Bella figura!* Um im Geschäftsleben Kontakt zu neuen Kunden oder Kollegen zu schaffen, ist es angebracht, über das eigene Familienleben zu berichten und auch nach dem Familienleben des neuen Geschäftspartners zu fragen. Am besten Fotos der Familie mitbringen! Auch bei Geschäftsessen werden manchmal die Lebenspartner inklusive der Kinder eingeladen. *Familismo.*

Italiener sind im Geschäftsleben sehr flexibel, das heißt sie ändern entsprechend den Erfordernissen schnell die *Tagesordnungen* oder neigen zu einer freizügigen Deutung von Regeln und Abmachungen, um ihr festgesetztes Ziel schneller zu erreichen. Von Ausländern wird diese Flexibilität als unehrlich angesehen. Die Italiener selbst bezeichnen diese Vorgehensweise keinesfalls als irreführend, sondern als pragmatisch und ökonomisch. Für Italiener sind ihre ausländischen Geschäftspartner zu gesetzeshörig.

Die Italiener sprechen laut und mit viel Temperament. Häufig sprechen mehrere Italiener gleichzeitig. Gesprächspausen gibt es nicht. Nordeuropäer, gekennzeichnet durch ihre Wortkargheit, und Südeuropäer, bekannt durch ihren Wortschwall, in eine Unternehmenskultur zu integrieren, ist schwierig.

Italiener sind äußerst höflich und empfinden die Nordeuropäer oft als kühl und wenig feinfühlig, was nicht deren Absicht ist. Mit *Schmeicheln, Charme* und *Grazie* gewinnt man die italienischen Geschäftspartner und beweist Feinfühligkeit. Beispiel: Beim Verlassen eines Raums sagt man: *„Con Permesso!“* oder *„Permesso!“*, „Erlauben Sie bitte!“

Italiener lieben *Geselligkeit,* Flexibilität und das Interesse an Menschen.

Auf Einladungen folgen immer *Gegeneinladungen.* Danksagungen sind in Schriftform hochgeschätzt.

Es reicht nicht aus, einfach mal *„Danke“* zu sagen. Wiederholen Sie sich und bedanken sich überschwänglich, damit Ihr Geschäftspartner den Eindruck erhält, dass Sie es wirklich ernst meinen.

Besonders positiv sind *Gespräche über die italienische Kunst* und die italienischen Meister des Mittelalters, Essen, Wein, Filme, Kunst, Sport, insbesondere Fußball, Musik, italienische Architektur, Philosophie und die Oper. Niemals nach dem Beruf oder gar dem Einkommen fragen!

Italienische Persönlichkeiten:

Beispiele:

Leonardo da Vinci (1452–1519); Maler, Bildhauer, Naturforscher, ein Virtuose sowohl in der Kunst als auch in der Wissenschaft.

Raffael wurde 1483 in Urbino geboren und starb 1520 in Rom. Er war Maler, Bildhauer und Architekt. Sein Meisterwerk sind die Fresken in den Stanzen im Vatikanischen Palast, die als Krönung der Renaissancemalerei gelten.

Michelangelo (1475–1564), Maler, Baumeister, Bildhauer der David-Statue und der „Vier Gefangenen“.

Umberto Eco, geboren 1932, schrieb den Roman „Der Name der Rose“, der seine Begeisterung für das Mittelalter offenbart. Das Buch wurde 1986 verfilmt.

Antonio Vivaldi (1678–1741) komponierte über 600 Konzerte. Die „Vier Jahreszeiten“ zählen heute zu den meist gespielten Werken klassischer Musik.

Giuseppe Verdi (1813–1901) gehört zu den bedeutendsten Opernkomponisten des 19. Jahrhunderts. Seine berühmtesten Werke sind „Rigoletto“ und „Aida“.

Luciano Pavarotti, geboren 1935, einer der bekanntesten Operntenöre des 20. Jahrhunderts.

Tipps für das Business

Der Beginn einer Geschäftsbeziehung gilt dem *Aufbau einer persönlichen Beziehung.* Im Gegensatz zu Nordeuropäern sollte man nicht geradlinig auf das Geschäft zu sprechen kommen. In Italien lernt man sich zuerst einmal kennen. Pasta und Wein beim Mittagessen tragen zum *Kennen lernen* bei. Wenige Worte und ein kleiner Smalltalk reichen dazu nicht aus.

Entscheidungen werden im Norden Italiens schneller getroffen als im Süden.

Niemals über eigene Erfolge vor italienischen Kollegen oder Vorgesetzten fabulieren.

Arbeits- und Privatzeit wird in Italien streng getrennt.

Wie in allen lateinischen Kulturen existiert ein großes Vertrauen in den deduktiven Prozess: *Der Weg kann wichtiger sein als das Endergebnis.*

Bella figura, Dinge sollen gut aussehen. Von daher müssen Präsentationen schön und kunstvoll ausgearbeitet werden. Die Personen sollten sehr gut aussehen. Auf eine überzeugende Verpackung wird höchste Priorität gelegt.

Bella figura schreibt auch vor, dass Kritik eine indirekte Form wahren soll. Wird ein Italiener direkt nach deutscher Manier kritisiert, verliert er sein Gesicht. *Offene Kritik* macht eine schlechte Figur – *brutta figura.* Kritik soll zwischen den Zeilen lesbar sein.

Die unveränderliche römisch-katholische Kirche bildet die Basis für die Gruppen- und Statusorientierung des alltäglichen Lebens. In Großunternehmen bestimmt die *Cordata, die Befehlskette,* den Organisationsablauf. Diese Befehlskette ist wie eine Pyramide angeordnet und repräsentiert die Statusebenen. Für das Alltags- und Geschäftsleben resultiert daraus eine aufwendige Bürokratie. Dieses Interesse an hierarchischen Strukturen ist im Norden und Süden gleichermaßen vorhanden.

Italiener haben im Allgemeinen *großen Respekt vor Macht* und vor dem Alter. In südlichen Unternehmen haben die Männer sehr häufig die Autorität über die Frauen.

In Italien ist man allgemein *risikoavers,* was bedeutet, dass viel mehr Informationen und Details analysiert werden müssen als in Deutschland. Geschäftsideen und Pläne werden manchmal nur langsam in die Tat umgesetzt. Für Nicht-Italiener ist es wichtig, bei der Realisierung der vereinbarten Pläne mitzuarbeiten und den Kontakt zu suchen.

Italiener zurren in Verhandlungen in letzter Minute nochmals ihre Forderungen nach, streben aber trotzdem immer einen Konsens an. Die Verhandlungsführer sollten ranggleich sein. Übt man als Ausländer Druck auf Italiener aus, dann reagieren sie mit Widerstand.

Smalltalk vor einer Verhandlung ist besonders wichtig.

Tatsächlich wurde Italien erst im 19. Jahrhundert zu einem Staat vereinigt und kann heute noch in sehr unterschiedliche Kulturregionen mit spezifischen Umgangsformen unterteilt werden. Rom bildet in etwa die Trennlinie zwischen Nord und Süd. Eine Kombination von beiden Kulturen bestimmt das Verhalten der Römer. Die Gegend südlich von Rom ist in Anbetracht des subtropischen Klimas berühmt als *Mezzogiorno,* Mittag. Der Arbeitstag beginnt sehr früh in der Kühle des Morgens und wird nach einer sehr langen Mittagszeit am späten Nachmittag bis in die Abendstunden fortgeführt. Die Mittagszeit schließt eine Hauptmahlzeit und die damit verbundene Siesta mit ein.

Der inflationäre Gebrauch von Fremdwörtern aus dem Englischen wird in einer Konversation snobistisch bewertet. Besser ist es, eine identische Entsprechung aus dem Italienischen zu wählen. Also nicht *„trend"*, sondern besser *„tendenza"*, nicht *„back stage"*, sondern besser *„retroscena"*, nicht *„background"*, sondern besser *„origine"*. Das täglich millionenfach ausgesprochene *„Okay"* ist auch im Geschäftsleben üblich.

Invasione degli spazi altrui – das Betreten der Räumlichkeiten anderer. Gleichgültig, ob die Bürotür geöffnet ist oder nicht, an den Türpfosten muss immer vor Eintritt in ein Bürozimmer angeklopft werden.

Entscheidungen werden zwar in *formellen Meetings* getroffen und protokolliert, jedoch nicht immer in die Realität umgesetzt. In Meetings werden nicht immer wahrhaftig Entscheidungen gefällt, sondern Meinungen ausgetauscht und Unterstützer aufgespürt. Das Statusdenken und die Wortgewandtheit tummeln sich auf der Meetingbühne.

Es ist äußerst chauvinistisch, die Sekretärin mit *Bella* zu bezeichnen. Oder sich an den Finanzvorstand mit seinem Kosenamen *Ninetto* zu wenden.

Masticare la gomma. Niemals Kaugummi, auch keinen medizinischen, während eines Meetings kauen.

Nomi. Namen sollte man im Geschäftsgespräch mit Kunden und Kollegen öfters wiederholen. Ein Vergessen von Namen sollte in Italien vermieden werden.

Offrire il caffè. Auf einen Espresso einladen. Da man den Espresso in Italien schnell trinkt, sollte man eine Einladung auch bedenkenlos annehmen. Erwartet wird eine Gegeneinladung. Der offizielle *Informationsfluss* funktioniert in Italien nicht besonders gut, deshalb ist man auf die Kaffeepausen und auf die Mittagessen angewiesen, um an wichtige Informationen ranzukommen.

Niemals in Büroräumen bei Kollegen nach einem *Aschenbecher* fragen, wenn keiner auf dem Schreibtisch steht. Allein die Bitte, rauchen zu dürfen, wäre unhöflich. Wird man von Kollegen zum Rauchen aufgefordert, dann kann man dieser Aufforderung auch nachkommen. Beim Verlassen des Zimmers muss vom Raucher persönlich der Aschenbecher ausgeleert werden.

Sehr oft werden *Wein, Pralinen und Blumen im Geschäftsleben* verschenkt und ausgetauscht. Am Vormittag einer Einladung bedankt man sich häufig schon im Voraus mit einem Strauß Blumen.

Am Verhandlungstisch kann es schon vorkommen, dass Italienern das *Temperament* durchgeht und sie untereinander in einen Streit geraten. Minuten später sind sie wieder die besten Freunde.

Auffällig ist auch die für uns Nordeuropäer unhöfliche *paraverbale Kommunikation* der Italiener. Meetings in Rom oder Mailand werden schnell überschwänglich und enthusiastisch. Die Antworten im Gespräch mit italienischen Kollegen kommen, noch bevor man selbst ausgeredet hat. Man wird mitten im Satz unterbrochen. Hier verfährt man besser nach seinen eigenen Regeln, das heißt, nicht den Redefluss des Kollegen zu unterbrechen.

Italiener *lieben schnelle Entscheidungen* und sind bereit für Kompromisse. Sie lieben weniger das Arbeiten nach Plan. Schriftliche Vereinbarungen sollten bei italienischen Verhandlungspartnern eingefordert werden.

Man entschuldigt sich bei gekränkten Kollegen und Geschäftspartnern sofort von Angesicht zu Angesicht. Eine ausgesprochene Entschuldigung gilt in schwerwiegenden Fällen nicht als ausreichend. Geschenke in Form von *Blumen, einem Fruchtkorb, Pralinen* oder einer *Packung Golfbälle mit Karte* gelten als Friedensangebot.

Am Telefon mit *„pronto"* melden.

Siebzehn ist eine Unglückszahl. Freitage sind Unglückstage.

Keine Chrysanthemen verschenken. Sie symbolisieren Tod und Krankheit.

Die *Geburtstage und Hochzeitstage von italienischen Kunden* und Kollegen dürfen nicht vergessen werden. Geschenke zur Geburt von Kindern werden erwartet. Geschenke schaffen Kundenbindung.

Regelmäßig persönlichen Kontakt mit Kunden aufsuchen, damit sich der prophetische Charakter des Satzes *„Aus den Augen aus dem Sinn"* nicht bewahrheitet.

Zwischen Frauen können durchaus Geschenke wie Parfum, Lippenstift, Puder, Schals und Handtaschen überraschen. Männer sollten diese Geschenke unterlassen.

Vorträge müssen logisch und schön präsentiert werden. Eine Präsentation, die nicht ansprechend aufgemacht ist, beweist einen Mangel an Sorgfältigkeit und zeigt Respektlosigkeit gegenüber den Geschäftspartnern. Die Teilnehmer reagieren mit Ablehnung.

Ein *Kompliment* wird in Italien wie ein Geschenk aufgenommen.

Beispiel:

„Marco, ottimo lavoro! Marco, ausgezeichnete Arbeit!"

Südtirol strebt wie das Aostatal, Sardinien, Sizilien und Friaul den Föderalismus an, was von Rom aus gebremst wird. Die Etikette in Südtirol ist eine Mischung aus deutscher und italienischer Etikette. Titel wie *dottore* und *dottoressa* sind besonders wichtig. Deutsch ist neben Italienisch die zweite Amtssprache in Südtirol. Die Südtiroler sind sensibel, was ihre Sprache betrifft. Es ist ratsam, sich am Telefon zunächst nur mit dem Firmennamen sowie dem persönlichen Vor- und Nachnamen ohne „Pronto" bzw. „Guten Tag" zu melden. Der Kunde hat somit beim Antworten die Wahl zwischen Deutsch und Italienisch. Niemals die Sprache dem Kunden vorgeben. Er fühlt sich genötigt, in der vorgegebenen Sprache fortzufahren. Nachdem sich der Südtiroler Kunde am Telefon vorgestellt hat, empfiehlt es sich, den persönlichen Gruß mit „Guten Tag, Herr Weiß!" oder „Buon giorno, Signor Bianchi!" nachzuholen.

Unternehmensorganisation und Führungsverhalten

Der *Board of Directors* heißt in Italien *Consiglio d'Amministrazione.* Er wird von einem *Presidente* geführt. Hierarchisch untergeordnet ist der Generaldirektor, *Amministratore Delegato.* Die Abteilungsleiter heißen *Direttori.* Andere Funktions- oder Arbeitstitel haben keine große Bedeutung. Die Autorität wird nicht automatisch von der Belegschaft an diese Organisationsebene gegeben. Die Autorität hängt im Wesentlichen von dem persönlichen Vertrauenspotenzial des Topmanagers ab. Titel und Position geben keinen Hinweis auf Entscheidungskompetenz.

Italiener *kooperieren* in großen Unternehmen nicht kraft Arbeitsvertrag oder Position. In kleinen Familienbetrieben dagegen herrscht ein Managementstil, der eher grob und diktatorisch ist. Dieses Rollenmodell funktioniert in großen Unternehmen nicht.

Autorevolezza – selbstbewusstes Auftreten basiert auf persönlichen Schlüsselqualifikationen, wie Vertrauen, Zuverlässigkeit, Überzeugungskraft, Kreativität, Talent, Energie, Beständigkeit und fachlichem Wissen. Vom *Boss* erwarten die Mitarbeiter, dass er *simpatico* und charismatisch ist.

Ein *tipo furbo* zu sein ist kein Kompliment. Es heißt so viel wie „gerissener Kerl". Besser ist die Bezeichnung *„in gamba"*, patent zu sein.

Die *Schlüsselqualifikation,* die von Managern erwartet wird, ist die Flexibilität. Das heißt, Routinearbeiten und -verfahren im Geschäftsalltag sollte man aus praktischen Gründen ignorieren. Ebenso wird gegen Protokolle und Unternehmensorganigramme verstoßen. Deutsche, die gerne in einer systemischen Organisation arbeiten, empfinden dabei offensichtlich Chaos. Pragmatisch und improvisierend zu arbeiten ist wichtiger, als der Orthodoxie zu verfallen.

Die Stärken des blühenden Unternehmertums in Italien stecken im Erkennen *neuer Marktchancen* und weniger in einer schriftlichen sowie langfristigen Strategieplanung. Die Führungsfunktionen eines Managers bestehen nicht in der Planung oder der Entscheidungsfindung, sondern in der Durchführung und Kontrolle. Italiener befolgen Anweisungen nicht freiwillig. Führungskräfte sollten versuchen, einen Konsens mit den Mitarbeitern zu erreichen, damit deren persönliches Engagement entfacht wird. Stimmen italienische Mitarbeiter zu, wird das manchmal aus reiner Höflichkeit getan. Manager müssen hier nachfragen und insistieren. Hat man als Vorgesetzter das Engagement des Mitarbeiters, werden *Talent, Kreativität und Energie* maximal eingesetzt.

Eine geschäftliche Verbindung wird meist nur aufrecht erhalten, solange Gewinne ermittelt werden.

Der Betriebsrat heißt *Consiglio di fabbrica* und kontrolliert die Arbeitsbedingungen sowie Investitionspläne.

Hat eine *Società per azioni (s. p. a.)*, eine Aktiengesellschaft, einen Geschäftsführer, dann heißt er *„amministratore unico"*. Mehrere Geschäftsführer bilden einen Verwaltungsrat, den *consiglio di amministrazione.* Der Vorsitzende des Verwaltungsrats heißt *presidente del consiglio di amministrazione.* Der Aufsichtsrat als zentrales Kontrollorgan der s. p. a. heißt *collegio sindacale.*

Angesprochen werden alle Organe mit *„dottore"* oder *„dottor plus Nachname"*, falls ein Studium absolviert wurde. Frauen werden mit „dottoressa ohne/plus Nachnamen" angesprochen.

Ebenso *„professore"* oder *„professor plus Nachname"*. Frauen werden immer mit *„professoressa"* oder *„professoressa plus Nachname"* angeredet.

Im Allgemeinen sind Italiener extrovertiert und eloquent. Sie ziehen wie die Russen das Gespräch einem Schriftwechsel vor.

„La Donna" im italienischen Geschäftsleben

Die Frauen im Süden erfüllen in erster Linie die Rolle der Hausfrau und sind in den Führungsetagen der italienischen Unternehmen selten vorzufinden. Im Norden Italiens dagegen sind die Frauen im Durchschnitt emanzipierter und in vielen Führungspositionen anzutreffen. Haben Norditalienerinnen eine hohe Position mit Autorität, erwartet man von ihnen gleichermaßen, dass sie ihre Rolle als Hausfrau und Ehepartnerin ebenso gut erfüllen.

Früher war der Vortritt bei der Tür genau und nur durch den Unterschied der Geschlechter festgelegt. Zuerst die Dame, dann der Herr. Heute kann im Arbeitsleben die Aufforderung einzutreten von der Frau an den Mann gerichtet sein, der entweder betagter ist oder hierarchisch höher eingestuft wird. Wie in Deutschland laden italienische Geschäftsfrauen männliche Kollegen und Kunden zum Essen ein.

Wohlerzogene Geschäftsmänner zeigen jedoch weiterhin ganz besondere Aufmerksamkeit gegenüber der Frau. Das heißt, er hilft ihr aus dem Mantel, bietet ihr Feuer an und rückt ihr bei einem Dinner den Stuhl.

Restaurant- und Tischetikette

Die offiziellen und vornehmen Einladungen finden in Italien am Abend statt. Für diese Gelegenheit wird oft die englische Bezeichnung *„dinner"* oder auch *„galadinner"* verwendet. Das Abendessen heißt auf italienisch *„cena"*, das Frühstück *„colazione"* und das Mittagessen *„pranzo"*. Das Abendessen gibt es im Norden Italiens gegen 20.00 Uhr, in Rom um 21.00 Uhr und im Süden um 22.00 Uhr. Es besteht aus Aufschnitt, Salat, Suppe und Dessert.

Tabu: Kein Schweinefleisch für Gäste aus islamischen Ländern oder Juden.

Il conto und *la mancia. Die Rechnung* und *das Trinkgeld.* Um die Zahlungsmodalitäten maximal zu vereinfachen, sollte man bereits beim Eintritt in das Restaurant die Kreditkarte dem Maître übergeben. Ist das Essen formloser, kann auch am Tisch am besten mit Kreditkarte bezahlt werden. Das Trinkgeld sollte die Sorgfalt und die Professionalität des Maître oder Kellners belohnen. Es beträgt ungefähr zehn Prozent der Gesamtsumme. Das Trinkgeld sollte nie offen auf dem Tisch liegen, sondern in der gefalteten Karte bzw. Rechnung auf dem Tellerchen.

In Italien bleibt das *Trinkgeld, la mancia,* das großzügig gehandhabt wird, im Restaurant auf dem Tisch liegen. In Deutschland dagegen rundet man die Rechnungssumme auf oder legt das Trinkgeld in die Serviette bzw. in die Kreditkartenabrechnungsmappe des Obers. Stilvoll zahlt in Italien der das Trinkgeld, der die Rechnung nicht erhält. Viele Restaurants haben das Trinkgeld schon im Preis berücksichtigt. Es ist in Ordnung, wenn man bei der Bezahlung danach fragt.

Die *Tischmanieren* der wohl erzogenen Italiener entsprechen denen in Deutschland.

Die Italiener sind geschäftlich und privat äußerst *gastfreundlich.* Auch private Themen können bei Geschäftsessen besprochen werden.

Leichte Trunkenheit gilt als sehr schlechte Erziehung.

In einem Restaurant gehobenen Niveaus wird man fast immer nur einen Teller, zwei Gläser und eine Gabel pro Gedeck finden. In Deutschland findet man manchmal vier Gläser, einen Teller mit Platzteller, rechts vier und links drei *Besteckteile.*

Erscheint ein Gast nicht zum vereinbarten *Zeitpunkt,* dann erst nach fünfzehn Minuten Verspätung mit ihm oder seinem Büro telefonisch in Kontakt treten.

Der Mann *betritt* als Erster das *Restaurant* und überprüft damit, ob das Lokal nicht gegen die Achtbarkeit der Frau verstößt. Dies gilt insbesondere für den südlichen Teil Italiens. Im Norden kann eine Gastgeberin ein Lokal zuerst betreten.

Bei einem *Buffet* sollte man nicht den Eindruck eines einsamen, hungrigen Wolfes erwecken. Man beginnt erst mit dem Essen, wenn mindestens zwei bis drei Tischgenossen mit gefüllten Tellern an den Tisch kommen.

Wer *einlädt,* bestellt zuletzt, wie in Deutschland.

Wenn man den Kellner ruft, nicht mit der Serviette rudern oder ihn *„Ragazzo"*, *„Junge"*, nennen. Ein Kellner wird nicht mit *„Cameriere"* angesprochen, sondern mit *„Scusi"*. Mit ihm sollten im Vorfeld die Zahlungsmodalitäten abgeklärt werden. Der italienische Ober heißt *Maître* und *steht hierarchisch über dem Kellner.*

Auf keinen Fall *„Buon appetito"* zu Beginn einer Mahlzeit sagen. Es gilt als altbacken und wenig elegant. Stattdessen genügt ein leichtes Lächeln zu den Gästen und die Vergewisserung, dass die Damen bzw. der wichtigste Gast bereits begonnen haben.

Ellbogen niemals auf den Tisch legen, nur die Handgelenke aufstützen.

Erhebt sich eine Dame bei einem sehr formellen Essen vom Tisch, stehen nicht alle Herren auf, sondern nur der unmittelbare Tischherr.

Der *Risotto* wird nicht kaltgeblasen und nicht auf dem Teller glattgedrückt.

Nach *Zahnstochern* wird nicht gefragt, und sie werden auch am Tisch nicht genutzt. In Deutschland ist das Verwenden von Zahnstochern in Ausnahmefällen diskret hinter vorgehaltener Hand erlaubt.

Den *Salzstreuer* gibt man nicht der darum bittenden Person in die Hand, sondern stellt ihn vor ihr auf den Tisch.

Niemals *Besteck* ablegen wie gestrandete Paddel eines Ruderboots, sondern besser im Dreieck auf dem Teller auf 8.20 Uhr liegen lassen. Hat man fertiggegessen, dann wird das Besteck parallel nebeneinander abgelegt.

Typischerweise umfasst das *italienische Mittagessen* drei Gänge. Pasta, Fisch oder Fleisch mit Gemüse und als Dessert Obst. Man bestellt entweder Suppe oder Pasta, aber nicht beides. Das Fleisch wird nicht automatisch mit Reis oder anderen Beilagen serviert. Alle Beilagen müssen separat bestellt werden.

Das Messer nicht verwenden für *Lasagne, Cannelloni, Frikadellen, Omeletts* oder *Salat.* Dafür nimmt man besser nur die Gabel. In einigen Fällen ist es erlaubt, mit den Händen zu essen. Beispielsweise beim Abreißen von Brot, Essen von *Pinzimonio,* das ist Gemüserohkost mit Dips, *Spargel, Meerestieren.*

Weiche Käsesorten, wie *Ricotta,* werden nur mit der Gabel gegessen.

Steinfrüchte werden geviertelt, mit dem Messer und der Gabel abgeschält, in mundgerechte Teile geschnitten und mit der Gabel gegessen.

Ein kleines Schälchen mit Wasser vom Ober kurz vor Beendigung des Essens serviert, darf zum Benetzen von Obst verwendet werden. Das gleiche Schälchen mit Blütenblättern oder Zitronenscheibe ist zum Reinigen der Fingerspitzen zu verwenden.

Das Essen mit einem *Amaro* oder einem *Sambuca* abzuschließen, ist nicht besonders elegant und wird eher bei Kantinenessen praktiziert. *Sambuca* ist ein Anisschnaps, der oft mit einer Kaffeebohne serviert wird. *Grappa* ist ein Tresterbranntwein aus den Schalen und Stängeln der Weintraube. Er wird auch in Spitzenrestaurants serviert.

Die klassische italienische Speisenfolge:

Antipasti (Pasteten, Prosciutto)

Suppe

Pasta

Hauptgericht (Fisch oder Fleisch)

Salat

Käse

Dessert

Früchte

Espresso und Digestif

Die Früchte und der Käse werden separat gegessen. Die Früchte, wie Orangen oder Birnen, dienen als Geschmacksreiniger.

Cappuccino und andere Milchkaffees, wie Macchiato werden nur bis 10.00 Uhr bestellt, da diese mit Milch aufgeschäumt sind und nur für das Frühstück gedacht sind. Schwarzer Kaffee wird den ganzen Tag über serviert. *Espresso* wird erst nach dem Mittagessen getrunken. Im Süden wird der Espresso mit einer

Scheibe Zitrone serviert. *Hag,* ohne Koffein, gibt es ebenfalls auf der Getränkekarte. Der Espresso wird sehr oft zusammen mit dem Digestif serviert.

Brindisi – Trinksprüche bei einem Arbeitsessen können am Beginn oder am Ende des Essens zur Begrüßung eines wichtigen Gastes oder eines neuen Kollegen gehalten werden. Weitere Anlässe sind: Verabschiedungen von Kollegen, Eröffnung eines neuen Geschäftes oder Aufnahmen eines neuen Produktes.

Wie hält man eine kurze Rede?

Es ist erlaubt, mit einem Besteckteil an sein Glas zu klopfen, sich zu erheben und sich an seinen neuen Kollegen und die Gäste zu wenden. Am Ende der Rede, die nicht länger als drei bis vier Minuten lang sein sollte, erheben die Gäste ihre Kelche. Ohne miteinander anzustoßen, trinkt man und sagt vorher *„Cin cin"*. Der neue Kollege kann sich seinerseits mit einer kurzen Rede bedanken.

In Rom gibt es erstaunlicherweise gegen Mitternacht, wohlgemerkt nicht zum Abendessen, eine Schüssel Pasta zum Nachtessen, quasi *dopo cena* – das heißt *nach dem Essen.*

Im Norden Italiens werden mehr *Risotti* und im Süden mehr *Pasta* (= Nudeln!) oder Gnocchi serviert. Die bekannteste Küche gibt es in Bologna, der Heimat von Parmaschinken, Parmesankäse und der *Tortellini mit Prosciutto.* Die florentinische und toskanische Küche vertraut auf Wildschwein, Fleisch, Bohnen mit viel Olivenöl, Knoblauch und Gartenkräuter.

Kaffee liefert den *perfekten sozialen Rahmen* für den Austausch von Informationen und Nachrichten und den Aufbau von wichtigen Geschäftsbeziehungen.

Cocktails vor dem Essen sind weniger üblich. Als Aperitif trinkt man *Wermut* oder *Campari.* Wein wird im Unterschied zu Deutschland zum Mittagessen und zum Abendessen getrunken.

Der eher informelle *Trinkspruch* lautet *„salute"*, der formellere *„cin cin"*.

Bei bedeutenden Empfängen wird das *Glas stehend erhoben.* Der Gast, an den der Trinkspruch gerichtet wird, trinkt seinerseits nicht mit, sondern lächelt und genießt die ihm zuteil werdende Aufmerksamkeit. Alle sprechen im Chor den Namen des Gastes aus. Dann nehmen sie einen Schluck aus ihren Gläsern und setzen sich wieder. Wenn die Gruppen klein und informell sind, dann kann der Trinkspruch auch im Sitzen ausgesprochen werden. Man muss nicht mit Wein, sondern kann auch mit Soda oder Wasser anstoßen. Es zählt die symbolische Geste! Der Gastgeber kann seinen Trinkspruch auch erst zum Dessert vorbringen.

Das *Anstoßen* mit gekreuzten Armen ist nur frisch Verliebten oder frisch Vermählten vorbehalten. Unter Geschäftsfreunden ist diese Art des Zuprostens nicht üblich.

Beispiel eines Trinkspruchs:

„Greg, é fantastico averti qui. Faremo grandi cose insieme, la tua societá e la mia, cosí io non brindo solo a te, amico mio, per augurarti un benvenuto in Italia, ma anche al successo della nostra collaborazione“. „Greg, es ist wunderbar, dich hier zu haben. Wir werden große Dinge auf die Beine stellen, deine Firma und meine – daher trinke ich nicht nur auf dich, mein Freund, um dich in Italien herzlich willkommen zu heißen, sondern auch auf den Erfolg unserer Zusammenarbeit.“

Das *Brot* darf in *Olivenöl* getunkt werden. Auch Bratensaft und Soße darf mit Brot aufgenommen werden. Aber bitte nicht den Teller mit dem Brot aufwischen.

Blattsalat nie mit dem Messer schneiden, sondern mit Messer und Gabel falten.

Beim *Pastaessen* keinen Löffel zur Hilfe nehmen. Besser die Gabel mit den Nudeln auf dem Tellerrand drehen.

Der *Ehrenplatz* ist der Platz in der Mitte auf jeder Seite des Tisches. Die wichtigsten Damen sitzen unmittelbar rechts neben dem Gastgeber, Herren rechts neben der Gastgeberin.

Zu beachten ist, dass das *Trinkglas* schon dann vom Kellner nachgefüllt wird, sobald es gerade nicht mehr halbvoll ist.

Blumen müssen vor dem Überreichen an den Gastgeber ausgepackt werden.

Gestik und Mimik

Italiener *präsentieren sich überschwänglich, eloquent und wortreich.* Wie in Frankreich wird in Italien der nonverbalen Kommunikation ein sehr hoher Stellenwert beigemessen. Sie nehmen Situationen sehr feinfühlig und scharfsinnig auf, sind aber keine Mimosen und vertragen Kritik. Ähnlich wie Finnland hat Italien keine chauvinistischen Tendenzen, dass alles Italienische grundsätzlich das Beste ist. Damit man als Nicht-Italiener nicht zu hölzern oder kühl wirkt, sollte man stärker als sonst üblich mit Mimik und Körpersprache seine Botschaften kommunizieren.

Streicht man sich mit dem Daumen über die Wange, zeigt das, dass die sprechende Person furbo – schlau – ist.

Achselzucken

In Deutschland und Italien signalisiert man damit *Unwissenheit* oder *Gleichgültigkeit.* Franzosen zeigen damit, dass sie etwas lächerlich finden.

Kinnstreichen

Streicht sich jemand mit den Fingern unter dem Kinn auswärts, bedeutet das *Desinteresse* oder *Trotz.*

Klopft sich eine Person mit der Hand des einen Arms auf die Innenseite des Ellbogens des anderen Arms, heißt das so viel wie: *„Siehst du, geschieht dir recht!“*

Das untere Augenlied mit dem Zeigefinger einer Hand nach unten zu ziehen, ist ein Zeichen von *Zweifel* und *Unglauben* oder *Warnung „Pass auf! Halte die Augen auf!“*

Es ist beleidigend, jemanden mit dem Zeigefinger heranzuwinken. Besser ist es mit der gesamten Hand nach unten winkend den Kellner herbeizuwinken.

Physische Distanz und Blickkontakt

Im Gegensatz zu Deutschland zieht man die Enge und den geringen Abstand zu anderen Personen der Distanz vor. In leeren Räumen oder Fahrstühlen stehen die expressiven Italiener geschäftlich und privat in relativ nahem Abstand, ungefähr 80 Zentimeter, aneinander. Den deutschen Wohlfühlabstand von 100 Zentimetern gibt es nicht. *Schulterschluss statt Ellbogenfreiheit.* Eine Armlänge Distanz kann schon unpersönlich wirken.

Ein auffälliger Verhaltensunterschied zu Nordeuropäern ist der intensive Blickkontakt. Interesse am Gespräch signalisiert man durch ständigen Blickkontakt mit nur wenigen Unterbrechungen. Geringer Blickkontakt verrät mangelndes Interesse.

Pünktlichkeit

Während Neapel das Herz des Mezzogiorno im Süden darstellt, repräsentiert Mailand das wirtschaftliche Zentrum des nördlichen Italien. In Mailand zu arbeiten heißt, um 9.00 Uhr mit der Arbeit zu beginnen und sehr viel zu erledigen. Meetings finden pünktlich statt, und das durchschnittliche Mittagessen, nicht das opulente Abenddinner, dauert etwa eine Stunde. Eine Verspätung von zehn Minuten erfordert einen *Informationsanruf beim Gastgeber.* Der wartende Geschäftspartner muss gefragt werden, ob er zu dem späteren Zeitpunkt seinen Besuch noch empfangen kann. Verspätungen von Zügen und Flugzeugen werden normalerweise entschuldigt. Wie viel Wartezeit sollte man gebührlich hinnehmen? Befinden sich zwei Geschäftspartner hierarchisch auf einer Ebene, ist eine zehnminütige Wartezeit bei Meetings akzeptabel. Existieren nennenswerte hierarchische Unterschiede unter den Geschäftspartnern, sollte man nicht länger als 20 bis 30 Minuten warten, falls weitere wichtige Anschlusstermine in Gefahr geraten.

In Rom beginnt man mit der eigentlichen Arbeit gegen 9.30 Uhr, die Mittagspause kann erst um 14.30 Uhr enden. Verhandlungen beginnen innerhalb von dreißig Minuten nach der festbestimmten Zeit. Abends verlässt man das Büro nicht vor 19.30 Uhr. In Neapel arbeiten die Angestellten von 10.00 Uhr bis 20.00 Uhr mit einer Mittagsunterbrechung von 13.00 Uhr bis 16.00 Uhr. Besprechungen beginnen, sobald der Entscheidungsträger anwesend ist.

Einladungen und Gastgeschenke

Niemals auf Einladungsschreiben die abgedroschenen Sätze verwenden, wie *„Sono contenta di poter invitarLa! "Ich freue mich, Sie einzuladen"*. Eine Einladung muss immer beantwortet werden – mindestens zehn Tage vor der Veranstaltung. Ist man in einem Privathaus eingeladen, ist es ratsam, einen Blumenstrauß mit einer kleinen Grußkarte am Tag vor dem Ereignis an die Hausherrin zu senden, damit sie die Blumen für das Fest schön arrangieren kann. Ist man gezwungen, im letzten Moment die Einladung aus unvorhergesehenen Gründen abzusagen, dann ist ein Blumenstrauß ein Muss.

Gäste, Kollegen oder Kunden nie in ein *Luxusrestaurant* einladen. Man läuft Gefahr, den Gast vor den Kopf zu stoßen.

Mit *zehnminütiger Verspätung zu einem Abendessen* einzutreffen, ist nicht problematisch. Zwanzig Minuten dagegen sind schon sehr unhöflich. Werden sehr viele Gäste erwartet, dann ist eine Verspätung von einer halben Stunde nicht beleidigend.

„L'invito è per due persone". Die Einladung versteht sich für zwei Personen. Prinzipiell bringt man keine Begleitung mit, wenn die Einladung nicht für zwei Personen ausgesprochen wurde.

Die Gastgeberin und Hausherrin sollte mindestens einmal zum Tanz geführt werden. Keine gewagten Tanzschritte wie *John Travolta* in *Saturday Night Fever* ausprobieren.

Kondolieren

Bei dem Tod eines Kollegen oder Geschäftspartners ist man erst einmal fassungslos und weiß nicht, welches Verhalten angebracht ist. In einer passenden Art und Weise sollte man aber seine Betroffenheit zum Ausdruck bringen.

Beispiele:

Ein Telegramm, ein Kondolenzbrief oder eine Beileidskarte eigenhändig in schöner Schrift schreiben.

Blumen zur Beerdigung mit Trauerkarte schicken.

In Anbetracht unserer interkulturellen Geschäftswelt muss man berücksichtigen, dass bei dem Tod eines jüdischen Mitarbeiters dessen Familie zu Hause besucht werden sollte. Dabei bitte keine Blumen verschenken, sondern beispielsweise einen Früchtekorb oder eine Speise. Während der Trauerzeit kann auch ein Speisenarrangement direkt vom Händler geschickt werden. Dieses Ritual nennen die Juden *„Shiva"* und ist für alle beschriebenen Länder gültig.

In den folgenden Jahren sollte man als Kollege oder Geschäftspartner stets des Sterbetages gedenken, das heißt, die Familie des Verstorbenen anrufen oder schreiben.

Politik und Religion

Italien hat eine parlamentarische Demokratie mit einem Premierminister und einem Präsidenten sowie einer aus zwei Kammern bestehenden Legislative. Das Interludium Mussolinis (1922–1943) hat die Monarchie ersetzt.

Neunzig Prozent der Bevölkerung sind Katholiken. Der hoch entwickelte Sinn für Riten, Gebräuche und Aberglaube wird täglich ausgelebt. Der Vatikan, der offiziell einen unabhängigen Staat darstellt, beansprucht die geistige Herrschaft über das italienische Volk. Die Minderheit der Bevölkerung sind Protestanten, Juden und Angehörige der griechisch-orthodoxen Kirche.

Business-Outfit

Ein elementarer Bestandteil einer Geschäftsbeziehung ist das äußere Erscheinungsbild. Schlechtes Aussehen gefährdet die Karriere. Auf *Gesichts- und Körperhygiene* wird in Italien besonders geachtet. Das Deodorant darf nie fehlen. Herren sollten nie ein zu stark und süßlich duftendes After Shave benutzen, sondern eher einen leicht zitrusartigen Duft. Die Fingernägel müssen sauber und kurz sein.

In Italien treffen wir die Bastionen traditioneller Kleidung heute noch in der Finanzwelt und in den Geschäftsräumen der Manager bedeutender Unternehmen. Dort tragen die Herren dunkelgraue, schwarze oder braune Anzüge zu schwarzen Schnürschuhen. Die klassischen Farben für die formellen Businesshemden sind in Italien weiß und blau, aber auch gestreift. Besonders Mailand ist das Zentrum für die Mode- und Designerwelt. Die *Hemdmanschette* muss wie in Deutschland zwei Zentimeter aus dem Jackettärmel herausragen. Sportlichere Hemden, die kurzärmelig sind, werden nur dann getragen, wenn keine direkten Kundenkontakte oder formelle Meetings an diesem Geschäftstag anberaumt sind. Das *Jackett* darf an heißen Tagen nur dann ausgezogen werden, wenn ein Agreement mit dem Gastgeber existiert. Prinzipiell erscheinen Italiener auch bei Hitze zunächst einmal mit Jackett.

Die Anzughosen müssen wie in Deutschland mit *Gürtel* getragen werden. Schuhe sind das wichtigste Erkennungszeichen, an dem man den individuellen Stil und die Liebe zu Details abliest. In Italien sind neben schwarzen auch die braunen Schuhe sehr beliebt. Der Braunton darf nicht zu hell sein, und es ist besser, von zweifarbigen Modellen abzusehen. Herrenstiefel und Sandalen sind im Geschäftsleben völlig tabu. In Italien pflegen Business-Manager eigenhändig und manchmal mit Fanatismus ihre Schuhe. Mann zieht nicht zwei Tage hintereinander das gleiche Paar Schuhe an, sondern steckt den Schuh in einen *Redzederschuhspanner* und lässt den Schuh ungefähr 24 Stunden ruhen. Bei Taschen und Mappen nicht Kunststoff wählen, sondern auf Leder in den Farben schwarz, bordeaux oder braun zurückgreifen. Das gleiche gilt für eine *stilvolle Uhr.* Von den Plastikuhren mit Digitalanzeige erst gar nicht zu reden.

Herren sollten bei offiziellen Einladungen *„Black Tie“*, das heißt Smoking, tragen.

Tabu für Herren: grelle Farbkombinationen und große Muster, beispielsweise große Karos.

Der klassische *Casual Friday,* wie er in vielen europäischen und amerikanischen Büros praktiziert wird, ist in Italien kaum verbreitet.

Die Damen tragen *elegante Kostüme* mit Bluse zu Schuhen mit nicht zu hohem Absatz. Geschäftsfrauen ziehen bei formellen Anlässen Hosenanzüge und bei weniger konventionellen Gelegenheiten Kombinationen aus Rock oder Hose an. Italienerinnen vermeiden im Geschäftsleben schwindelerregende Ausschnitte und durchsichtige bzw. enganliegende Kleidung. Die Beine sollten niemals nackt gezeigt werden. *„14- bis 20den Nylons“* sind für Damen ein Muss. In Führungsetagen sollte die Frau von Ohrringen mit auffälligen Schmuckhängern absehen.

Keine Übertreibungen beim Make-up! Die Lippenstiftfarbe darf nicht von der Mode diktiert werden. Der Farbton wird nach der Haut- und Haarfarbe ausgesucht und muss mit der Farbe der Kleidung harmonieren. Niemals den *Lippenstift oder Puder* in Anwesenheit von Bürokollegen oder Kunden auftragen! Weder beim Essen noch im Auto! Im Gegensatz dazu dürfen in Deutschland nach einem Menü die Lippen mit Lippenstift nachgezogen werden. Diese Aktion darf nicht länger als zehn Sekunden dauern, sonst artet sie aus! Rouge in der Öffentlichkeit aufzutragen, ist in Deutschland ebenfalls nicht erlaubt. Helle Farben bleiben den Accessoires vorbehalten, zum Ausgleich der kultivierten dunklen Garderobe.

Schmuck und Accessoires sollten einfach und ungekünstelt sein. Ein einzelnes auffälliges Schmuckstück ist im Geschäftsleben erlaubt, aber niemals zwei oder drei gleichzeitig.

Damen sollten ein nicht zu süß duftendes Parfum verwenden. Der Nagellack darf weder blau noch grün noch violett sein.

Wichtige Feiertage

1. Januar	Neujahr
6. Januar	Heilige Dreikönige
März/April	Heilige Woche, Ostern
25. April	Tag der Befreiung
1. Mai	Maifeiertag
2. Juni	Tag der Republik
15. August	Ferragosto ist Mariä Himmelfahrt
1. November	Allerheiligen
8. Dezember	Unbefleckte Empfängnis
25. Dezember	Weihnachten
26. Dezember	St. Stefan

Grundvokabular

Buon giorno!	Guten Morgen, guten Tag!
Buona sera!	Guten Abend!
Buona notte!	Gute Nacht!
Arrivederci!	Auf Wiedersehen!
Per favore!	Bitte!
Grazie!	Danke!
Prego ...	Bitte, gern geschehen, keine Ursache!
Scusa! Scusi!	Entschuldige! Entschuldigen Sie!
Parla (il) tedesco/(l')inglese?	Sprechen Sie Deutsch/Englisch?
Non parlo (l')italiano.	Ich spreche kein Italienisch.
Sì.	Ja.
No.	Nein.
Come sta?	Wie geht's?
Bene, grazie, e Lei?	Danke, gut und Ihnen?
Piacere!	Erfreut, Sie kennen zu lernen!
Signore	Herr
Signora	Frau

Signorina	Fräulein
Dottore/Dottoressa	Herr/Frau Doktor
Ingegnere	Ingenieur
Professore	Professor
Avvocato	Rechtsanwalt

Inhalt

Österreich – das Land der Titel

Österreich zeichnet sich durch traditionsbewusste, höfliche und aufgeschlossene Bewohner aus. Das Geschäfts- und Privatleben kennt durch die besonderen Anredegepflogenheiten, die konservative Kleidung und das aktuelle Begrüßungszeremoniell seine eigenen Regeln. Österreich ist das Land der Titel! Man legt sehr großen Wert auf tadellose Manieren und auf die korrekte Verwendung von Titeln, vor allem bei öffentlichen Stellen und Behörden.

Österreich zählte bis 1918 zu den Großmächten Europas. Die jahrhundertlange Vormachtstellung in Mittel-Ost-Europa hat die Hauptstadt Wien zu einer der glanzvollen Metropolen des Kontinents gemacht. Der Schmelztiegel des Vielvölkerstaates der Habsburger-Monarchie, Österreich-Ungarn, bildete den Nährboden für zahlreiche kulturelle Groß- und Pionierleistungen, auf die man noch heute besonders stolz ist. In Österreich gedeihte eine Aristokratie mit einem pompösen Lebensstil, die die europäischen Sitten für drei Jahrhunderte bestimmte.

Während man im Kampf gegen die Türken erfolgreich dieselben vor den Toren Wiens halten konnte, schuf ein Koch aus Wien zum Fest des österreichischen Sieges das *croissant*. Er wählte dafür das Symbol des Islam, den aufgehenden Halbmond.

In Österreich gelten mit wenigen Ausnahmen die gleichen Verhaltensregeln wie in Deutschland. Das vorliegende Kapitel beschreibt diese spezifischen österreichischen Varianten der Umgangsformen. Das Pendant zum deutschen Knigge bildet der österreichische *„Elmayer"*.

Vorstellen und Händeschütteln

In Österreich sollte man sich nicht im Vorhinein selbst vorstellen, sondern warten, bis man von einer dritten Person vorgestellt wird. Das Händeschütteln erfolgt dann ziemlich bald, selbstbewusst, mit einem wohl dosierten, aber starken Händedruck und Blick in die Augen des Gegenübers. Man beginnt beim Ranghöchsten. Für die Verabschiedung gilt das Gleiche. Den Damen gibt man bei gesellschaftlichen Anlässen natürlich zuerst die Hand.

Begrüßungszeremoniell

Im Privatleben ist es in Österreich Mode geworden, sich mit einem vertrauten *Bussibussi, der französischen Akkolade,* zu begrüßen. Ein leichter Kuss wird zunächst auf der rechten und dann auf der linken Wange angedeutet. Zuvor grüßt man sich verbal. Im Business sind zu vertraute Begrüßungsformen tabu.

Im Begrüßungszeremoniell ist man in Österreich wie in Deutschland sehr rangorientiert. Das heißt, der Rangniedrigere grüßt den Ranghöchsten und entsprechend der Reihenfolge ihres Ranges die Übrigen. „Floskeln", wie *„Ich bin hocherfreut"* oder *„sehr erfreut"* sind durchaus üblich. *„Ich freue mich, Sie jetzt persönlich kennen lernen zu können"*.

Umarmungen sind unter sehr guten Freunden, nicht aber im Geschäftsleben, vorzufinden. Der Handkuss ist noch gängig.

Handkuss

Frauen werden in Österreich mit einem deutlich größeren Respekt und Ritual begrüßt als Männer. Geschichtlich wurde der Handkuss dem Hofzeremoniell Spaniens im 16. Jahrhundert entnommen. Damals war der Handkuss nur den Kirchenfürsten und dem Papst vorbehalten.

Es ist heute noch Usus, dass zur Begrüßung oder zur Verabschiedung während einer hochkarätigen gesellschaftlichen Veranstaltung Frauen ihre Hand den Männern zum Handkuss reichen. Mit Sicherheit findet der Handkuss in einer Almhütte keine Anwendung, sondern wenn sich eine Dame bei einem sehr förmlichen und eleganten Business-Dinner mit Ehepartnern befindet, in der Oper oder im Theater. Es ist obligatorisch, dass die Lippen des Herrn dabei niemals die Hand der Dame berühren dürfen. Der Kuss ist nur symbolisch. Die Dame darf dabei ihren Handschuh anbehalten. Die Dame muss sich nicht in einem geschlossenen Raum befinden, allerdings erhält sie den Handkuss auch nicht auf der Straße. Der Handkuss ist zwar nicht altersabhängig von der Dame, sollte aber erst ab dreißig Jahre und älter Anwendung finden. Gibt man als Mann einer Dame einen Handkuss, sollten alle anderen anwesenden Damen von demselben Mann ebenfalls mit einem solchen bedacht werden. Man kann als Herr mit einem Handkuss einen sehr guten Eindruck machen, wenn es zum eigenen Image und zum übrigen Verhalten passt.

Selbstverständlich kann auch der Herr „initiativ" werden und mit einem leisen *„Küss die Hand"*, die Hand der Dame leicht nach oben führen und den Kopf senken. Hier ist Feinfühligkeit notwendig, ob denn die Dame überhaupt einen Handkuss möchte.

Unüblich ist der Handkuss im Geschäftsleben. Österreichische Managerinnen und Geschäftsfrauen würden einen Handkuss im Alltagsbusiness als unpassend empfinden. Befindet man sich dagegen in einem geschlossenen gesellschaftlich hochstehenden Teilnehmerkreis und trifft sich in einer traditionellen Umgebung wie beispielsweise dem Café Sacher, dann kann ein Österreicher der alten Wiener Schule durchaus einer Geschäftsfrau einen Handkuss geben. Hochdekorierte Ministerialbeamte treten gerne als *grand senior* auf und geben einen Handkuss. Eine ausländische Delegation Wirtschaftsprüfer oder Banker sollte von dieser Charmbombe absehen und nicht mitmachen! Es genügen ein Händedruck, ein freundlicher Ton und Augenkontakt bei einer Begrüßung bzw. Verabschiedung.

Wie gibt der Mann einen Handkuss?

Der Herr ergreift die erhobene Hand der Dame eher seitlich statt von vorne und hebt die Finger der Hand ein bisschen an, verbeugt sich bis einen Zentimeter vor der Hand der Dame. Bitte die Lippen dabei nicht zum Kuss formen und schon gar nicht die Hand der Dame berühren. Den Handkuss niemals hastig ausführen, sondern mit einer Ausstrahlung von Ruhe und Eleganz. Während der Verbeugung wird auch nicht gesprochen. Verbal gegrüßt wird vor dem Zeremoniell. Besonders ist darauf zu achten, dass die Konversation erst dann beginnt, wenn man sich wieder in die Augen schaut.

Drückt eine Dame ihre Hand nach unten und widersetzt sich einem Handkuss, so muss der Herr einen normalen Händedruck durchführen. Der Handkuss darf niemals erzwungen werden!

Der Handkuss gilt in gehobenen Kreisen, wie den Gattinnen der Vorstandsmitglieder und Gattinnen der Aufsichtsratsmitglieder in Österreich. Ist eine Dame selbst Vorstandsmitglied, ist von dieser Begrüßungsformel unbedingt abzusehen. In Deutschland ist der Handkuss völlig tabu.

Formelle Anreden in Österreich

Österreich ist wahrhaftig das Land der Titel. Es gibt auch heute noch sehr klassenbewusste Menschen. Eine Fülle an Berufsbezeichnungen, akademischen Titeln und anderen Kürzeln schmücken die Visitenkarten. Stattliche 869 Prädikate und Erscheinungsweisen werden in Österreich registriert.

Die Bezeichnung *Titel* soll als Sammelbegriff für alle personenbezogenen Ergänzungen zum Namen verstanden werden und auf keinen Fall als Rechtsbezeichnung. Die Personen mit Titeln haben nach dem Personenstandsgesetz keine Verpflichtung zur Führung ihrer Titel. Außerdem ist keiner der Titel

Namensbestandteil, mit Ausnahme des Doktortitels, der als Bestandteil des Familiennamens gilt.

Anreden von Staatsbeamten mit besonderen Titeln

Besondere Titel für Staatsbeamte wie *Hofrat* werden heute noch vom Bundespräsidenten Österreichs als besondere Auszeichnung und zur Beförderung höchster Staatsbeamter verliehen. Die Grundlage hierfür ist das starke österreichische Traditionsbewusstsein. Der Titel Hofrat beispielsweise geht zurück auf die Zeit der Kaiser und Könige, als an deren Höfen große Beamtenscharen lebten. Der Berufstitel „Hofrat" wird an Verwaltungsbeamte verliehen. Der Hofrat, zu unterscheiden *„Hofrat", „wirklicher Hofrat"* und *„vortragender Hofrat"*, geht noch auf die Habsburger-Monarchie zurück. Die Unterscheidung nach diesen drei Arten von Hofräten liegt im Länderdienstrecht begründet. In Niederösterreich gelten beispielsweise folgende Regelungen: Der Hofrat muss kein Akademiker sein und wird ehrenhalber vom Bundespräsidenten zum Hofrat ernannt. Der „wirkliche Hofrat" muss ein akademisches Studium absolviert haben und einen gehobenen Dienstposten als Beamter einnehmen. Als Krönung gibt es den „vortragenden Hofrat", ein Akademiker mit dem höchsten Beamtendienstgrad. Alle drei Arten werden mit „Herr Hofrat" angesprochen. Im Adressfeld steht die exakte Titulierung.

Beispiel: Herrn vortragenden Hofrat Dr. Egon Maier.

In der schriftlichen Anrede steht „Sehr geehrter Herr Hofrat Dr. Maier, ...".

Die Träger dieser Titel legen meist besonderen Wert auf ihre Bezeichnung. Im Gegensatz zum *Ministerialrat* oder *Sektionschef* hat dieser Titel keine Aussagekraft über die beruflich-hierarchische Position des Trägers.

Hierarchie von Staatsbeamten

Sektionschef und Sektionsleiter

Ministerialräte

Beamte und Gruppenleiter

Für große wirtschaftliche Verdienste wird auch heute noch der Titel *Kommerzialrat* oder *Kommerzienrat* verliehen. Der Kommerzialrat ist kein akademischer Grad und wird Industriellen, lokal- und überregionalen Politikern für besondere Wirtschaftsverdienste beispielsweise als *Gremialvorsteher* verliehen. Die Bezeichnung *Kammerschauspieler* erhält man für besondere schauspielerische Leistung, zumeist als Ensemblemitglied des Wiener Burgtheaters.

Anreden von Politikern und Persönlichkeiten aus der Industrie

Stellung	mdl. Anrede	Anschrift	schiftl. Anrede
Bundeskanzler	Herr Bundeskanzler	Herrn Bundeskanzler	Sehr geehrter Herr
			Mit dem Ausdruck vorzüglicher Hochachtung
Ebenso mit Bundesminister, Abgeordneter, Stadtrat usw. verfahren.			
Sektionschef	Herr Sektionschef	Herrn Sektionschef	Sehr geehrter Herr
Ministerialrat	Herr Ministerialrat	Herr Ministerialrat	siehe Bundeskanzler
Direktor	Herr Direktor	Herrn Direktor	Sehr geehrter Herr

Der Sektionschef hat eine der höchsten Positionen in der öffentlichen Bundesverwaltung. Er/Sie muss mit *„Herr Sektionschef/Frau Sektionschefin"* angesprochen werden. Ebenso mit der Bezeichnung Generaldirektor verfahren. Bei der Anrede einer Frau findet hier immer auch die weibliche Anrede Anwendung.

Beispiele: „Frau Direktorin" oder *„Frau Generaldirektorin"*

Anrede von Ehefrauen in Österreich

Grundsätzlich sollte eine Ehefrau gesellschaftlich und beruflich nicht mit den Titeln ihres Mannes angesprochen werden. Titel sind mit der Person fest verankert. Es gilt als äußerst umgangssprachlich, eine Frau mit *Frau Hofrätin* anzusprechen, wenn ihr Mann den Titel Hofrat hat. Bestenfalls bei ihren täglichen Einkäufen wird sie so angeredet. Auch in Wien neigt man zu dieser Form. Als Ausländer im Geschäftsleben bitte auf keinen Fall diese umgangssprachliche Variante adaptieren!

Anrede von Frauen im Geschäfts- und Privatleben

Eine Frau darf in Österreich nur im Privatleben und niemals im Geschäftsleben mit *„Gnädige Frau"* oder zur Begrüßung mit *„sehr verehrte gnädige Frau"* angeredet werden. Der Begriff „gnädige Frau" kann jedoch als Zeichen der besonderen Wertschätzung von lang gedienten Ministerialbeamten, Generaldirektoren oder Vorstandsvorsitzenden verwendet werden. Besser ist es, im Business allerdings eine Dame bei ihrem Namen *„Frau Schmidt"* zu nennen.

In der schriftlichen Begrüßungsformel steht in österreichischen Briefen *„Sehr geehrte Frau Schmidt, ...“*. Die Anrede *„Sehr verehrte gnädige Frau“* ist in Briefen dagegen nicht üblich.

In Deutschland wäre es absolut verpönt, eine Dame mit *„Gnädige Frau“* anzusprechen oder anzuschreiben!

Systematik der österreichischen Titel

Die österreichischen Titel werden in zwei Gruppen eingeteilt. Die erste Gruppe umfasst Titel, die *grundsätzlich auf Zeit* mit ihrer Inhaberin bzw. ihrem Inhaber verbunden sind.

> Zur Gruppe 1 – Titel auf Zeit – gehören folgende Kategorien:
> - Berufsbezeichnungen
> - Amtstitel, Verwendungsbezeichnungen u. ä.

Titel, die einer Person nur so lange zustehen, wie diese eine konkrete Tätigkeit oder Funktion ausübt, gehören zur ersten Gruppe.

> Zur Gruppe 2 – Titel auf Dauer – gehören folgende Kategorien:
> - Berufstitel
> - Akademische Ehrentitel
> - Standesbezeichnungen
> - Sonstige Ausbildungsbezeichnungen
> - Akademische Grade

Sie werden infolge einer bestimmten Ausbildung oder bestimmter sonstiger persönlicher Leistungen erworben.

Jene Titel, die am engsten mit der Person verbunden sind, stehen dem Namen am nächsten.

Folgendes Schema ist bei der Gruppierung der Titel zu berücksichtigen:

> Gruppe 1 – Gruppe 2 – Name
>
> oder deutlicher formuliert
>
> **„Titel auf Zeit“ – „Titel auf Dauer“ – „Name“**

Die Titel findet man also in folgender Reihenfolge wieder:

- (1) Berufsbezeichnungen
- (2) Amtstitel
- (3) Berufstitel

- (4) Akademische Ehrentitel
- (5) Standesbezeichnungen
- (6) Sonstige Ausbildungsbezeichnungen
- (7) Akademische Grade
- (8) Name

Beispiele zu (1) Berufsbezeichnungen

Apotheker	Apothekerin
Arzt für Allgemeinmedizin	Ärztin für Allgemeinmedizin
Gewerblicher Architekt	Gewerbliche Architektin
Zahnarzt	Zahnärztin
Forstwirt	Forstwirtin
Notar	Notarin
Patentanwalt	Patentanwältin
Beeidigter Buchprüfer und Steuerberater	Beeidigte Buchprüferin und Steuerberaterin
Steuerberater	Steuerberaterin
Wirtschaftstreuhänder	Wirtschaftstreuhänderin

Mündliche Anrede: „Frau Rechtsanwältin". Es ist nicht üblich, im Geschäftsleben die Berufsbezeichnungen zu nennen.

Beispiele zu (2) Amtstiteln

Bundesminister	Bundesministerin
Staatssekretärin	Staatssekretär
Landeshauptmann	Landeshauptfrau
Amtsarzt	Amtsärztin
Ministerialrat	Ministerialrätin
Hofrat	Hofrätin
Amtsrat	Amtsrätin
Leitender Oberstaatsanwalt	Leitende Oberstaatsanwältin
Konsul	Konsulin
Major	Majorin

Personen mit einem Amtstitel werden mit diesem angesprochen.

Beispiele: Frau Hofrätin, Herr Konsul, Herr Ministerialrat.

Schriftliche Anrede: Sehr geehrter Herr Hofrat, ... Sehr geehrte Frau Ministerialrätin, ...

Beispiele zu (3) Berufstiteln

Amtsrat	Amtsrätin
Kommerzialrat	Kommerzialrätin
Professor	Professorin
Kanzleirat	Kanzleirätin
Ordentlicher Universitätsprofessor	Ordentliche Universitätsprofessorin

Mit diesen Berufstiteln dürfen Personen angesprochen werden.

Beispiele:

„Frau Professorin"

„Frau Kommerzialrätin"

„Herr Amtsrat"

Beispiele zu (4) Akademischen Ehrentiteln

Akademische Ehrentitel werden von einer Universität dann an Personen vergeben, wenn sie besondere Verdienste in der Wissenschaft, der Forschung oder der Kunst erworben haben. Diese Ehrentitel weisen Ähnlichkeiten mit den akademischen Graden auf, sind jedoch von diesen genau zu unterscheiden.

Ehrensenator	Ehrensenatorin
Ehrenbürger	Ehrenbürgerin
Ehrenmitglied	Ehrenmitglied

Die Ehrentitel sind sehr universitätsspezifisch. Die verleihende Universität muss genannt werden.

Beispiele:

Dr. h. c. (Graz) Peter Müller,

Ehrenbürger der Universität Graz

Beispiel:

Udo Jürgens, der mit seinem Künstlernamen Jürgens und seinem wirklichen Namen Bockelmann heißt, wurde ehrenhalber der Professorentitel verliehen. Sehr formell würde man ihn mit Herrn Professor Bockelmann ansprechen. Im Rahmen eines Events oder seiner Tätigkeit als Entertainer redet man ihn mit *Herr Jürgens* an. Ein korrektes Anschreiben könnte lauten *Herr Prof. h. c. Udo Bockelmann.*

> *Den Professorentitel gibt es in Österreich in drei Varianten.*
>
> Die erste und höchste Variante wird durch eine Habilitation in Kombination mit einer Lehrtätigkeit an einem Universitätslehrstuhl erworben. Die zweite Variante ist eine Berufsbezeichnung für Lehrkräfte an Allgemein Höher Bildenden Schulen AHS oder Berufsbildenden Höheren Schulen BHS. Die dritte Form wird ehrenhalber an eine Person verliehen.

Beispiele zu (5) Standesbezeichnungen

Standesbezeichnungen existieren in zwei Fällen, nämlich im Zahnarzt- und im Ingenieurbereich:

Zahnarzt	Zahnärztin
Ingenieur	Ingenieurin

Beispiele:

Eine Zahnärztin würde man mit „Frau Doktor“ anreden und einen Ingenieur mit „Herr Ingenieur“. Eine Ingenieurin mit „Frau Ingenieurin“.

Bei Ingenieuren sollte man zwischen dem „Ingenieur“ und dem „Diplom-Ingenieur“ unterscheiden. Letztere legen darauf mitunter großen Wert. Im Gespräch kann man aber ganz kurz *„Herr Ingenieur“* für beide sagen, auch bei einen Diplom-Ingenieur (FH).

Beispiele zu (6) Sonstige Ausbildungsbezeichnungen

Master of Advanced International Studies

Akademische Innovationskraft

Akademische Europarechtsexpertin usw.

Nach dem österreichischen Universitäts-Studiengesetz darf eine Universität den Absolventen und Absolventinnen von Universitätslehrgängen die Bezeichnung von „akademischer ...“ mit einem Inhalt des Universitätslehrgangs kennzeichnenden Zusatz verleihen.

Diese Titel werden in der mündlichen und schriftlichen Anrede nicht genutzt.

Beispiele zu (7) Akademischen Graden

Akademische Grade weisen auf eine abgeschlossene Hochschul- oder Universitätsausbildung hin.

Diplomgrade

Diplom-Ingenieur/Dipl-Ing. oder DI	Diplom-Ingenieurin/Dipl.-Ing. oder DI
Magister der Architektur	Magistra der Architektur
Diplom-Tierarzt/Magister	Diplom-Tierärztin/Magistra
medicinae veterinariae/ Mag. med. vet.	medicinae veterinariae/ Mag. med. vet.
Mag. pharm./ Magister der Pharmazie	Mag. pharm./ Magistra der Pharmazie

Magister/Magistra der Rechtswissenschaften/Mag. iur.

Magistra der Sozial- und Wirtschaftswissenschaften

Beispiele:

Hat eine Person einen Magisterabschluss erworben, dann wird diese auch mit „Herr Magister“ oder „Frau Magistra“ angesprochen. Diese Form gilt als sehr höflich. Weniger formell ist hier die Anrede mit dem Nachnamen. Ebenso wird mit dem Titel Ingenieur verfahren. In Österreich wird man mit „Herr Ingenieur“ oder „Frau Ingenieurin“ angeredet.

Schriftliche Anrede: *„Sehr geehrter Herr Magister, ...“*

„Sehr geehrte Frau Magistra, ...“

Doktorgrade

Doktor/Doktorin der Rechtswissenschaften

Doktor/Doktorin der Sozial- und Wirtschaftswissenschaften

Doktor/Doktorin der technischen Wissenschaften

Hat eine Person mit Magister oder Diplom-Ingenieurtitel noch einen Doktorgrad dazuerworben, dann ist der Doktortitel der höherwertigere und hat in der Anrede die erste Priorität. Eine Frau wird mit *Frau Doktor* und nicht mit *Frau Doktorin* angeredet.

Beispiel:

Diplom-Ingenieur Magister Dr. Egon Maier

Wie wird er angeredet?

Der Titel Diplom-Ingenieur wurde an einer technischen Hochschule erworben und der Magisterabschluss an einer Universität. Zusätzlich hat Herr Maier noch ein Doktorat. Die korrekte mündliche Anrede lautet „Herr Dr. Maier“.

Im Gegensatz zur deutschen Vorgehensweise werden die Titel mit der höchsten Priorität nicht an den Anfang der Namenszeile angeordnet, sondern stehen dem Namen am nächsten!

Der Titel Diplom-Ingenieur, an der Technischen Hochschule erworben, steht im Rang unter dem Magisterabschluss. Der Magisterabschluss wiederum steht im Rang unter dem Doktorgrad. Beim Avisieren von Präsentationen und gegenseitigem Bekannt machen genügt es, nur den höchsten Titel der Person zu nennen. Bitte nicht alle Prädikate aufzählen!

Mastergrade

Master of Advanced Studies/MAS

Master of Business Administration/MBA

Mastergrade werden in der mündlichen und schriftlichen Anrede nicht angewendet.

Beispiele:

Mag. phil. Petra Mayer

Mündliche Anrede: Frau Magistra

Diplom-Ingenieurin Petra Mayer

Mündliche Anrede: Frau Ingenieurin

Doctor philosophiae Hans Mayer, MBA

Mündliche Anrede: Herr Doktor Mayer

Hans Mayer, MAS

Mündliche Anrede: Herr Mayer

Praktische Beispiele für Titelkombinationen

Bei Kombinationen von Titeln kann die mündliche und schriftliche Anrede danach ausgesucht werden, in welcher Eigenschaft man die Person ansprechen möchte.

(1) Steuerberater

(2) Direktor

(3) Kommerzialrat

(7) Dr. rer. soc. oec.

(8) Peter Müller

„Steuerberater Direktor Kommerzialrat Dr. rer. Soc. Oec. Peter Müller“.

Mögliche mündliche Anreden:

„Herr Direktor“ in seiner Eigenschaft als Führungskraft oder

„Herr Kommerzialrat“ für seine besonderen Verdienste oder
„Herr Doktor Müller“

(2) Hofrätin
(3) Ordentliche Universitätsprofessorin
(6) Akademische Innovationsfachkraft
(7) Mag. Phil. Dr. phil.
(8) Maria Kunstwerk

„HR O. Univ. Prof. Akad. Innovationsfachkraft Mag. Phil. Dr. phil. Maria Kunstwerk“.

Mögliche mündliche Anreden:

„Frau Hofrätin“, um ihren Status als Beamtin zu ehren.

„Frau Professor“ für ihre Universitätsprofessur.

„Frau Magistra“ wäre hier eine Beleidigung, da der Magisterabschluss weit unter dem Professorentitel angeordnet ist.

Anreden mit akademischen Titeln

Ein Akademiker, wie *Doktor* oder *Professor*, wird immer mit *Frau* oder *Herr plus akademischer Titel plus Nachname* angesprochen. Auf Status und Hierarchie legt man in der österreichischen Kultur besonderen Wert. Zu Beginn der Konversation und während des Gesprächs wird diese Formalität beibehalten.

Beispiel:

Herr Professor Müller

Frau Professor Schmitt

Frau Doktor Schmitt

Die schriftliche Anrede lautet:	*„Sehr geehrte Frau Dr. Schmitt, ...*
Der Abschlussgruß:	*Mit dem Ausdruck vorzüglicher Hochachtung ...*
Im Anschriftenfeld steht:	*Frau Dr. Eva Schmitt*

Anreden mit akademischen Graden

Berufstitel stehen immer vor den akademischen Graden. Sie gehören untrennbar zum Namen seines Trägers:

Beispiele:

Kommerzialrat Mag. Max Egger

Mündliche Anrede: Herr Kommerzialrat oder Herr Magister

Hofrat Mag. Dr. Franz Huber

Mündliche Anrede: Herr Doktor Huber oder Herr Hofrat

Minister Dipl.-Ing. Richard Sternthaler

Mündliche Anrede: Herr Minister oder Herr Ingenieur

Vermehrt hat sich in den letzten Jahren *„Bundesminister"* durchgesetzt, obwohl es ja in Österreich keine anderen Minister gibt. Hat man bei einer Rede oder Ansprache einen Minister zu begrüßen, dann sollte man immer den *„Bundesminister"* oder das weibliche Pendant benutzen.

Anrede von Adeligen

Wie in Deutschland ist auch in Österreich der Adel seit 1919 offiziell abgeschafft worden, das heißt, Adelsprädikate existieren nach dem Gesetz nicht mehr. Dies wurde bei der Gründung der Zweiten Republik nach 1945 übernommen. In offiziellen Schreiben, auf Visitenkarten, in Geschäftsbriefen und bei rechtlichen Belangen sind Adelsprädikate nicht erlaubt.

Ausländer dürfen die Adelsprädikate führen. Charmbombe!

Wichtiger Tipp für das Geschäftsleben:

Möchte man einen Adeligen/eine Adelige aus Österreich anreden oder vorstellen, vorher mit ihm/ihr abklären, wie er/sie angeredet oder vorgestellt werden möchte. Beim Vorstellen von österreichischen „Adeligen", die eigentlich in der Öffentlichkeit ihren Adelstitel nicht führen dürfen, sollte man auch auf die „republikanischen Empfindungen" anderer Anwesender Rücksicht nehmen.

Stellung	mdl. Anrede	Anschrift	schiftl. Anrede
Graf	Graf	Herrn Graf von ...	Sehr geehrter Graf
Baron Freiherr	Baron oder Herr von ...	Herrn Baron (Freiherr) von ...	Sehr geehrter Baron ..., oder Herr von ...,

Anreden im Schriftverkehr

Kennt man einen Adressaten eines Geschäftsbriefes sehr gut und duzt sich, dann wird der Adressat immer zuerst mit der offiziellen Anrede und anschließend mit der vertraulichen Anrede angeschrieben.

Beispiel:

„Sehr geehrter Herr Müller, lieber Peter“,

In Deutschland ist diese Art der schriftlichen Anrede nicht üblich.

Die schriftliche Anrede sollte aus Gründen der Wertschätzung und Höflichkeit Titel und Namen enthalten. Ist der Empfänger namentlich nicht bekannt, können wie in Deutschland auch Anreden wie *„Sehr geehrte Damen und Herren“* verwendet werden. Wird der Empfänger in einer bestimmten Funktion angesprochen, sollte in der schriftlichen Anrede diese Funktionsbezeichnung erscheinen.

Beispiele:

Kuvertanschrift:

Herrn Vorstandsvorsitzenden

Professor Ing. Dr. Werner Stubner

Schriftliche Anrede im Brief:

Sehr geehrter Herr Vorstandsvorsitzender, ...

oder

Sehr geehrter Herr Professor Stubner, ...

oder

Sehr geehrter Herr Dr. Stubner, ...

Kuvertanschrift:

Frau Hofrätin

Dr. Margarete B. Hübner

Projektleiterin

Schriftliche Anrede im Brief:

Sehr geehrte Frau Hofrätin, ...

oder

Sehr geehrte Frau Dr. Hübner, ...

Kuvertanschrift:

Groß & Klein GmbH

Abteilung Verkauf

Schriftliche Anrede im Brief:

Sehr geehrte Damen und Herren, ...

Visitenkarten

Visitenkarten werden dem Partner schon zu Beginn einer geschäftlichen Besprechung, nach der Vorstellung und erstem Händeschütteln, persönlich und in die Hand überreicht. Es wird erwartet, dass die Karten zunächst an den Ranghöchsten und dann an das Administrationspersonal inklusive der Sekretärin ausgeteilt werden. Die Titel sind in Österreich sehr wichtig und sollten deutlich und in gleicher Schrift vor dem Namen stehen. Die Funktionsbezeichnungen sollten in gleicher oder nur wenig kleiner Schriftgröße unter dem Namen stehen.

Im österreichischen Geschäftsleben findet man häufig zwei Arten von Visitenkarten vor. Eine spezielle österreichische Variante, auf der alle akademischen Grade inklusive Fakultäten und Prädikate aufgezeichnet sind, und eine internationale. Dort finden sich nur der Name und die Funktion der Person.

Duzen und Siezen in der Gesellschaft und im Business

Im Geschäftsleben kann es das Ein-Tages-Du geben, wenn eine lustige Runde sich trifft. Am nächsten Tag ist es möglich, wieder zum Sie zurückzukehren.

Smalltalk und Konversation

Österreich ist ein Land mit großer Geschichte und jahrhundertealter Kultur. Die Österreicher hören gerne Komplimente darüber, auch über die schöne Landschaft. Zumeist muss man hier nur das Stichwort geben, und dann sind sie gerne bereit selbst zu erzählen. Eine kurze persönliche Anekdote eingeworfen, und schon kann es losgehen.

Ab Ende des 18. bis Mitte des 19. Jahrhunderts war Wien musikalische Hochburg Europas. *Wolfgang Amadeus Mozart* (1756-1791) schrieb seine weltberühmten Opern in Wien, beispielsweise die *Zauberflöte* (1791) und *Figaros Hochzeit,* die 1786 im Burgtheater uraufgeführt wurde. *Johann Strauß Sohn* (1825-1896) übernimmt 1870 die musikalische Leitung der Hofbälle. Er komponierte *„An der schönen blauen Donau"*, die Operette *„Die Fledermaus"* und über vierhundert Walzer. *Joseph Haydn* (1732-1809) komponierte *„Die Schöpfung"*.

Bekannt sind auch die alten und wunderschönen *Kaffeehäuser.* 1683 kam der Kaffee mit den Türken nach Wien, und die ersten Kaffeehäuser wurden eröffnet. Sehr bekannte Kaffeehäuser: *Café Central, Landtmann, Museum, Raimund, Schwarzenberg und Zartl.*

Sigmund Freud, der Begründer der Psychoanalyse, lebte von 1891 bis 1938 in Wien. Er erforschte das Unterbewusstsein, das Ego, die Ungleichgewichte der Psyche mit Auswirkungen auf die emotionalen und geistigen Störungen.

Österreicher haben im Durchschnitt noch mehr Sinn für Humor wie Deutsche. Humor zu zeigen schafft Sympathie. Bitte aber keine Witze reißen!

Österreich ist weltberühmt für seine Architektur und die Kunst. Beliebte Themen sind Wien als *Stadt, Wiener Lieder, der Naschmarkt und die Heurigenlokale.*

Österreicher gelten als formal, was die Konversation angeht. Sie lieben es aber sehr, über die Weltneuheiten, Familie und Privatleben zu diskutieren. Sie sind *charmant* und verstehen sich auf liebenswürdige sowie offene Gespräche vor dem eigentlichen Geschäftsmeeting. Tabu ist es, sofort mit dem Geschäftsthema zu beginnen und quasi mit der Tür ins Haus zu fallen.

Vermeiden sollte man unbedingt folgende Gesprächsthemen: Geld, Scheidung, Trennung oder Religion, NS-Zeit, die Ausländerproblematik, die Spannungen zwischen den Bundesländern und Wien.

Tipps für das Business

Verhalten, das als Überheblichkeit, Großmannssucht oder Arroganz ausgelegt werden kann, muss vermieden werden.

Geschäftliche Besprechungen werden sehr gerne auch in einem der Altwiener Kaffeehäuser oder im Heurigen beim Wein abgehalten.

Hände niemals in die Hosentaschen stecken. Diese Gestik erweckt in Österreich sehr stark den Anschein von Unsicherheit und Unkultiviertheit. Diese Geste muss bei der ersten Begegnung absolut vermieden werden und vor allem immer, wenn Damen anwesend sind. Mit einer Hand in der Hosentasche wie ein Dressman zu posieren, gilt ebenfalls als unbeholfen.

In Geschäftsräumen überlässt der Rangniedrigere dem Ranghöheren den Platz an seiner rechten Seite. Im Privatleben der Herr seiner weiblichen Begleitung. Der Rangniedrigere hält dem Ranghöheren den Schirm.

Abendliche Geschäftsessen sind in Österreich genauso üblich wie in Deutschland. Mit einem Abendessen wird ein Geschäft feierlich besiegelt. Sehr oft sind dann auch die Ehegattinnen bzw. die Ehegatten miteingeladen. Ein geschäftliches Mittagessen ist ebenfalls an der Tagesordnung.

Ein Herbeiwinken von Personen mit ausgestrecktem Finger ist in Österreich im Gegensatz zu Ländern wie Italien und Großbritannien durchaus möglich. Dezentes Handheben sollte aber genügen.

Augen- und Blickkontakt gilt in Österreich als sehr höflich.

Im Westen Österreichs zieht man einen respektvollen *Begrüßungsabstand* von etwa einem Meter einer Umarmung vor. Je weiter man in den Ostteil Österreichs vordringt, umso näher kommt man sich bei der Begrüßung. In Wien kann man sich schon einmal umarmen – auch unter sehr guten Geschäftsfreunden. Diese Gemütlichkeit wird in den Kaffeehäusern Wiens fortgesetzt.

Gute und vertrauenswürdige Geschäftspartner schenken sich zu besonderen Feiertagen oder zum Abschluss eines erfolgreichen Geschäftes Präsente. Beispielsweise Einladungen in Opern, Musicals, Dinners, Weine, schöne Bücher.

Entscheidungen werden oft von den Chefs getroffen, unabhängig von der Meinung der Mehrheit. Die *Firmen sind vertikal strukturiert,* und nur die Führungsebene hat Entscheidungsmacht. Die Führung an sich ist häufig autokratisch, was zur Folge hat, dass die Distanz für die Mitarbeiter zum Topmanager groß ist. Tägliche Arbeitsaufgaben werden an die mittlere Ebene abgegeben. Arbeiternehmer neigen dazu, Vorgesetzte übertrieben zu respektieren. Wer Karriere machen will, muss die richtigen Leute kennen.

Niemals Österreicher mit Deutschen in Verwechslung bringen! Auch die österreichische Kultur nicht als deutsch bezeichnen! Nur die Sprache ist deutsch.

Rolle der Frau im Geschäftsleben

Österreichische Frauen kämpfen sich in die Führungsetagen hoch. Frauen mit Power und Entscheidungsstärke werden voll akzeptiert und respektiert. Wenn auch die Rolle der Frau im Allgemeinen in Österreich manchmal noch traditionell gesehen wird.

Restaurant- und Tischetikette

Der *Brot- und Butterteller* wird erst nach der Hauptspeise und vor dem Dessert abgeräumt. In Deutschland wird der Brotteller meistens vor der Hauptspeise abgedeckt.

Die *Reihenfolge der Essensbestellung* wird im Business durch die Rangordnung bestimmt. Der Ranghöchste bestellt zuerst. Dann die übrigen Gäste in der Reihenfolge, wie sie sitzen. Aber Damen immer zuerst!

Nicht nur Wein, sondern auch Sekt, Champagner und Portwein werden vor dem Ausschank verkostet. Dazu werden dem Gastgeber zwei Finger hoch in ein Glas eingeschenkt. Danach werden erst die Ranghöchsten und dann alle anderen Gäste bedient. Während man noch die Suppe isst, wird der Wein eingeschenkt. Der Gastgeber hat jetzt die Aufgabe, sein Glas zu erheben und seine Gäste aufzumuntern mitzutrinken. Wird für den nächsten Gang ein neuer Wein eingeschenkt, dann bleibt der Restwein vom vorherigen Gang im Glas. Er wird nicht ausgetrunken. Dieser neue Wein wird dann sofort von den Gästen getrunken. Man muss nicht auf den Gastgeber warten.

Die *Serviette des Gastes* bleibt solange auf seinem Schoß liegen, bis der Gastgeber die Tafel auflöst und seine Serviette auf den Tisch zurücklegt.

Das *Trinkgeld,* ein Passe-Partout, beträgt in Österreich zwischen 8 und 15 Prozent. Die Bakschisch-Gebräuche sind in Österreich und Deutschland gleich.

Vasen, Porzellan, gute Weine, Blumen und Alkohol sind sehr beliebte Gastgeschenke.

Ein *Keller* ist ein informelles Lokal mit österreichischer Küche.

Berühmte Aperitifs und Digestifs sind *Slibowitz* aus Pflaumen, *Kirsch-* oder *Himbeergeist.*

Sehr bekannt sind die *Powidltascherln* aus Niederösterreich. Der Teig besteht aus Kartoffeln. Die Taschen werden mit Powidl, das heißt Zwetschkenmus, Zimt und Zucker, gefüllt. Man isst dieses Gericht nur mit der Gabel ohne Messer. Ebenso werden süße *Topfennocken aus Tirol* gegessen, die aus Quark, Grieß und Rosinen zu esslöffelgroßen Nocken geformt werden.

Die Hände bleiben während des Essens immer oben auf dem Tisch und nicht wie in Amerika unter dem Tisch. Ellbogen niemals auf den Tisch legen.

Kleine Kaffeekunde:

Brauner: Kaffee mit Milch. *Melange:* Mischung von Kaffee mit heißer Milch. *Obers:* mit Schlagsahne. *Mokka:* starker schwarzer Kaffee.

Pünktlichkeit

Pünktlichkeit ist wie in den meisten westeuropäischen Ländern besonders wichtig. *Arbeitsabläufe werden über Wochen im Voraus geplant.* Österreicher erkennen in der Pünktlichkeit die Liebe zu Details in der Projektarbeit. Zu Beginn einer Konversation wird über Small-talk-Themen wie das Neueste aus der Welt, österreichische Geschichte und Kultur gesprochen.

Politik und Religion

Österreich hat ein demokratisches Regierungssystem mit einem Bundespräsidenten, der alle sechs Jahre neu gewählt wird. Es gibt ein föderatives System, bestehend aus neun Ländern mit jeweils einer eigenen Regierung. Die Exekutive besteht aus dem Präsidenten und dem Kanzler. Die Legislative wird bestimmt durch das Parlament und das Kabinett des Kanzlers. Der Bundesrat ist die Länderkammer. Österreich hat einen hohen Lebensstandard, eine gute Sozialversicherung für alle Arbeitnehmer und ein sehr gutes Schulsystem.

Die Mehrheit der Bevölkerung ist katholisch. Daneben existieren auch protestantische sowie kleinere christliche Kirchen und vor allem in Wien sowie Salzburg eine kleine jüdische Minderheit.

Business-Outfit

Der Kleiderstandard ist *sehr konservativ,* das heißt, für Herren einen dunklen Anzug mit weißem Hemd und für Damen Hosenanzüge, Kostüme mit Bluse und gutem Schmuck.

Tatsache ist, dass Tracht, beispielsweise der *grau-grüne Steireranzug* mit Stehkragen, auch im Business getragen wird. Und zwar in der Steiermark, in Salzburg, in Kärnten, sicher aber nicht in Wien.

Gentlemen *don't wear brown after six* sollte auch in Österreich von den Männern beherzigt werden.

Der *Smoking* wird wie überall in Europa erst nach fünf Uhr nachmittags getragen. Er passt zu allen festlichen Anlässen wie Theaterpremieren, Bällen und abendlichen Festessen. Auf wirklich eleganten Bällen muss es auch heute noch ein *Frack* sein.

Das *berufliche Format einer Geschäftsfrau* wird sehr schnell in Zweifel gezogen, wenn sie sich sehr auffällig und aufreizend kleidet.

Besondere Feiertage

Österreich hat die selben Feiertage wie Deutschland.

26. Oktober	Verabschiedung des Neutralitätsgesetzes 1955, Staatsfeiertag.

Inhalt

Spanien – das Land von Sancho Pansa und Don Quijote

Die beiden Symbolfiguren stellen in ihrer Person die Charaktere der Spanier dar. *Bodenständig* und *träumerisch.* Das Nationalbewusstsein der Spanier ist sehr ausgeprägt.

Die spanische Bevölkerung ist sehr extrovertiert und statusbewusst. Dazu gehört auch, dass Orden oder Ehrenzeichen als Statussymbole im Vergleich zu Deutschland oft getragen werden. Durch die regionale und föderale Gliederung Spaniens variieren nicht nur die Sprachen, sondern auch die Umgangsformen. In Kastilien, dem Kernland von Spanien, herrschen andere Verhaltensformen wie zum Beispiel in Andalusien vor. Galizier, Basken, Katalanen unterscheiden sich in ihrer Tradition und Sprache. Schon für die alten Römer war Spanien ein Potpourri von Kulturen. *Galizier* sind eher pragmatisch und manchmal auch melancholisch. Sie ähneln sehr stark den Nordeuropäern. Die *Aragonier* sind für ihr enormes Durchsetzungsvermögen bekannt. Die *Basken* sind sehr geschäftstüchtig. Die *Katalanen* haben mit den Franzosen gemeinsam, dass sie sehr effektiv arbeiten und wirtschaften. Die Bevölkerung in Katalonien, der Gegend um Barcelona, ist von ihrer romanischen Charakteristik etwas zurückhaltender. *Kastilier* haben ein eloquentes Erscheinungsbild. Die *asturische* Bevölkerung hat ein sehr großes Selbstbewusstsein. In *Andalusien* ist man redselig und hält Termine häufig nicht ein.

Eigenschaften wie *Lebenslust* und *Jovialität,* machen Spanier generell sympathisch.

Die Bedeutung der spanischen Sprache im Welthandel ist enorm. Spanisch ist nach Englisch die zweitwichtigste Sprache der Welt. Selbst in den Vereinigten Staaten wird sehr viel Spanisch gesprochen.

Vorstellen, Begrüßen und Handschlag

Bei geschäftlichen und privaten Anlässen sagt man zur Begrüßung *„buenos días“*, das heißt „Guten Morgen“. Ab etwa 14.00 Uhr und am frühen Abend sagt man *„buenas tardes“*. Zu später Stunde eher *„buenas noches“*.

Ein saloppes *„Hola! Hallo"* sollte im Geschäftsleben, wenn man sich nicht gut kennt, nicht verwendet werden. Die üblichen Verabschiedungsformen sind *„¡Adiós! Auf Wiedersehen"* oder *„¡Hasta luego! Bis bald"*.

Im Anschluss an einen Gruß wird oft die Frage gestellt *„¿Qué tal?"* oder *„¿Cómo está? Wie geht's?"* Das gehört zum Begrüßungsritual, und keiner erwartet eine wahrheitsgemäße Antwort. Am besten, man antwortet mit *„bien! gut!"* oder *„muy bien! sehr gut!"* oder man fragt zurück mit *„¿Y usted? Und Ihnen?"*

„¡Adiós!" sagt man zur Verabschiedung und nicht *„¡Hasta la vista! Bis bald!"*

Im Geschäftsleben ist ein Händeschütteln üblich. Kennt man sich sehr gut, dann wird auf beiden Wangen ein Kuss angedeutet. Die Spanierinnen begrüßen so Frauen und Männer. Aber Männer begrüßen auf diese Weise nur Frauen. Auf geschäftlicher Ebene stehen Händeschütteln und ein Klaps auf die Schulter für eine herzliche Begrüßung. Auch unter befreundeten Herren ist die Umarmung, *abrazo,* wie in vielen romanischen Ländern üblich. Frauen umarmen ebenfalls Freundinnen und Freunde. Im privaten Bereich umarmt man sich und gibt sich auf jede Wange einen angedeuteten Kuss. Das Minimum an Höflichkeit ist, dass Männer und Frauen sich zur Begrüßung die Hand geben.

Das höchste Kompliment, das man einem spanischen Kollegen machen kann, ist, dass man ihn als einen guten Freund vorstellt. *„Er ist ein guter Freund von mir!"* Das heißt nicht, wie in Deutschland und Großbritannien, dass man sich privat sehr gut kennt, sondern zeigt ein vertrauensvolles und ein respektvolles Arbeitsverhältnis zwischen zwei Kollegen an. Das persönliche Selbstwertgefühl des Mitarbeiters, das *orgullo,* wird dadurch enorm gestärkt.

Anreden und Titel

Die Spanier spricht man mit *„Señor plus erstem Nachnamen"* und *„Señora plus erstem Nachnamen"* an.

Systematik spanischer Namen

Die Namensgebung ist in Spanien von ganz spezieller Art. In fast allen Spanisch sprechenden Nationen verfügt man über zwei Familiennamen. Der erste Familienname stammt vom Vater und der zweite von der Mutter.

Beispiel: Felipe González Martínez und *Marisa Larazo Mangas*

Er wird mit *Señor González* angesprochen. *González* ist der Familienname des Vaters und *Martínez* ist der Familienname der Mutter. Heiraten jetzt *Señor González* und *Marisa Larazo Mangas,* dann kann sich seine Frau mit *Marisa*

Larazo de González anreden lassen. Ihr Kind heißt *Julio González Larazo.* Der Familienname von Julio ist *González.*

Zunehmend werden die Familiennamen des Vaters und der Familienname der Mutter mit einem Bindestrich verbunden.

Beispiel: Julio González-Larazo

Mit welchen Namen werden Spanier/Spanierinnen nun angesprochen?

Marisa Larazo Mangas kann als verheiratete Ehefrau mit folgenden Varianten angesprochen werden:

Señora Marisa Larazo González

oder

Señora de González

oder

La Señora

Allerdings sollte sie niemals als *Frau Felipe González* angesprochen werden. Einige Kulturen in Spanien kürzen wie in Russland die Vornamen ab und bilden eine Kurzform.

Beispiele:

Statt Francisco verwendet man *„Paco“*, statt Guadalupe *„Lupe“*. Diese Kurzform sollte nicht ohne ausdrückliche Aufforderung des Geschäftspartners verwendet werden.

In der mündlichen Anrede wird normalerweise nur der erste Familienname, der des Vaters, genutzt.

Lassen sich Deutsche in spanischen Telefonbüchern registrieren, sollte man sorgfältig überprüfen, dass man nicht mit dem zweiten Teil des Vornamens im Telefonbuch steht. Spanierinnen ändern ihren Nachnamen mit der Eheschließung nicht.

Die Bezeichnung *„Señorita“* für Fräulein wird im Gegensatz zu Deutschland noch sehr bewusst eingesetzt. Insbesondere ältere allein stehende Frauen legen auf diese Ansprache Wert. Junge Frauen werden im Zweifelsfall eher mit *Señorita* angesprochen.

Die Anreden *„Don“* für hohe männliche Persönlichkeiten und *„Doña“* für hohe weibliche Persönlichkeiten mit dem entsprechenden Vornamen zeugen von großem Respekt. Insbesondere Angestellte sprechen ältere Vorgesetzte mit der Bezeichnung *Don* bzw. *Doña* an. Im Schriftverkehr ist diese Ansprache auf allen Altersstufen sehr weit verbreitet.

Anreden mit akademischen Titeln und Berufstiteln

Wegen der starren Rang- und Hierarchieorientierung sind in Spanien Titel sehr wichtig. Ein Doktortitel wird bei der Anrede jedoch eher außen vor gelassen. Wenn überhaupt, werden Mediziner mit diesem Titel angesprochen. Wichtig hingegen sind die Anreden *„Excelentísimo"* für Exzellenz und *„Illustrísimo", Hochverehrter* bei Ministern und Botschaftern. Hat eine Person promoviert, dann führt sie im Schriftverkehr die Bezeichnung *„Doctor plus Nachname"*. In der mündlichen Konversation wird diese Bezeichnung niemals genutzt. Auch Professoren, genannt *profesor numerario* oder weiblich *profesora numeraria,* werden im Mündlichen nie mit Titel angesprochen.

Anreden mit Adelstiteln

Die Benutzung von Adelstiteln besitzt im Geschäftsverkehr überhaupt keine Bedeutung. Die Titel werden vom bürgerlichen Namen getrennt geführt, und die Ansprache erfolgt daher wie bereits oben beschrieben. Allenfalls im privaten Bereich werden bei festlichen Anlässen die Adelstitel mit aufgeführt.

Beispiele: *duque* für Herzog
duquesa für Herzogin

Adelige werden in der Praxis meist mit *Don* oder *Doña mit Vornamen* angesprochen.

Duzen und Siezen

Spanier sind im normalen Geschäftsalltag recht *zwanglos.* Auch wenn man sich nicht sehr vertraut, duzt man sich in Spanien schnell. Zu den Kollegen und Vorgesetzten sagt man *„tú, du"*. Im Business redet man sich auch schnell mit Vornamen an. Das Duzen beim ersten persönlichen Kontakt stellt noch keine freundschaftliche Beziehung dar. Das „Du" wird in Spanien im Privat- wie im Geschäftsleben schneller angeboten als in Deutschland. Bietet ein spanischer Kollege das Du an, sollte es auch angenommen werden. Die Bezeichnung *Amigo* für Freund ist eher bedeutungslos.

Als Ausländer sollte man unbedingt abwarten, bis ein spanischer Kollege das *tú* anbietet. Kellner, Dienstmädchen und Portiers werden mit *usted* (Sie) angesprochen. In Lateinamerika werden die Anreden *usted* und *tú* genau umgekehrt verwendet. In Südspanien sind die Umgangsformen nicht ganz so lässig wie im Norden. Dort dauert es auch länger, bis der spanische Kollege das *Du* anbietet.

Smalltalk und Konversation

Allgemein spricht man in Spanien sehr gerne über *Kinder.* Sie werden wie kleine Prinzessinnen und Prinzen behandelt. Spanier hegen eine leidenschaftliche Begeisterung für Kinder und statten sie mit hübschen Kleidern üppig aus.

Niemals mit der Tür ins Haus fallen. Der anfängliche Smalltalk ist in Spanien elementar.

Geschichte und *Kultur* sind sehr beliebte Themen.

Niemals den *Nationalstolz* der Spanier durch Kritik verletzen!

Niemals Stierkämpfe kritisieren! Deutsche neigen dazu, sich negativ zu äußern und mit Unverständnis zu reagieren. Für Spanier ist die ablehnende Haltung der Deutschen gegenüber Stierkämpfen nicht nachvollziehbar. In Spanien ist der Stierkampf eine Kunst, die mit Mut, Ausdauer und technischem Können verbunden wird. Stierkämpfe beginnen fast immer pünktlich. Im Juli rennen die Stiere in *Pamplona* während der Fiesta durch die Gassen.

Zur Höflichkeit in Spanien gehört es, nach dem *Wohlergehen der Familien zu fragen.* Spanier konzentrieren sich auf ihre Familie, ähnlich wie die Italiener. Ausländer sollten durchaus dezent einige Bilder von der eigenen Familie zeigen. *Wohlwollende Worte* über die Familie des spanischen Geschäftspartners dürfen nicht fehlen.

Sevilla und *Jerez* sind die Hochburgen des Flamencos. *Flamenco-Festivals* finden während der Sommermonate in Andalusien statt.

Bescheidenheit wird in Spanien hoch geschätzt. Das Darstellen der eigenen Intelligenz, von Macht und Einfluss wird nicht positiv bewertet. Spanier sind im Vergleich zu Italienern und Franzosen eher zurückhaltend, das heißt, das Sich-selbst-Verkaufen gehört nicht zum Spielreglement. Spanier wirken im Vergleich zu Deutschen und zu Briten diesbezüglich eher bescheiden.

Niemals die Ehre und den persönlichen Stolz eines Spaniers/einer Spanierin verletzten. Die geschäftliche Beziehung wäre sonst zerstört.

Die Spanier haben ein sehr wichtiges Sprichwort:

Rede nicht über dich selbst und nie schlecht über andere!

Niemals die Themen *Basken, katholische Sitten und Gebräuche* und die Francozeit ansprechen.

Niest jemand in Spanien, wird *„Jesus"* gewünscht. Das ist die spanische Entsprechung für Gesundheit.

Spanier feiern mit Leib und Seele Feste, die *Fiestas.* Dort gibt es reichlich Essen mit Wein, Prozessionen mit Trachten, prächtige Festwagen mit Reliquien von Heiligen, Musik mit Gitarren und Kastagnetten als Hintergrund zum

*Flamenco.*Dazu gehören die Stierkämpfe, die Stierrennen und die Stierhetzen, Feuerwerke sowie die *Fallas*, die so genannten Figuren aus Pappmaché. Bitte nie vergessen, dass Fiestas immer einen religiösen Ursprung haben.

Fallas. Die *Fallas von Valencia* sind weltberühmt. Riesige Pappmachéfiguren, die Politiker und Personen des öffentlichen Lebens verkörpern, werden eine Woche lang in den Straßen aufgestellt. Um Mitternacht werden sie alle angezündet und entwickeln sich zu riesigen Freudenfeuern.

Berühmte Persönlichkeiten:

Sehr berühmt ist der Künstler *Salvador Dalí* (1904-1989). Seine surrealistischen Gemälde zeigen Kompositionen aus einer beklemmenden Welt von Träumen und Halluzinationen.

Pablo Picasso (1881–1973) war Bildhauer, Maler, Grafiker und Keramiker. Stierkampfdarstellungen und Portraits waren seine Hauptthemen. Er war Begründer des Kubismus, eine Kunstrichtung in der Malerei und Plastik, bei der die Landschaften und Figuren aus würfelartigen Bildteilen zusammengesetzt sind.

Charlie Rivel (1896–1983) war ein berühmter Clown. Seine Markenzeichen waren eine rote Nase und ein überlanger, den ganzen Körper umhüllender gestreifter Pullover. Er verstand es vortrefflich, auch ohne verbale Äußerungen bei aller Heiterkeit ein Gefühl von Melancholie und Mitleid zu wecken.

Tipps für das Business

Niemals die *Visitenkarte* über den Tisch werfen, sondern dem spanischen Geschäftspartner direkt in die Hand legen. Jeder akademische Grad sowie alle Titel sollten auf der Geschäftskarte festgehalten werden. Das sind in Spanien wichtige Statussymbole. Die Spanier wollen die Wichtigkeit ihres Geschäftspartners einschätzen können.

In Spanien wird großer Wert auf *Hierarchien* und *Ränge* gelegt, und trotzdem duzt man sich sehr schnell. Hierarchien gewährleisten die Kontrolle. Die Spanier ergreifen im Berufsleben weniger Eigeninitiative als deutsche Teammitglieder. Schuld daran ist das Bildungssystem, das nicht zum Denken und Handeln, sondern zum Auswendiglernen ausgelegt ist. Spanier werden oft erst auf Anweisung tätig.

Der auffälligste Unterschied der spanischen Gesellschaft zur deutschen ist wohl darin zu sehen, dass *Spanien als Kontaktgesellschaft* bezeichnet werden kann. Der persönliche Kontakt und die Vielzahl informeller Netzwerkstrukturen ersetzen häufig leichter fassbare und äußerlich sichtbare Konzepte. So empfehlen sich Spanier, die in Vertriebsaufgaben tätig werden wollen, häufig über die „exzellenten" Kontakte.

Die für den Deutschen oft erstaunlich langen Arbeitszeiten im Geschäftsleben und die hervorgehobene Bedeutung des Geschäftsessens sind die bekanntesten Beispiele, die auf eine *wesentlich geringere Trennung von Privatem und Geschäftsleben* in Spanien hinweisen.

Zeiteffizienz ist in der Wertigkeit von Kriterien der Zusammenarbeit sicherlich mit einem erheblich geringeren Stellenwert versehen, als in Deutschland. Zeit wird weniger numerisch-diskret verstanden, die Begriffe für morgen, *mañana,* und gestern, *ayer,* bezeichnen weniger konkrete Tage, sondern eher eine allgemeine Vor- bzw. Nachzeitigkeit.

Hektik wird hingegen abgelehnt, sie stört ein harmonisches Zusammenarbeiten. Vor allem in Kastilien und insbesondere in Madrid sowie in den südlichen Regionen Spaniens hat das Geschäftsessen, das auch zur Mittagszeit häufig noch mehrere Stunden umfassen kann, seine selbstverständliche Bedeutung als zentraler Punkt des Geschäftemachens behalten. Man nimmt sich gerne die Zeit, erst beim Abschluss des Essens, zum Kaffee, der auch gerne von Spirituosen und einer Zigarre begleitet wird, zum eigentlichen Inhalt des Gespräches zu kommen.

Der *Einsatz der Kommunikation* ist in Deutschland wesentlich direkter als in Spanien, das Funktionale einer Geschäftsbeziehung wird dem persönlichen Kontakt vorangestellt. Das Indirekte des Gespräches in Spanien setzt eine hohe Sensibilität voraus. Man braucht Einfühlungsvermögen in den Gesprächspartner und in seine Persönlichkeit. Man sollte es verstehen, zwischen den Zeilen zu lesen.

Es gilt in Spanien nicht als unhöflich, wenn sich die *Gesprächspartner unterbrechen,* Gespräche dürfen abschnittsweise auch simultan verlaufen. Im Vordergrund steht das Bestreben, den Kommunikationsfluss nicht abreißen zu lassen.

Eine große *Quelle von Missverständnissen* besteht darin, dass es in Spanien als äußerst unhöflich gilt, eine Bitte direkt auszuschlagen. Ein „Nein" wird als unhöflich und feindselig empfunden. Ein „Ja" wird daher häufig als Interjektion zur Aufrechterhaltung der Kommunikation genutzt und muss noch lange nicht einer Zusage gleichkommen. Im umgekehrten Fall wird Kritik nicht offen ausgesprochen, sondern eher zwischen den Zeilen deutlich.

Dadurch, dass *Sach- und Personenebene in Spanien* weniger getrennt werden, wirkt auch so genannte konstruktive Kritik als Angriff auf die Persönlichkeit mit einem damit einhergehenden Gesichtsverlust. Spanier selbst kritisieren sehr indirekt mit steter Berücksichtigung des Stolzes und der Sensibilität der Gesprächspartner.

Ist der Spanier verletzt, dann gibt er mit keinem Wort – vielmehr aber durch Körperhaltung, Gestik und Mimik oder durch das Abbrechen der Kommunikation – zu erkennen, dass er sich *verletzt fühlt.* In der Regel werden jetzt keine Rettungsversuche des persönlichen Kontaktes mehr fruchten. Dieses Abbrechen des Kontaktes kann einen sehr endgültigen Charakter haben. Daher ist es für deutsche Geschäftspartner unabdingbar, sich im Vorfeld mit den Finessen des spanischen Charakters vertraut zu machen und sich auf diese einzustellen.

Großzügige Geschenke, wie Blumen, Wein, Pralinen werden von Spaniern sehr gerne gesehen und als sehr höflich sowie gastfreundlich bewertet. Blumen müssen vor dem Überreichen ausgepackt werden.

Bei *Firmenjubiläen von spanischen Geschäftspartnern sollte* man unbedingt Glückwünsche und Geschenke überreichen. Ebenso zum Weihnachtsfest und zum Neuen Jahr. In manchen Regionen, wie in Katalonien, sind die Namenstage bedeutender als die Geburtstage.

Die Spanier sind unter den Romanen die *maskulinsten. Macho* ist ein spanisches Wort. Spanische Manager mögen neben Temperament auch eine gewisse relative Aggressivität.

Spanier älteren Jahrgangs mögen ihre Frauen manchmal als Menschen mit weniger Rechten behandeln. Sie verlangen von ihnen bedingungslose Liebe und Hingabe. Dafür beschützen und verteidigen Spanier ihre Frauen. Auch hier sind regionale Unterschiede auszumachen. Der Norden stellt sich hier moderner dar, der Süden hält stärker an dem klassischen Bild fest.

Tortura de la galanteiia. Die Folter der Komplimente und Aufmerksamkeiten. Frauen aus Nordeuropa sollten wissen, dass Spanier allgemein dazu neigen, sich über Frauen im Vorbeigehen auch laut zu äußern. Das sind Komplimente, die nicht beleidigend gemeint sind.

Die Unternehmensleitung handelt autokratisch. *Valiente* heißt *mutig,* und erfordert vom Management die Eigenschaft, alleine ohne Mitarbeiter entscheiden zu können. Entscheidungen im Team zu treffen, wird als Schwäche interpretiert.

Untergebene lassen sich ihre Probleme von ihren Vorgesetzten lösen. Die Autorität hängt nicht mit dem Status zusammen, sondern mit der Führungspersönlichkeit und dem Verhältnis zu den Angestellten. Die Mitarbeiter warten auf das Delegieren und Anweisungen mit operativen Zielen.

Spanische Manager kritisieren im Vergleich zu deutschen ihre Untergebenen häufiger. Kritik wird als Chefprivileg und Verdeutlichung von Autorität eines Vorgesetzten, dem *jefe,* betrachtet. Ein konstruktives und nützliches Feedback ist damit aber nicht gleichzusetzen.

Teamarbeit hat mehr damit zu tun, dass jeder seine Meinung äußern darf, aber nicht, dass man gemeinsam zu einem Konsens in der Entscheidungsfindung kommt. Konsens wird nicht durch ein Mehrheitsvotum erreicht, sondern durch Überzeugung der Mitarbeiter von der Meinung des Chefs.

Der *Chef* muss führen, Informationen verteilen und Entscheidungen treffen. Von den Mitarbeitern erwartet man ein Befolgen der Entscheidungen.

Von der *Tagesordnung* wird rasch abgewichen. Als Moderator muss man permanent auf den zu debattierenden Punkt zurückführen.

Die *Mañana-Mentalität.* Spanier nutzen dieses Wort häufig, und man sollte es als Ausländer verstehen. Wörtlich heißt es „morgen" oder „später", aber auch „viel später". Die spanische Höflichkeit gebietet, keine negative Antwort auf die Frage „Wann kommen Sie zu uns?" zu geben. Man sagt stattdessen *mañana, also morgen.* Auf dieses Mañana sollte man sich auf keinen Fall verlassen. Geduld bewahren!

Geschäftliche Gespräche werden oft in ein Café oder Restaurant verlagert. Diese Sitzungen sind dringlich, und es wird erwartet, dass man für diese *Verabredungen* alles stehen und liegen lässt. Die Büromitarbeiter verlassen die Büroräume auch zweimal am Tag, um sich mit Kunden im Café zu treffen. Die Restaurantbesuche gelten als offizielle Arbeitszeit. Um 17.00 Uhr trifft man sich zur *Merienda,* zum Nachmittagskaffee.

Prinzipiell benötigt man viel *Durchsetzungsvermögen* und Energie, um sein Anliegen in Besprechungen zu vertreten. Spanier sind lautstark und reden viel.

Familienmitglieder und enge Freunde werden im Geschäftsleben stark bevorzugt. Eine große *Loyalität gegenüber der Familie* ist selbstverständlich.

Frauen im Geschäftsleben sollten durch Schnelligkeit, Effektivität und Selbstvertrauen beeindrucken.

Wie baut man Beziehungen zu Spaniern auf?

- Den allerersten Kontakt mit Spaniern mit einem Dolmetscher durchführen, damit es keine Sprachbarrieren gibt.
- Als Kontaktperson einen Mitarbeiter/eine Mitarbeiterin aus der oberen Führungsetage wählen.
- Die Nordeuropäer sollten auf Wortreichtum und das Schwärmen der Spanier positiv und nicht entgeistert reagieren.
- Alle Spanier werden geachtet, unabhängig von Reichtum und Armut. Ausländer sollten sich dem in ihrer Einstellung anschließen.

- Der zeitliche, monetäre und geistige Faktor tritt in Spanien völlig zurück. Was zählt, sind Stolz und Würde, die man nie verlieren darf.
- Die Spanier entwickeln enorme *Energien,* um *Visionen* in die Realität umzusetzen.
- Gerade als Nordeuropäer sollte man ein *Mindestmaß an Fatalismus* annehmen und in der Lage sein, Arbeit auf den nächsten Tag verschieben zu können. Gemäß dem Motto: „Morgen ist auch noch ein Tag!"
- Die Spanier interessieren sich im Geschäftsleben *mehr für die Geschäftspartner als für die Ware bzw. Dienstleistung.* Perfekte Präsentationen sind für die Spanier nicht so wichtig. Sie beobachten vielmehr, welcher Typ von Geschäftsmann/frau man ist. Sie beobachten den Charakter einer Person. Hat sie beispielsweise Herz? Wie groß ist ihr Wohlfühlabstand? Hält der Gesprächpartner Blickkontakt? Der Schlüssel zur erfolgreichen Kooperation liegt in der Persönlichkeit des Geschäftspartners.
- Als Nordeuropäer im Geschäftskontakt die Coolness abbauen, die menschliche Seite zeigen, die germanische Eile unterlassen und mit den Spaniern abends ausgehen, bringt bei den Spaniern viele Pluspunkte.
- Niemals die Würde der Spanier verletzen. *Pundonor,* das ist die Frage der Ehre. Wie in der chinesischen und japanischen Kultur dürfen Spanier ihr Gesicht nicht verlieren.
- Als Kavalier gegenüber spanischen Geschäftsfrauen aufzutreten, gehört zur Höflichkeit. Emanzipierte Karrierefrauen werten dieses Verhalten nicht als chauvinistisch.
- Für Mittag- und Abendessen immer genug Zeit einplanen.
- Niemals Witze über Spanier erzählen. Spanier nehmen daran Anstoß.

Unternehmensformen und -strukturen

In Spanien existieren im Wesentlichen zwei bedeutende Unternehmensformen. Die *Sociedad Anónima,* abgekürzt *SA,* eine Aktiengesellschaft, und die *Sociedad de Responsabilidad Limitada,* abgekürzt *SRL* oder einfach *SL.* Bei beiden Gesellschaftsformen genügt es, einen Manager an der Führungsspitze einzusetzen. Er wird angesprochen mit *„Señor plus erstem Nachnamen".* Ein Organigramm bildet eher die sozialen Hierarchien als die funktionalen ab. Die Angestellten eines Unternehmens werden von der Managementspitze mit Anweisungen geführt. Geregelte Kompetenzen erleichtern die Kontrolle durch das Management und nicht die Effizienz.

Beispiel:

Die *Sociedad regular Colectiva,* die *SRC* oder *SC,* ist in Spanien nicht so häufig. Ebenso wenig die *Sociedad en Comandita, S. en Com* oder *S.Com,* die Kommanditgesellschaft.

Wird der Geschäftsführer vorgestellt, dann natürlich mit seiner Berufsbezeichnung *„Gerente plus señor plus Nachname"*. Dieser Titel steht auch auf der Visitenkarte. In einem Gespräch wird dieser Berufstitel allerdings nicht explizit genannt.

Restaurantetikette

Essen zu gehen ist für Spanier auch im Geschäftsleben eine Quelle des Vergnügens. Die Kollegen gehen häufig gemeinsam zum Mittagessen, wobei die Führungsebenen unter sich bleiben. Die Betriebskantinen kochen für alle Mitarbeiter. Der unmittelbare Vorgesetzte wird aber eher auswärts essen gehen. Auch das Abendessen ist im spanischen Geschäftsleben sehr beliebt. Dabei werden geschäftliche Beziehungen gepflegt, und man möchte gegenseitig Vertrauen schaffen. Über den ganzen Abend hinweg wird keinesfalls über das Geschäft geredet. Frühestens nach dem Kaffee kann der Gastgeber das Thema der Zusammenkunft ansprechen. Weniger die Interessensgleichheit ist wichtig, sondern eine gleichgelagerte Gefühlsgemeinschaft wird ausgetestet. Spanier allgemein sind sehr großzügige Gastgeber.

Das *Frühstück in Spanien* ist spartanisch. Es besteht nur aus einem Kaffee mit einem Toast, einem kleinen Kuchen oder aus *churros,* einem Schmalzgebäck. Umso reichlicher fällt das Mittag- und Abendessen aus. Bei beiden Mahlzeiten sind bis zu vier Gänge üblich. Das *Menu del Dia,* übersetzt Tagesmenü, wird zwischen 13.00 Uhr und 15.30 Uhr eingenommen, das Abendessen zwischen 20.30 Uhr und 23.00 Uhr.

Ein *Arbeitsfrühstück* ist in Spanien nicht bekannt.

In der *spanischen Küche* wird viel mit Olivenöl und Knoblauch gearbeitet. Kleine Appetithäppchen, die so genannten *tapas,* werden zu Bier, Wein und Sherry serviert. Sie beinhalten Salate, Tortillas, Meeresfrüchte, Fisch, Schinken, Käse oder Oliven. Manchmal werden Tapas nach alter Tradition kostenlos zum Getränk gereicht.

Die meisten spanischen Restaurants sind gesetzlich zu einem Tagesmenü verpflichtet, ein *Menu del Dia,* das nur 80 Prozent des Preises kostet, den man bezahlen würde, wenn man jeden Gang separat bestellen würde. Nach diesem Menü muss man manchmal direkt nachfragen.

Als Vorspeisen werden scharfe Paprikawurst, Serrano-Schinken, Krabben, Muscheln, Langusten und Oliven serviert. Als Hauptgericht werden oft *Tortillas* gereicht, das sind Omelettes aus Eiern und Kartoffeln, die es in sehr vielen Varianten von süß bis scharf gibt. Aus Valencia stammt die berühmte Paella, ein Reisgericht mit Fleisch, Fisch, Meeresfrüchten, Bohnen und Erbsen. Spanferkel, Lammbraten, Geflügel und Kaninchenbraten sind typische Gerichte der Spanier.

Sangria ist sehr bekannt für seine Mischung aus Rotwein, Brandy, Mineralwasser, Orangen- und Zitronensaft mit Fruchtstücken und Eiswürfeln. *Horchata* ist ein Erfrischungsgetränk aus Erdmandeln, *chufas,* oder aus echten Mandeln mit Limonade oder Eiswasser. Bier, insbesondere das helle Bier Pilsner Art, ist sehr beliebt und wird in kleinen Gläsern, genannt *cañas,* serviert. Nach dem Essen wird ein *Brandy* bevorzugt, meist aus dem andalusischen Städten *Jerez de la Frontera* oder *El Puerto de Santa María.* Der *Anislikör Chinchón* kommt aus der Nähe von Madrid.

Der weitverbreitetste Trinkspruch heißt *„salud", „auf Ihre Gesundheit".*

Das Trinkgeld in Restaurants beträgt bis zu zehn Prozent.

Beide Hände sollen beim Essen sichtbar auf dem Tisch liegen.

Spaniens größtes Weinanbaugebiet ist La Mancha. Dort werden die billigeren Weine angebaut. Am oberen Ende der Preisskala liegen die ausgezeichneten Rotweine aus *Rioja,* die in Eichenfässern bis zu acht Jahren reifen. *Sherry* ist ebenfalls ein ideales Getränk zu Tapas.

Getrennte Kasse ist in Spanien nicht üblich. Nach dem Mittag- bzw. Abendessen wird geklärt, wer bezahlt. Unter Freunden wird die Gesamtrechnung meistens auf jeden Einzelnen umgelegt.

Gestik und Mimik

Der *Augenkontakt unter Spaniern* ist im Vergleich zu anderen europäischen Ländern deutlich länger. Selbst fremde Frauen und fremde Männer halten direkten Augenkontakt. Weicht man einem Blickkontakt aus, hat man etwas zu verbergen.

Wenn ein Spanier *seinen Daumen am Zeige- und Mittelfinger reibt,* fragt er nach dem Preis des Gegenstands oder beschwert sich über einen überteuerten Preis.

Wenn sich ein Spanier mit der Hand seine Wange tätschelt, während er jemanden anschaut, heißt das soviel wie, „der/diejenige hat vielleicht Nerven!". Dazu hört man oft: *„Que cara!".*

Das Zeichen für *okay aus Daumen und Zeigefinger* sollte man in Spanien unbedingt vermeiden!

Ein *Kuss auf die Innenseite der Fingerkuppen* heißt „Das ist gut, das ist klasse!".

Wenn sich die Geschäftspartner schon gut kennen, dann umarmt man sich in Spanien bei der Verabschiedung und klopft sich leicht auf den Rücken.

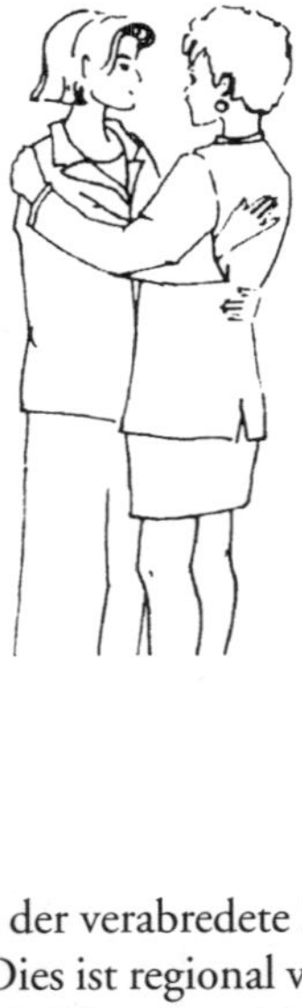

Pünktlichkeit

Spanische Pünktlichkeit heißt der verabredete Zeitpunkt zuzüglich einer halben bis einer ganzen Stunde. Dies ist regional verschieden. Bei der Pünktlichkeit existiert ein Nord-Süd-Gefälle. Der Nordspanier ist im Zweifelsfall pünktlicher als der Andalusier. Als Ausländer sollte man trotzdem sehr pünktlich erscheinen. Es wäre möglich, dass spanische Kollegen oder Geschäftspartner aus Höflichkeit ausnahmsweise genau zur vereinbarten Zeit erscheinen. Sobald Spanier mit Deutschen Geschäfte machen, bemühen sie sich sehr, pünktlich zu sein.

Das Geschäftsleben beginnt morgens nicht vor 9.30 Uhr und endet dafür erst zwischen 20.00 Uhr und 22.00 Uhr am Abend. Hierbei muss man aber zwischen ländlichen Gegenden und den Metropolen wie *Madrid* und *Barcelona* unterscheiden, wo die europäischen Spielregeln gelten. Bürozeiten beginnen hier oftmals bereits um 8.00 Uhr. Die Mittagspause dauert manchmal bis zu zwei Stunden von 13.30 Uhr bis 15.30 Uhr. Sie liegt in der heißesten Zeit des Tages. Während dieser Zeit sind fast alle Geschäfte geschlossen.

Es wäre ein absoluter Fauxpas, jemanden privat in der Zeit zwischen 13.30 Uhr und 15.30 Uhr mit einem Telefonat zu stören.

Große Unternehmen arbeiten jedoch immer mehr mit flexibleren Arbeitszeiten. Auch hier spürt man eine starke Anpassung an die europäischen Verhältnisse. Viele Unternehmen haben in den heißen Sommermonaten verkürzte Arbeitszeiten, in der Regel von 8.00 Uhr bis 15.00 Uhr.

Die Besprechungen können durchaus bis 21.00 Uhr abends andauern. Demzufolge wird auch sehr spät, in den großen Städten und in der Hauptstadt erst gegen 22.00 Uhr, zu Abend gegessen. Zu Abendeinladungen, die erst gegen 22.00 Uhr beginnen, sollte man ein paar Minuten, aber maximal fünfzehn Minuten, später kommen.

Politik und Religion

Spanien ist eine *parlamentarische Monarchie,* die sich zu den Grundsätzen eines demokratischen und sozialen Rechtstaates bekennt. Der König als Oberhaupt wacht als Schiedsrichter und Lenker über den Ablauf der Regierungsgeschäfte. Er repräsentiert Spanien und ist Oberbefehlshaber der Streitkräfte.

Die Volksvertretung sind die *Cortes Generales,* die aus dem Abgeordnetenhaus und dem Senat bestehen.

Die traditionellen religiösen Sitten und Gebräuche werden in Spanien von der Bevölkerung gelebt und sind im Leben eines Spaniers fest verankert. Bitte niemals negative Äußerungen über die Kirche und die kirchliche Tradition abgeben!

Die römisch-katholische Kirche spielt in Spanien eine bedeutende Rolle. 96 Prozent der Bevölkerung sind Katholiken. Es gibt außerdem Protestanten, Moslems und Juden.

Business-Outfit

Herren

Die Männerwelt ist in Spanien allgemein sehr elegant gekleidet. Der Businessanzug ist meist dunkel. Sehr beliebt sind die obligatorischen weißen

Oberhemden dazu, das spanische Markenzeichen überhaupt. Spanier sind im Durchschnitt modebewusster als die Deutschen.

In den Geschäftsräumen, bei Besprechungen und in den Restaurants wird das Jackett üblicherweise recht schnell ausgezogen und lässig über die Stuhllehne gehängt. Die Krawatte wird gelockert. Auch in Anwesenheit von hochrangigen Managern oder fremden Personen nehmen die Umgangsformen damit einen entspannten informellen Charakter an. Als Ausländer sollte man sich umschauen, wie die spanischen Kollegen sich verhalten.

Damen

Die spanischen Geschäftsfrauen bevorzugen ebenfalls dunkle Kostüme oder Hosenanzüge. Helle Farben bleiben am besten den Accessoires vorbehalten, als Ausgleich zur kultivierten dunklen Garderobe.

Madrid gilt weltweit als Modezentrum für Damen und Herren.

Gesetzliche Feiertage

1. Januar	*Año Nuevo*
6. Januar	*Reyes Magos,* Dreikönigstag
19. März	*San José,* Josefstag
1. Mai	*Día del Trabajo,* Tag der Arbeit
15. August	*Asuncion,* Mariä Himmelfahrt
1. November	*Todos los Santos,* Allerheiligen
6. Dezember	*Día de la Constitucio,* Verfassungstag, Nationalfeiertag
8. Dezember	*Inmaculada Concepcion,* Mariä Empfängnis
25. Dezember	*Navidad,* Weihnachten

Grundvokabular

¡Buenos días!	Guten Morgen!
¡Buenas tardes!	Guten Tag/Guten Abend!
¿Qué tal?	Wie geht's?
Muy bien, gracias.	Danke, gut.
Me llamo ...	Ich heiße ...
¡Adiós!	Auf Wiedersehen/Tschüss!
¿Cómo?	Wie bitte?
No entiendo.	Ich verstehe nicht.
Gracias.	Danke.
Sí	Ja
No	Nein
Perdone.	Entschuldigen Sie.
No importa.	Das macht nichts.
¿Cuánto cuesta?	Wie viel kostet das?
Por favor.	Bitte.
¿Como esta usted?	Wie geht es Ihnen?
Da nada!	Keine Ursache!
Ingeniero(a)	Ingenieur(in)
Doctor	Doktor
Gerente	Geschäftsführer

Inhalt

Schweiz – Understatement und Präzision

In der Schweiz, einer Konföderation von 26 Kantonen, polarisieren sich vier Gesellschaften. Jede hat ihre eigene Sprache, hat ihre eigenen kulturellen Ursprünge. Die Kantone teilen sich auf in die deutschsprachige Nord- und Zentralschweiz, in die französischsprachige Westschweiz und die italienischsprachige Südschweiz. Die Mehrheit der Bevölkerung wird von der deutschen Kultur und der deutschen Sprache beeinflusst. An nächster Stelle steht das Französische, an dritter das Italienische im südlichen Tessin. Und an vierter Stelle steht eine kleine einheimische Kultur in der Mitte der Ostschweiz – das Romanische. In jeder Region spricht man einen Dialekt der entsprechenden Muttersprache, der für Deutsche, Franzosen und Italiener verständlich ist. Das Schweizerdeutsch, genannt *Schwyzer-dütsch,* ist ein stark ausgeprägter Dialekt, der manchmal für einen Deutschen nur schwer zu verstehen ist.

Die Topographie der Schweiz erklärt die Schweizer Verhaltensweisen und den Schweizer Charakter. Als es noch keine Laptops und kein Internet gab, haben die gewaltigen alpinen Bergketten Kontakte unter den Bewohnern erschwert oder gar verhindert. Manchen Ausländern erscheinen daher die Schweizer heute noch als standhaft gegen äußere Einflüsse und manchmal auch nicht leicht zugänglich. Die Berge schützten die Schweizer auch nach außen in den Kriegen mit Hannibal und mit Napoléon. Nach diesen Kriegen erklärte sich die Schweiz für neutral und sicherte sich eine Freiheit, in der sich die schweizerischen Charaktereigenschaften entfalten konnten. Der Wiener Kongress 1814/1815 erkannte die Bedeutung der Neutralität des Alpenstaates in Europa an. *Schokolade, Finanzen und die pünktlichsten Uhren der Welt,* Produkte, die wir automatisch mit der Schweiz in Verbindung bringen. Produkte und Dienstleistungen von *höchster Qualität und Präzision* – eben eine schweizerische Leistung. Aber kein Land für Schnäppchenjäger!

Die zeitgemäßen Umgangsformen in der Schweiz entsprechen im Wesentlichen dem kulturellen Verhalten in der Bundesrepublik Deutschland. Es werden nachfolgend die schweizerischen Besonderheiten erläutert und diejenigen Verhaltensregeln, die in der Schweiz eine größere Bedeutung einnehmen als in Deutschland.

Vorstellen und Bekanntmachen

In der Schweiz ist es üblich, sich der ranghöchsten Person vorzustellen. Es ist im Gegensatz zu Italien, Frankreich und Großbritannien nicht notwendig abzuwarten, bis man von Dritten vorgestellt wird. Stellt man sich selbst vor, dann werden wie in Deutschland auch alle Titel weggelassen.

Stellen sich Paare gesellschaftlich vor, dann wendet sich eine Dame an die Dame, parallel dazu der Herr an den Herrn, und zum Abschluss gibt jeweils eine Dame dem Herrn die Hand und stellt sich vor.

Im schweizerischen Vorstellungsprozedere selbst sind Floskeln wie *„Freut mich“* und *„Schön Sie kennen zu lernen“* besonders wichtig. Dagegen empfindet man in Deutschland und in Italien diese Begleitworte eher als zu standardisiert und unpersönlich. *„Non si dice piacere! Sagen Sie niemals angenehm!“*

Stellt ein Dritter zwei Personen untereinander vor, dann wird die gesellschaftlich oder beruflich niedrigere Person der höheren vorgestellt. Das heißt, der Prokurist dem Direktor, der Jüngere dem Älteren und der Herr der Dame.

Eine Besonderheit gilt ebenfalls für die Schweiz: Ein Bundespolitiker wird einer Sekretärin vorgestellt und nicht umgekehrt. In Deutschland geht man bei der geschäftlichen Vorstellung eher rangorientiert vor. Werden Frauen untereinander bekannt gemacht, dann entscheidet das Alter, das heißt, die Jüngere wird der Älteren vorgestellt.

Wie werden zwei Gleichgestellte bekannt gemacht?

Am besten mit den Händen auf beide Personen zeigen und mit den Worten *„Darf ich Sie miteinander bekannt machen, das ist Herr Weiß, das ist Herr Schwarz“* vorstellen.

Was tun, wenn man die Namen beim Bekanntmachen vergessen hat?

Ein Trick führt die Unbekannten zusammen. Als Dritter ermuntert man die Beteiligten zum gegenseitigen Vorstellen mit dem Satz: *„Meine Damen und meine Herren, machen Sie sich doch bitte untereinander bekannt!“* Die Kollegen riechen den Braten schon und beginnen von selbst, ihren Namen zu nennen oder sie sind zu dickhäutig und reagieren nicht. Warum dann nicht einfach zugeben, dass die Namen gerade entfallen sind? Das ist doch ein äußerst menschlicher Zug!

Grüßen und Begrüßen

Gegrüßt wird mit *grüezi, bonjour, buon di* oder *buon giorno,* wenn man sich zwischen Basel, Bodensee, Genf *Guten Tag* wünscht. Deutsch, Französisch,

Rätoromanisch und Italienisch. Wie in Deutschland grüßt der Rangniedrigere den Ranghöheren. Besonderen Wert legt man im gesellschaftlichen Leben darauf, dass auf jeden Fall der Herr die Dame grüßt. Betritt man als Gast einen Raum, wird im Geschäftsleben erst die ranghöchste Person und dann alle anderen Anwesenden, unabhängig von Hierarchien, begrüßt. Die Reihenfolge der Begrüßung wird in diesem Fall nur von der lokalen Nähe bestimmt. Bitte keinen Gruß aussprechen, wenn sich Partner bereits in einem Gespräch unterhalten. Hier genügt ein einfaches Handzeichen.

In der Schweiz ist es sehr beliebt, den Namen bei der Begrüßung und bei einer Verabschiedung zu nennen. Im laufenden Gespräch aber den Namen und den Titel nicht zu oft wiederholen, das wirkt unter Schweizern unterwürfig.

Viele Vornamen sind Doppelnamen, besonders die französischen. Wie im Deutschen bitte den gesamten Namen verwenden und nicht die Hälfte des Namens weglassen. Beispiel: Anna-Luisa Imseng. Diese Frau wird, wenn man sich auf den Vornamen geeinigt hat, mit Anna-Luisa angesprochen und nicht mit der Hälfte des Vornamens. In der deutschen Schweiz werden die Personen mit *Herr* und *Frau,* aber niemals mit *Fräulein* angeredet. Das gleiche gilt für die französische und italienische Schweiz.

Handschlag

Zum Händegeben steht man in der Schweiz, wie in Deutschland, sowohl als Mann als auch als Frau im Geschäftsleben auf. Gesellschaftlich darf die Dame sitzen bleiben.

Der Handkuss, der in Österreich in den gesellschaftlichen und beruflichen Kreisen als elitär und wertschätzend gilt, erscheint den Schweizern antiquiert.

Anreden und Titel

In der Schweiz sollte *ein zu häufiger Titelgebrauch absolut vermieden werden.* Die Titel werden nur bei formellen Anlässen wie Begrüßungen und Verabschiedungen genannt. Im informelleren Geschäftsgespräch selbst wird der Partner nur mit seinem Namen ohne Titel angeredet. Bestenfalls zur Begrüßung und beim Vorstellen die Titel nennen. Während des Gesprächs auf den Titel verzichten.

Meine Empfehlung: Bei Personen, die besonderen Wert auf ihren Titel legen, entgegen der Regel den Titel, auch während eines Gesprächs, nennen. In Deutschland dagegen muss der Titel immer erwähnt werden.

Ehefrauen sollten im Gespräch über ihren Ehegatten niemals dessen Titel gebrauchen. Den Gatten also nicht als Notar oder Stadtrat vorstellen, sondern als Ehemann. Wie auch in Deutschland, empfinden es Frauen in der Schweiz als eine Herabwürdigung, wenn sie den Titel ihres Ehemannes erhalten.

Titel wie *Magister* und *Ingenieur* finden nur in der Anschrift Verwendung. Mündlich werden diese niemals ausgesprochen. *Magister, Ingenieure, Architekten, Assistenten* und *Lehrbeauftragte* mit *„Herr“* und *„Frau“* und deren Nachnamen anreden.

Titel werden bestenfalls auf Einladungen oder Tischkarten geschrieben.

Vorname und „Sie“

„Sie“ und *„Margarete“*, eine Anredeform, die modern zu sein scheint. Diese Form ist im Geschäfts- und Privatleben völlig verpönt, da diese eine eindeutige Über- und Unterordnung demonstriert und aus der Zeit der Dienstboten stammt.

Grundsätze der Anreden in der Schweiz

- *Politik, Rechtsprechung, Diplomatie, Militär, obere Stufen der Verwaltung sowie Kirchen und Adel:* Titel verwenden.

  Beispiel: Herr Pfarrer oder Frau Pfarrerin für eine Geistliche. Die Ehefrau des Pfarrers wird dagegen mit ihrem Namen oder mit Frau Pfarrer anredet.
- *Wissenschaft:* Bei Rektor, Professor und Pfarrer den Titel verwenden: *Herr Rektor, Herr Professor, Herr Doktor.* Titel selten oder nicht gebrauchen bei: *Dekan, Privatdozent, Magister, Ingenieur, Lizenziat und Assistent.* Einen Dekan mit *„Herr Professor“* ansprechen, einen Privatdozenten mit *„Herr Doktor“.*
- *Wirtschaft:* Titel gebrauchen bei Aufsichtratsvorsitzenden, Verwaltungsratspräsidenten, Delegierten, Direktionspräsidenten, Generaldirektoren, Direktoren.

  Beispiele: Herr Präsident, Herr Generaldirektor und Herr Direktor. Den Titel nicht anwenden bei COO (Chief Operating Officer), Verwaltungsrat, Aufsichtsrat, Prokurist, Bereichsleiter und Abteilungsleiter. Diese mit *„Herr“* und *„Frau“* plus Nachnamen anreden. Der stellvertretende Direktor und der Vizedirektor werden mit *„Herr Direktor“* angeredet.
- *Vereine:* Titel verwenden bei Präsidenten. Nicht anwenden bei Kassierern und Beisitzern.

- *Titelträger im Amt:* Herr Bundesminister, Herr Professor, Frau Präsidentin.
- *Titelträger außer Amt:* In der mündlichen Anrede spricht man diese Personen so an, als wären sie noch im Amt. Im Briefverkehr werden diese Titelträger außer Amt in Deutschland mit *„a. D."* angeschrieben, in der Schweiz dagegen nur mit dem Buchstaben *„a"*.

  Beispiel: Frau Weiß, Stadträtin a. In der schriftlichen Anrede entfällt diese Abkürzung „a".
- Den Restaurantkellner/die Restaurantkellnerin mit *„Herr Ober"* bzw. *„Frau Ober"* oder mit dem Namen anreden.

Besondere Regeln der Anreden im Geschäftsleben

Ist ein Schweizer *Nationalrat* und *Doktor,* dann wird er mit *Herr Nationalrat* angesprochen. Ein *Vizedirektor* sollte mit *„Herr Direktor"* betitelt werden. Ein *Generaldirektor* wird mit „Herr Direktor" angesprochen, aber als Generaldirektor vorgestellt. Rangniedrigere sprechen ihn mit *„Herr Generaldirektor"* an. Zwei Bankdirektoren würden sich niemals mit „Herr Direktor" titulieren, da sie gleichrangig sind.

Besondere Regeln der Anreden beim Adel

In der alemannischen Schweiz wird der Adel im Gegensatz zu den deutschen Reglements mit „Herr" und „Frau" vor der Adelsbezeichnung angesprochen.

Beispiele: Graf/Gräfin und Freiherr/Freifrau

Mündliche Anrede	Anschrift
Herr Graf/Frau Gräfin	Frau Sybille, Gräfin von Rothenberg
Herr Baron/Frau Baronin	Herr Eugen, Baron von Sauerstein

In der *französischen Schweiz* lässt man wie im englischen Sprachgebiet *„Herr"* und *„Frau"* vor dem Adelstitel immer weg.

Beispiel:

Titel	richtig	falsch
Baron	Bonjour, baron	Monsieur le baron
Doktor	Bonjour, docteur	Monsieur le docteur

Werden Dritte vorgestellt, dann muss immer der höchste Titel genannt werden.

Anreden im Schriftverkehr

In Geschäftsbriefen sind in der Anrede die akademischen und beruflichen Titel der Adressaten sehr wichtig.

Beispiel: „*Sehr geehrter Herr Notar*" oder
„*Sehr geehrte Frau Landrätin*".

Visitenkarten

Auf Visitenkarten werden nicht immer die Titel vermerkt. Wenn überhaupt, werden sie nur nachgestellt unter den Namen geschrieben. Sich den Titel zu merken und zu nennen, ist in der Schweiz von nachgeordneter Bedeutung. Wichtig dagegen ist der Name des Geschäftspartners.

Smalltalk und Konversation

Niemals über das *Schweizer Militär* und die *Neutralität* der Schweiz oder über die beiden Weltkriege sprechen.

Der Smalltalk wird in der Schweiz nicht groß ausgebaut. Man kommt relativ schnell zur Sache. Probleme werden sofort ausdiskutiert.

Besondere Themen, über die man in der Schweiz gerne spricht: die schneebedeckten Berge (über 4000 Meter), südländische Palmengärten, Alphornbläser, Jodeln, Fasnacht, Ziehharmonika, Musikfestwochen, Glacier Express, zahlreiche Bau- und Kunstdenkmäler aus Romanik, Gotik und Barock. Große Teile der Schweizer Alpen sind Unesco-Weltnaturerbe.

Folgende Einleitungssätze schaffen in der Schweiz Kontakt:

„Sind Sie gut gereist?"

„Haben Sie gut zu uns gefunden?"

„Haben Sie hinter dem Haus parken können?"

„Ich freue mich auf den Abend bei Ihnen!"

„Wir fühlen uns durch Ihre Anwesenheit geehrt!"

„Es ist für mich eine Ehre, an Ihrem Geschäftsjubiläum dabei sein zu dürfen!"

„Gefällt Ihnen unsere Dekoration?"

„Was für ein herrlicher Tag heute!"

„Ich denke mit Freude an Ihre Betriebsfeier zurück!"

„Darf ich Sie mit Herrn Gemeinderat Herbert bekannt machen?"

Was heißt „CH"?

Die offizielle Bezeichnung der Schweizerischen Eidgenossenschaft lautet *Confoederatio Helvetica*. Die beiden Anfangsbuchstaben „CH" finden sich als Nationalitätskennzeichen an den schweizerischen Kraftfahrzeugen.

Was ist eine Alpfahrt?

Die Schweizer bezeichnen damit den alljährlichen Almauf- und -abtrieb, der besonders prachtvoll im Appenzellerland begangen wird. Im gesamten Land sind während der Alpfahrt 300.000 Tiere unterwegs.

Berühmte Persönlichkeiten:

Johannes Calvin (1509–1564), Reformator. Seine Glaubenslehre war stark angelehnt an die Luthersche Glaubenslehre, die sich am Bibelwort orientierte.

Friedrich Dürrenmatt (1921–1990), Erzähler und Dramatiker. Zu seinen weltberühmten Werken zählen „Der Richter und sein Henker", „Der Besuch der alten Dame" und „Die Physiker".

Paul Klee (1879–1940), Maler, Zeichner und Grafiker. Er setzte sich mit dem Jugendstil, dem Expressionismus und dem Surrealismus auseinander.

Henri Nestlé (1814–1890), Industrieller. Hersteller von Kondensmilch, Kindermilchpulver, diätetischen Nahrungsmitteln.

Max Frisch (1911–1991), Schriftsteller. Er hat u. a. „Biedermann und die Brandstifter", „Andorra" und „Homo Faber" geschrieben.

Tipps für das Business

Das Qualitätsdenken und der Perfektionismus in der Arbeit sind unter den Mitarbeitern stark verankert. Das Markenbewusstsein ist größer als in Deutschland.

Ist ein Unternehmen schon sehr alt, sollte das Gründungsdatum auf der Visitenkarte festgehalten werden. Schweizer sind häufig von alteingesessenen Firmen beeindruckt.

Es wird von Schweizern sehr geschätzt, wenn man ihnen zugesteht, sich in ihrem *kantonalen Idiom*, dem *Schwyzerdütsch*, auszudrücken.

Die Telefonzeiten in der Schweiz unterscheiden sich maßgeblich von denen in Deutschland. Niemals einen Schweizer Kollegen oder Geschäftspartner während der Essenszeiten, vor 8.00 Uhr morgens oder nach 21.00 Uhr abends, anrufen. In Deutschland ist es erlaubt, bis 13.00 Uhr inklusive Lunchtime anzurufen.

Nach einer geschäftlichen oder privaten Einladung sollte man als Gastgeber den Gast bis zur Türe begleiten. Der Gast verabschiedet sich und sollte die Türe selbst öffnen, damit er nicht den Eindruck gewinnt, dass er hinausbugsiert wurde. Hat der Gast die Türe offen stehen lassen, bitte nicht die Türe sofort hinter ihm schließen.

Geschäfts- und Privattermine sollten nicht auf die Mittagszeit gelegt werden. In den Firmen sind Angestellte gleichberechtigte Mitarbeiter. Die Führungshierarchien sind eher flach. Es gibt keine Titel, sondern funktionelle Bezeichnungen. *Beispiele:* Arbeitsdirektor, Prokurist.

Wie fühlt man sich in Schweizer ein?

Pünktlichkeit, Einhalten von Regeln und Gesetzen, Korrektheit, Sicherheit, Perfektionismus, Zuverlässigkeit, Sparsamkeit, Verschwiegenheit, Solidität sind Attribute, mit denen man die Sympathie eines Schweizers gewinnt.

Understatement ist eine nationale Tugend. Reichtum ostentativ zur Schau zu stellen kommt in der Schweiz sehr schlecht an. Auch Generaldirektoren fahren mit dem Bus zur Arbeit.

Ein deutliches „Ja" oder „Nein" wird sehr geschätzt. Erledigungen im Geschäftsleben sollten Zug um Zug vorgenommen werden. Verzögerungen sind unhöflich.

Die Schweizer lieben die Großzügigkeit bei Gastgeschenken, beispielsweise teure kostspielige Blumenarrangements.

Welche besonderen Stärken haben Schweizer?

Schweizer besitzen eine besondere Begabung, die Zeit präzise koordinieren zu können. Ereignisse werden besser vorausgeplant als bei anderen Europäern. Eine perfekte Organisation und Strategieplanung bestimmt das Business. Improvisationen und Ad-hoc-Handlungen gehören im Allgemeinen nicht zu den hervorragenden Stärken der Schweizer.

Schweizer sind im Gespräch äußerst höflich, korrekt, pragmatisch und fördern damit bei Südeuropäern den Eindruck einer distanzierten Redeweise. Man achtet sehr stark darauf, den Geschäftspartner nicht zu verletzen und übt sich in bescheidener Zurückhaltung. Schweizer erzählen keine langen Geschichten. Sie hören aufmerksam zu und vergessen fast nichts.

Restaurantetikette

In der deutschsprachigen Schweiz ist *„Prost"* oder *„Zum Wohl"* ein gängiger Trinkspruch, in der französischen Schweiz *„à votre santé"* und in der italienischsprachigen Schweiz *„salute"*. Sobald die Gäste am Tisch sitzen, dürfen diese ohne Aufforderung des Gastgebers Wasser trinken.

Beim *Antrinken des Weins* wird in der Schweiz fast immer mit den Gläsern angestoßen. Wichtig ist dabei, dass die Gläser aus hygienischen Gründen an der Glasmitte kontaktieren und nicht am Mundstück, das heißt am oberen Glasrand. In Deutschland lässt man dagegen nur bei familiären Anlässen oder unter guten Geschäftsfreunden die Gläser klingen. Stattdessen werden die Gläser nur angehoben, und man beginnt zu trinken. Diese Art des Antrinkens interpretiert man in der Schweiz als distanzierend und sehr kühl.

Trinkzeremonien werden auch mit alkoholfreien Getränken gepflegt.

Trockenfleisch, wie beispielsweise das *Bündner Fleisch,* darf mit der Hand gegessen werden, wenn es in dünnen Scheiben serviert wird. Das frische Rindfleisch wird mit einer aromatisierten Lake abgerieben, dann 15 Wochen an der Luft getrocknet und zusammengepresst. Der Genuss wird ohne Form von der Hand in den Mund zelebriert.

Das *Rauchen während des Essens ist nicht erlaubt.* Nach dem Mahl nur mit dem Einverständnis aller Gäste. Mittlerweile ist das Rauchen in manchen Kantonen nur noch in abgetrennten „Fumoirs" erlaubt.

Zur Erfrischung der Hände oder des Gesichts werden vor oder nach dem Essen in sehr guten Restaurants *feuchte Servietten* gereicht. Nach der Benutzung werden diese Servietten auf das bereitgelegte Tablett abgelegt.

In der Schweiz gilt es als nicht vornehm, mit dem Brot in der Hand die Sauce aufzutunken. Besser ist es, ein oder *zwei kleinere Brotstücke* in die Sauce zu geben und diese mit der Gabel wieder herauszuholen.

Meistens ist das *Trinkgeld* in der Rechnung inbegriffen. Es wird kein gesondertes Trinkgeld erwartet. Für eine ganz besondere Anerkennung der Bedienung kann Trinkgeld in jeder Höhe gegeben werden. Es gibt keinen Mindestbetrag. In Deutschland sind dagegen zehn Prozent üblich.

Tischordnung

Bei formellen Anlässen lässt man die Paare zusammensitzen. In allen anderen Fällen kann man die Paare auseinander setzen. Der männliche Ehrengast wird dabei rechts von der Gastgeberin platziert und der weibliche Ehrengast rechts vom männlichen Gastgeber.

Schweizer Spezialitäten:

In der ganzen Schweiz liebt man das *Käse-Fondueessen.* Es besteht aus geschmolzenem Käse mit Weißwein und Kirschwasser. Auf eine Fonduegabel spießt man einen kleinen Brotwürfel und taucht diesen in eine blubbernde, fast flüssige Käsemischung. Wird der Spieß zurückgezogen, sollte er gedreht werden, damit sich der Käse beim Herausholen um den Brotwürfel wickelt. Fällt dabei das Brotstück zurück in den Fonduetopf, ist nach alter schweizer Tradition derjenige verpflichtet, die nächste Weinflasche zu bezahlen.

Raclette ist eine Käsemahlzeit, bei der man den Käse auf kleine Raclettepfännchen mit Gemüse oder Fleisch legt. Auf dem Raclettegrill werden die kleinen Käsepfännchen geschmolzen.

Eine besondere Spezialität ist die *St. Gallener Bratwurst.* Sie wird als die Königin der Würste bezeichnet und wird entweder natur oder mit sautierten Zwiebeln auf einem kleinen Brötchen, *„Buurli"*, gegessen. Diese Weißwurst niemals mit Senf verspeisen.

Pünktlichkeit

Bei geschäftlichen und gesellschaftlichen Ereignissen sollte man dem deutschen monochronischen Code folgen und äußerst pünktlich erscheinen. Pünktlichkeit ist die Höflichkeit der Könige. Unhöflich ist es allerdings, auch bei Privateinladungen zu früh zu kommen. Meetings werden im Voraus geplant. *Es empfiehlt sich, fünf Minuten früher vor Ort einzutreffen.*

Politik und Religion

Die Kantone sind voneinander politisch unabhängig. Die Schweiz ist ein parlamentarisch- demokratischer Bundesstaat. Die Schweizer Bundesregierung besteht aus einem Parlament mit zwei Kammern, einem Präsidenten und einer Bundesgerichtsbarkeit.

Die Schweiz ist in der Mehrheit (46 Prozent) römisch-katholisch. Vierzig Prozent der Bevölkerung bekennen sich zum Protestantismus, der durch *Zwingli* und *Calvin* besondere Ausformungen erlangt hat. Daneben gibt es noch Juden und Muslime.

Die Eidgenossen können in ihrer Demokratie über Volksentscheide direkt Einfluss auf die Politik nehmen, ein gelebtes Prinzip der *direkten Demokratie.* Allerdings haben die Schweizer die Rechtsgleichheit von Männern und Frauen erst 1990 per Gerichtsentscheid herbeigeführt. Das Land gleicht einer veritablen Alpenfestung. Jeder Eidgenosse hat sein Gewehr und seine Munition. Die Schweiz ist neben dem Vatikan das einzige völkerrechtlich anerkannte Land, das nicht Mitglied der UNO ist, und den Beitritt zur EU und zur NATO ablehnt. Trotzdem sind viele UN-Organisationen in Genf angesiedelt.

Zur eigenen Verteidigung hat die Schweiz ein Milizheer mit allgemeiner Wehrpflicht. Die Schweizer Armee ist eine der größten in Westeuropa.

Business-Outfit

In der Schweiz favorisiert man dunkle Anzüge und dunkle Kostüme. Schulterfreie Kleidung, ein zu tiefer Ausschnitt und strumpffreie Beine bei den Damen sind im Business nicht gerne gesehen und werden in den Führungsetagen nicht akzeptiert.

Besondere Feiertage

Die Feiertage sind in der Schweiz von Kanton zu Kanton unterschiedlich.

2. Januar	Heiliger Berchtold Feiertag
1. August	Bundesfeiertag

Inhalt

Polen – Tradition und Galanterie

Die Tradition wird in der Bevölkerung täglich und mit Inbrunst aufrechterhalten. Polen ist vom Katholizismus geprägt. Die gesellschaftlichen und beruflichen Rangfolgen, die Verwendung von Titeln, das höfische Verhalten Damen gegenüber, der Handkuss und die Verbeugung bei der Begrüßung zeugen von der Galanterie Polens.

Der Adel als Vorbild hat in der polnischen Vergangenheit eine ritterliche und romantische Lebensart begründet. Bevor der polnische Adel vor dem kommunistischen Regime emigrierte, orientierte man sich sehr an den Gepflogenheiten von französischen und englischen Adelshäusern. Die Gleichmacherei und der Vereinheitlichungsgedanke der kommunistischen Regierung konnte sich, was die Verhaltensnormen anbetrifft, nicht durchsetzen. *Charmantes Verhalten und Ehrgedanken sind heute noch sehr lebendige Begriffe, die nach wie vor im Blut eines Polen liegen.*

Nach außen wirken Polen hart und unerbittlich, nach innen sind sie aber bodenständig und stark an familiäre Werte gebunden. Nicht nur in der Familie zählen *Herzlichkeit* und *Mitgefühl,* sondern auch im Geschäftskontakt gegenüber loyalen Ausländern und Fremden. Die Familienmitglieder eines Clans unterstützen sich gegenseitig und verhelfen sich in bessere Positionen. Die Polen gelten bei ihren sozialen und geschäftlichen Interaktionen als stolz, eigensinnig, anpassungsfähig und kompromissbereit.

Mit Österreich besteht eine identische Lebensweise. Der Handkuss ist immer noch aktuell und Ausdruck einer besonderen Galanterie. Polen sind sehr gebildet und erweisen sich als sehr geschichtskundig. Sie sind sehr höflich und kontaktfreudig. Die ältere Generation versteht sehr gut Deutsch.

Vorstellen

Der Mann wird einer Frau vorgestellt und dann erst umgekehrt. Der Jüngere wird dem Älteren vorgestellt. Derjenige, der gerade angekommen ist, wird dem Anwesenden vorgestellt.

Die Präsentation eines neu Angekommenen verläuft folgendermaßen:

Der Gastgeber sagt nach der Begrüßung des Gastes *„Gestatten Sie – Herr Direktor Jankowski"*, *„Pozwólcie Panowie – dyrektor Jankowski."* Daraufhin reicht man sich die Hände, und die Anwesenden nennen nochmals ihren Namen. Die vorgestellte Person wiederholt nicht noch einmal ihren Namen, da dies der Gastgeber bereits getan hat.

Wird man einer Polin vorgestellt, dann sollte man warten, bis die Dame die Hand reicht. Viele polnische Frauen geben nicht die Hand, sondern nicken nur leicht mit dem Kopf, wenn sie einem Mann vorgestellt werden.

Wenn man vorgestellt wird, kann es vorkommen, dass man plötzlich Folgendes hört: *„Przedstawiam Państwu pana Daniela Müllera"* *„Ich stelle Ihnen Herrn Müller vor"*, obwohl die Person Daniel Müller heißt. Bitte staunen Sie dann nicht und protestieren Sie nicht – das ist schon ihr richtiger Name, nur in einem der sieben polnischen Fälle. Namen werden dekliniert, übrigens die Ehefrau von Pan *Nowacki* [„ck" wird immer als „zk" ausgesprochen] heißt Pani *Nowacka,* beide: Państwo *Nowaccy.*

Unterhält man sich mit einer unbekannten Person, so reicht man zum Ende des Gesprächs die Hand und übergibt seine Visitenkarte.

Anreden und Titel

Die regelmäßigen Formen der Anrede sind *„Pan, Pani"* für *Herr* und *Frau.*

„Panna", das heißt *„Fräulein"*, ist altpolnisch und wird nicht mehr angewendet.

Herren werden gewöhnlich mit *„proszę pana"* angesprochen, *„bitte mein Herr"*. Frauen mit *„proszę pani"*.

Bei einem Paar heißt es *„proszę państwa"*. Im Plural heißt es bei Herren *„panowie"*, bei Frauen *„panie"*, bei gemischten Gruppen *„państwo"*.

Sehr höflich ist es, mit dem Wort *„szanowny"*, *„geehrt"*, zu beginnen. Dann lauten die Anredeformen im Singular *„szanowny panie, szanowna pani"*, im Plural *„szanowni panowie, szanowne panie* und *szanowni państwo"*.

Zu beachten: Die Verwendung des französischen *Madame* kommt in Polen häufig vor, während hingegen die Formen von *Monsieur* oder *Mademoiselle* nicht verwendet werden.

Beispiel:

Madame Suchocka oder *Pani Suchocka*

Anreden mit akademischen und beruflichen Titeln

Falls die Worte *Pan* und *Pani* mit Nachnamen allein verwendet werden, wie in *Pan Kowalski* oder *Pan Nowak,* so werden sie doch häufig durch die Hinzufügung eines beruflichen Titels unterstrichen.

Beispiel:

Pan Profesor plus Nachname oder

Pani Doktor plus Nachname

Übliche Form: *„Pan plus Titel plus Nachname"*.

Beispiele:

Pan Prezes Kowalski

Pani Dyrektor Nowacka

Pan Profesor Szaniawski

Bei direkten Kontakten vermeidet man zwar die Titel nicht, aber man geht mit ihnen „sparsam" um. Es genügt, wenn man sie ab und zu erwähnt. In privaten Kontakten schränkt man die Titulierungen noch mehr ein. Ausnahmen gelten einerseits denjenigen Personen, die einen hohen repräsentativen Posten bekleiden, wie beispielsweise ein Minister oder ein Landstagspräsident.

In den gesellschaftlichen Beziehungen wird der Dozent mit dem Titel *Professor* angesprochen.

Die Anrede *Exzellenz* ist für das Staatsoberhaupt, den Ministerpräsidenten, die Minister und die Botschafter reserviert.

Es gibt sogar eine spezielle Anrede von Ehefrauen. Die Ehefrau eines *Pan Doktor plus Nachname* wird auch mit *Pani Doktorowa plus Nachname* angesprochen.

Die Verwendung von *Höflichkeitsregeln* und Formen der Anrede in der polnischen Gesellschaft reicht von unten nach oben. Jeder hat irgendeinen Titel.

Anreden mit „pan/pani plus Vornamen"

„Pan plus Nachname", beispielsweise „Pan Kowalski", findet nur bei einer Vorstellung Anwendung.

Nach der Vorstellung, ob es ein politisches Treffen, eine Vorstandssitzung oder das Abendessen ist, wird man Personen auf folgende Art und Weise ansprechen.

Beispiele:

„Dabei hilft Ihnen Herr Tomek, ... damit beschäftigt sich Herr Jurek .., ... Herr Daniel, sagen Sie ...

Die Polen verwenden in ihren Kontakten, nicht nur in familiären Beziehungen, sondern auch im Geschäftsleben, die Form *„pan plus Vorname"* oder *„pani plus Vorname"*.

Niemals wird der Vorname in Kombination mit dem *„Sie"* ohne *„pan"* oder *„pani"* gebraucht.

Beispiel:

Falsch: *„Tomek, Sie sind dran." „Tomku, teraz Pan."*

Richtig: *„Panie Tomku, Pani Anno."*

Falsch: *Panie Kowalski* oder *Pani Kowalska!* Panie plus Nachname

Richtig: *Proszę pana!* und *Proszę pani!*

Mit Freunden oder Freundschaften hat der Gebrauch von Vornamen wenig zu tun. Wenn man keine Nachnamen anwendet und in einer Gruppe ist, ist das die einzige Möglichkeit sich zu verständigen, *proszę pana* reicht nicht aus, wenn im Kreis einige *panowie* sitzen.

Tipp: Lernen Sie die Vornamen!

Spezielle Anreden im Geschäftsleben

Bei Anredeformen wird die angesprochene Person, das gilt nicht für wissenschaftliche Titel, „befördert", das heißt, ein Staatssekretär wird als Vizeminister angesprochen, ein Vizeminister als Minister, ein Vizepräsident der Stadt als Präsident.

Nach dem polnischen Recht gibt es in einer GmbH, wie bei einer AG, den Vorstand.

Der *Vorstandsvorsitzende* wird immer als *Prezes,* also Präsident, angesprochen.

Beispiel: „Panie Prezesie" ohne Nachname.

Die Vorstandsmitglieder sind meistens gleichzeitig Vize-Vorstandsvorsitzende. Gemäß der „Beförderungsregel" in den Anredeformen werden sie auch als Präsidenten angesprochen.

Beispiel:

„Głos zabierze pan wiceprezes Kozłowski, Panie Prezesie – proszę."

„Das Wort ergreift Vizevorsitzender Kozlowski, bitte sehr Herr Präsident ..."

In Polen ist *Ingenieur* kein wissenschaftlicher, sondern ein technischer Titel.

Anreden im Schriftverkehr

In der Korrespondenz verwendet man Berufstitel und wissenschaftliche Titel, die dem Adressaten entsprechen.

Beispiele:

Panie Radco	Herr Rat
Panie Prezesie	Herr Vorsitzender
Panie Profesorze	Herr Professor

Im Adressfeld und in der schriftlichen Anrede kürzt man Titelbezeichnungen wie Direktor oder Professor nicht ab. Ausnahmen dieser Regel sind: Doktor, Magister und Ingenieur.

Beispiele:

Deutsch:	Herr Direktor Edward Zych
Falsch:	Pan Dyr. Edward Zych
Richtig:	*Pan Dyrektor Edward Zych*
Deutsch:	Herr Professor Jan Nowicki
Falsch:	Pan Prof. Jan Nowicki
Richtig:	*Pan Profesor Jan Nowicki*
Deutsch:	Herr Dr. Stanislaw Lipka
Richtig:	*Pan dr Stanislaw Lipka*
Deutsch:	Herr Ignacy Nowak M.A.
Richtig:	*Pan mgr Ignacy Nowak*

Wissenschaftliche Titel:

Richtig:	Panie Magistrze
Richtig:	Panie Inżynierze
Richtig:	Panie Doktorze

Anschriftenfeld

Pan Ryszard Znamiński	Herr Vorname Nachname
Dyrektor, Polkomtel	Titel, Firmenname
ul. Świętokrzyska 16	ulicia, aleja oder plac, Straße Hausnummer
00-970 Kraków	Postleitzahl Ort

Begrüßung und Händedruck

Der Händedruck ist in der Intensität abhängig vom Bekanntheitsgrad der zu begrüßenden Person. Gibt man in Polen einer noch wenig bekannten Geschäftsperson die Hand, dann wird die Hand nur leicht gedrückt. Kennt man die Person sehr gut und hat ein freundschaftliches Verhältnis, ist der Händedruck viel stärker.

Die Frau gibt als erste die Hand, der Ältere dem Jüngeren, der Vorgesetzte dem Mitarbeiter. Ist die Dame eine Mitarbeiterin vom Vorgesetzten, dann würde sie niemals als erstes die Hand reichen. Prinzipiell gilt die Regel, dass in Abhängigkeit von der Rangstufe die Hände gereicht werden, unabhängig vom Geschlecht!

Personen, die täglich zusammenarbeiten, reichen sich nicht die Hand. Es reichen ein Kopfnicken und die Grußformel „Guten Tag" oder Abschiedsform „Auf Wiedersehen". Im Vergleich zu Deutschland wird in Polen weniger die Hand gegeben.

Wenn man einen Raum betritt, in dem mehrere Personen sitzen, genauer gesagt mehr als sieben, muss man nicht unbedingt jedem die Hand geben, dann reicht auch die allgemeine Begrüßung *„Guten Tag"* aus.

Empfängt man Polen, nimmt man ihnen die Garderobe ab. Herren helfen dabei den Herren und den Damen. Damen nehmen nur den Damen die Garderobe ab. Erst nach diesem Zeremoniell gibt der Gastgeber zur Begrüßung die Hand.

Es wird als Pech betrachtet, wenn man sich über eine Türschwelle die Hand gibt.

Nach alter Tradition und Galanterie wird in Polen der Handkuss noch praktiziert. Aber niemals auf offener Straße oder außer Haus einer Dame die Hand küssen. Ebenfalls nicht bei offiziellen Veranstaltungen und auf Ämtern! Eine Polin erwartet nicht, dass ein Ausländer ihr einen Handkuss gibt.

In Polen ist es Usus, dass Herren bei der Begrüßung ihren Körper leicht verbeugen und Damen mit einem leichten Kopfnicken antworten.

Wer verbeugt sich wann?

Der Jüngere vor dem Älteren.

Der Angestellte vor dem Vorgesetzten.

Der Gehende vor dem Stehenden.

Der Hereingehende vor dem schon Anwesenden.

Smalltalk und Konversation

Die Familie ist die Wurzel des polnischen Lebens. Sie hat eine noch größere Bedeutung als nationale oder religiöse Gefühle. *Das Thema Familie ist ein guter Start in einen geschäftlichen Kontakt.*

Polen schaffen vor der Verhandlung durch einen Smalltalk einen legeren Ansatz und eine angenehme Atmosphäre für eine Geschäftsdiskussion.

Polen niemals Osteuropa zurechnen. Es gehört zu Zentraleuropa bzw. Mittelosteuropa.

Keine abfälligen Bemerkungen über die katholische Kirche machen!

Berühmte Persönlichkeiten:

Nikolaus Kopernikus (1473–1543), Astronom und Mathematiker, *Frédéric Chopin* (1810–1849), Komponist, *Daniel Gabriel Fahrenheit* (1686–1736), Physiker, *Adam Mickiewicz* (1798–1855), Dichter und Patriot. *Papst Johannes Paul II. (Karol Wojtyla)* war 1978–2005 Oberhaupt der römisch-katholischen Kirche.

Der Redestil hat eine breite Skala von pragmatisch bis gefühlsintensiv. Polen reagieren überzogen, wenn sie sich ungerecht behandelt fühlen. Konfrontationen gehen sie dabei nicht aus dem Weg und können sich auch echauffieren. Fühlen sie sich schlecht behandelt, dann zeigen sie auch aggressives Verhalten.

Die polnisch-jüdischen und polnisch-russischen Beziehungen nicht ansprechen.

Besonders hervorzuheben und zu loben sind die künstlerischen Fähigkeiten Polens. Die Nation zeigt Weltleistungen in der Denkmalpflege und Restauration. In Polen wurde sogar ein Lehrstuhl für Denkmalpflege und Restauration in Thorn eingerichtet.

Man sollte absolut vermeiden, einen Polen in russischer Sprache anzusprechen!

Die Weltkriege und die KZ-Stätten wie Auschwitz sind kein Tabuthema. Manchmal fragen Polen nach der Einstellung ihrer Gäste dazu.

Tipps für das Business

Niemals den Gesprächspartner im Redefluss unterbrechen!

Erstkontakte immer bei der Unternehmensspitze ansetzen. Die Organisation in polnischen Firmen ist oft noch hierarchisch angelegt. Danach sollte man durch viele Kontakte eine solide Vertrauensbasis aufbauen.

Verhandeln nach polnischem Muster heißt *negocjować*. Eine feine Tradition, die auf der Herstellung einer Beziehung basiert. Polen tun ihrem Geschäftspartner einen Gefallen, der dann ihrerseits verpflichtet, ihnen zu helfen. Entsprechend dem Konzept des japanischen Gesichtwahrens.

Der *zwischenmenschliche Faktor* ist für das Gelingen von Verhandlungen und Geschäften maßgeblich. Mit einer rein geschäftlichen Haltung erreicht man keinen großen Erfolg.

Nimmt man den Telefonhörer ab, sollte man nicht „Halo" „Hallo" sagen, sondern *„slucham"*, was *„ich höre"* bedeutet.

Der *Ehrenplatz in Polen* ist immer rechts vom Gastgeber bzw. von der Gastgeberin. Der männliche Gast sitzt rechts von der Gastgeberin, der weibliche Gast rechts vom Gastgeber. Diese Vortrittsregeln gelten sowohl im geschäftlichen als auch im gesellschaftlichen Kontakt.

Während Konferenzen befindet sich der *Ehrenplatz* nicht immer rechts vom Gastgeber. In Meetingräumen ist der Ehrenplatz gegenüber der Haupteingangstür. Ist die Tür räumlich allerdings an der Seite, ist der Ehrenplatz gegenüber dem Fenster. Die Gastdelegation nimmt dort den Platz ein. Wenn man nach dem Meeting zu einer halben Tasse schwarzen Kaffee eingeladen ist, nimmt der Gast auf dem Sofa Platz und der Gastgeber auf dem Sessel. Der Gast sitzt wieder rechts vom Gastgeber. Im Restaurant sind die Ehrenplätze an der Wand mit dem Blick ins Lokal.

Visitenkarten werden diskret beim Abschluss eines Gesprächs an den Geschäftspartner übergeben. Niemals am Tisch die Karten austauschen. Gesellschaftlich reicht man einer älteren Person die Visitenkarte nur, wenn sie darum bittet.

An heißen Tagen darf das Jackett durchaus ausgezogen werden, wenn der Mann ein Hemd mit langen Ärmeln und Krawatte trägt. Wenn die Herren ihre Anzugsjacken am Tisch ausziehen wollen, fragen sie immer anwesende Frauen, manchmal auch nur formell, ob sie es gestatten. Ein locker aufgeknöpfter Kragen oder eine unordentlich hängende Krawatte grenzen an Schlamperei.

Frauen, die Direktorenpositionen in Polen einnehmen, praktizieren vollständig die Umgangsformen eines männlichen Gastgebers, wenn sie Besuch empfangen.

In Polen ist es üblich, dass eine Direktorin oder ein Direktor die Sekretärin mit *„Pani Ireno"* *„Frau Irene, Sie ..."* anspricht. Die Sekretärin verwendet dagegen die Anrede *„Frau Direktor, Frau Vorsitzende"* *„Pani Dyrektor, naczelnik, prezes"*.

Frauen, die Direktorinnen sind, möchten erst als Chefin behandelt werden und dann erst als Frau. *Sie vermeidet den Handkuss.* Bei gesellschaftlichen Kontakten wird eine Frau mit Auszeichnung behandelt. Weibliche Führungskräfte verzichten aber in vielen Fällen auf traditionelle Sitten und verhalten sich wie die Männer.

Die Augen sind ein gutes Kontakt- und Verständigungsmittel. Jedoch sollte der Blick in die Augen nicht länger als zwei bis zehn Sekunden anhalten. *Ein längeres aufdringliches Blicken ruft Unruhe hervor.*

Ein *leicht nach vorne gebeugter Körper* des Gesprächspartners bedeutet Interesse am Gespräch.

Die *persönlichen Feste,* wie Namenstage, werden in Polen gefeiert, weniger die Geburtstage.

Die *slawische Raumvorstellung* ist darauf ausgerichtet, enger als in Großbritannien oder Skandinavien zusammenzusitzen. Stimmen Polen einer Aussage zu, dann unterstreichen sie ihre Haltung durch *Körperberührungen.*

Frauen sind zwar offiziell *gleichberechtigt,* inoffiziell wird aber in gesellschaftlichen Situationen erwartet, dass sie sich der Männerwelt unterordnen. Bei Meetings übernehmen sie sehr selten die Führung, obgleich die Herren aufstehen, wenn eine Frau den Raum betritt. Polen ist eine Bastion männlicher Dominanz. Als Professoren, Architekten oder Parlamentsmitglieder nehmen sie hohe Positionen ein. *Polnische Männer sind es nicht gewohnt, einer Frau untergeordnet zu sein.* Als ausländische Geschäftsfrau muss man in Polen darauf gefasst sein, nach einem Geschäftsabschluss nicht zum Wodkatrinken eingeladen zu werden, da Männer nur mit Männern trinken.

Entscheidungen werden in Polen nicht besonders schnell gefasst, da eigene Meinungen jahrzehntelang unter der Herrschaft des Kommunismus unterdrückt wurden. Die Polen sind stark konsensorientiert.

Ratsam ist, die polnischen Geschäftspartner auch einmal nach Hause einzuladen. Wenn Sie der Einladende oder der Eingeladene sind, vergessen Sie nicht folgende Tradition in Polen: Der Gast entscheidet immer, wie lange das Treffen dauert, er ist derjenige, der die Initiative ergreifen muss, um das Treffen oder das Abendessen zu beenden. Ein polnischer Gastgeber würde nie sagen: *„Ich bedanke mich für Ihren Besuch“.* Er sagt bestenfalls: *„Morgen muss ich früh aufstehen“* oder *„Morgen habe ich viel zu tun“.* Meistens ist das ein eindeutiger Hinweis, dass die Zeit gekommen ist, um sich beim Gastgeber zu bedanken und zu verabschieden.

Der Mann öffnet die Tür und lässt *immer* der Frau den Vortritt.

Der *Arbeitstag* beginnt in Polen sehr früh. Er dauert acht Stunden, meistens von 7:00 bis 15:00 Uhr. In privaten Firmen arbeitet man immer häufiger nach westlichen Mustern, also bis 17:00 Uhr.

Die *Business-Kleidung* ist in Polen sehr förmlich, wie in Deutschland. Die Kleidung zeigt eher gedeckte Farben.

Restaurantetikette

Zu Vorspeisen wird gerne Wodka getrunken. Das Glas wird dabei fast ganz gefüllt. *Na zdrowie!*

Ist man mit Gästen zu Tisch, wird nicht über das Geschäft geredet. Es sei denn, der Gast fängt mit geschäftlichen Themen an, oder der Anlass ist ausdrücklich ein Business-Lunch.

Ein *Toast* wird nicht ausgesprochen, solange sich auf dem Tisch heiße Gerichte befinden. Der Toast wird vor den Süßspeisen ausgesprochen.

Die Anregung *„Smacznego"* „Guten Appetit" sollte man nicht aussprechen, da die Gastgeberin sehr bemüht ist, dass das Essen den Gästen schmeckt. *„Smacznego"* findet auch in Restaurants keine Anwendung.

In Polen nimmt man im Restaurant die *Serviette* immer von der linken Seite und legt sie an die rechte Seite ab. Deutsche legen die Serviette links vom Gedeck ab. Sitzen nun ein Pole und ein Deutscher nebeneinander, dann lägen zwei Servietten übereinander.

Auch im Restaurant gilt die Tradition, der Gast bedankt sich für das Essen und beendet das Treffen. Wenn man vom Tisch aufsteht, sagt man *„dziękuję"* *„danke"*.

Pünktlichkeit

Polen sind nicht immer pünktlich. Die Geschäftsabläufe sind nicht in dem Maße auf die Minute terminiert wie in Deutschland. Polen kommen meistens wenige Minuten nach dem anberaumten Termin.

Politik und Religion

Im Jahr 1993 wurde die Verfassung geändert, die Polen von einer sozialistischen Volksrepublik zu einer parlamentarischen Republik machte. 1990 wurde bei den ersten freien Wahlen Lech Walbsa zum Staatsoberhaupt gewählt, ein Präsident mit Exekutivvollmachten. Die Nationalversammlung besteht aus zwei Kammern, dem Sejm mit 460 Mitgliedern und dem Senat mit 100 Mitgliedern.

Polen ist zu 98 Prozent römisch-katholisch. Der polnische Katholizismus wird mit Inbrunst praktiziert, was auf westliche Besucher befremdend wirken mag. Im August wandern Tausende nach Tschenstochau, um die *Schwarze*

Madonna, die Nationalheilige, zu verehren. Polen war im Laufe seiner Geschichte feindlichen Invasionen und auch Massendeportationen ausgesetzt. Die Bevölkerung hat dabei einen eisernen Überlebenswillen entwickelt. Die Polen schöpften im römisch-katholischen Glauben die Kraft für den Widerstand. Griechisch-Katholische, Griechisch-Orthodoxe, Evangelische, Moslems und Juden sind in der Minderheit.

Gesetzliche Feiertage

1. Januar	Neujahr
März, April	Ostern
1. Mai	Arbeitsfeiertag
3. Mai	Tag der Verfassung. Aufpassen: Der Begriff „langes Wochenende“ bezieht sich auf eine ganze Maiwoche, wenn der 1. und 3. Mai sowie der Samstag und Sonntag gut passen, arbeitet man die ganze Woche nicht, die zusätzlichen freie Tage werden später abgearbeitet.
Variabel	Fronleichnam
Variabel	Maria Himmelfahrt
1. November	Allerheiligen
11. November	Unabhängigkeitstag
25. Dezember	Weihnachten
26. Dezember	Weihnachten

Grundvokabular

Dzień dobry!	Guten Tag! Guten Morgen!
Pan	Herr
Pani	Frau
Do widzenia!	Auf Wiedersehen!
Tak/Nie	Ja/Nein
Przepraszam Pana!	Entschuldigen Sie!
Proszę!	Bitte!
Dziękuję!	Danke!

Inhalt

Tschechische Republik – slawisch oder germanisch?

Tschechen sind ethnisch eher Slawen zuzuordnen, während die tschechische Geschichte eher mit der deutschen und österreichischen verwoben ist. Die Habsburger haben Tschechien von der späten Renaissance über den Barock bis ins 20. Jahrhundert regiert. Ein sehr geschätzter tschechischer Intellektueller des 20. Jahrhundert, Josef Pekař, schrieb: *„Die kulturelle Entwicklung im tschechischen Land war eine kosmopolitische, europäische Anstrengung."*

Pohoda, was so viel heißt wie das behagliche Leben, ist ein vielsagendes Wort für Familie, Wohlbefinden, Leichtigkeit, Wertschätzung und für die einfachen Dinge des Lebens.

Die Tschechen sind im Allgemeinen gut erzogen und besitzen einen Sinn für Kultur. Bescheidenheit und Takt bestimmen ihr Verhalten. Die *Begrüßung ist Ausdruck der Ehre.* Die althergebrachte Förmlichkeit und Ritterlichkeit wird von den Tschechen heute noch praktiziert, allerdings mit Abstrichen und nicht so konsequent wie die Polen. Aufgrund der gemeinsamen Vergangenheit von Österreich-Ungarn sind die Verhaltensformen in Tschechien jener von Österreich auffallend ähnlich.

Sie haben einen unerbittlichen Drang nach einem besseren Leben und arbeiten dafür hart. Außerdem haben sie einen starken und tief verwurzelten *Nationalstolz.* Die Umgangsformen der Slowakei sind denen der Tschechischen Republik sehr ähnlich. Aufgrund der gemeinsamen Vergangenheit im Kulturraum von Österreich-Ungarn ist die Lebensweise in Tschechien und der Slowakei fast identisch.

Korrektes Vorstellen und Bekanntmachen

Sich richtig vorzustellen, gehört zu den Grundprinzipien des tschechischen Benehmens.

- Der Mann stellt sich bei der Frau vor.
- Der Jüngere stellt sich bei dem Älteren vor.
- Der Mitarbeiter stellt sich bei dem Vorgesetzten vor.
- Der Einzelne stellt sich der Gruppe vor.

In Tschechien ist es durchaus erlaubt, dass sich die Gäste untereinander ohne Vermittler bekannt machen. Üblich ist es, dass der Gastgeber und die Gastgeberin bekannt machen. Ist die Gästesituation aber nicht so übersichtlich, werden die Anwesenden aufgefordert, sich gegenseitig vorzustellen.

Zwei unbekannte Paare treffen sich. Welche Vorgehensweise beim Vorstellen ist zu beachten?

Der jüngere Mann ergreift die Initiative und stellt sich und seine Partnerin vor. Während diesem Procedere steht er auf, und die Frau darf, besonders wenn es sich um eine betagte Dame handelt, sitzen bleiben. Im Anschluss stellt der ältere Herr sich und seine Partnerin vor. Als gesellschaftlich Ältester beginnt er auch die Konversation.

Grüßen

Aus größeren Entfernungen wird im Restaurant und in der Öffentlichkeit nicht gegrüßt. Wenn man sich sicher ist, dass man sich gegenseitig erkannt hat, dann lächelt man, ohne zu winken und verneigt sich leicht, kaum sichtbar.

Möchte man um Informationen bitten, dann ist der Standardgruß *„dobry den"* ein Muss. Danach erfolgt ein *„prosím Vás"*, was *„ich bitte Sie"* heißt. Damit wird zum Ausdruck gebracht, dass man einen Gefallen erbittet.

In Frankreich folgt dem *„Bonjour"* häufig ein *„Ca va? Wie geht's?"*. Tschechen füllen diesen unechten Lückenfüller selten, es sei denn, sie meinen es wirklich so. Die Standardantwort *„Gut, danke!"* wird von den Tschechen nicht erwartet, sondern die Frage wird ehrlich beantwortet.

Fragt man einen tschechischen Kollegen morgens *„jak se máš"*, dann wird er antworten *„Oh, mir es geht es heute morgen nicht so gut!"* Bei neuen Bekanntschaften und neuen Geschäftspartnern sollte diese Frage demzufolge nicht gestellt werden. *Sie sollte für sehr gute Freunde oder langjährige Geschäftskontakte aufgehoben werden, auf deren ehrliche Antwort man wirklich Wert legt.*

Gesellschaftlich sagen Deutsche gerne mal *„Tschüss"*, Österreicher sagen *„Servus"* oder Italiener grüßen mit *„Ciao"*, dann sagen die Tschechen *„Ahoi!"*. Ein legeres Wort aus der Seemannssprache, obwohl die tschechoslowakische Republik ein Binnenstaat ist. Eine Widersprüchlichkeit mitten im Herzen Europas.

Handschlag und Handkuss

Körperkontakt zur Begrüßung und Umarmungen sind in Tschechien weniger beliebt. Die körperliche Distanzzone beträgt wie in Deutschland etwa

80-100 Zentimeter. Prinzipiell gibt man sich aus Höflichkeit zur Begrüßung, zur Verabschiedung, bei Glückwünschen und beim Vorstellen die Hand. Die Tschechinnen grüßen, nicken leicht den Kopf und lächeln dabei.

Die Hand wird nur kurz, aber aufrichtig gedrückt. Beim Händereichen begegnen sich nur die rechten Hände. Niemals die vom Geschäftspartner gereichte Hand mit beiden Händen halten. Auf den Rücken wird nicht geklopft.

In Geschäfts- oder Privaträumen wird die Hand ohne Handschuh gereicht. Ein langer Damenhandschuh ist Bestandteil des Abendkleids und braucht nicht ausgezogen zu werden. Bei klassischem tschechischem Winterwetter werden auf der Straße oder in der Natur die Handschuhe anbehalten.

Bei der Verabschiedung sagt man *„nashledanous“* und wiederholt dabei den Handschlag. Jede anwesende Person erhält die Hand. Die Augen sind ein wichtiges Kontaktmittel. Für die Tschechen sind die *Augen das Fenster zur Seele.*

Ein *Handkuss in Tschechien* ist im Unterschied zu Polen heute völlig unüblich. In ganz seltenen Fällen kann ein Herr einer Dame durchaus einen Handkuss geben, um besondere Ehre oder herzlichen Dank zu erweisen.

Formen der Anrede

Grundregeln

Die Vornamen finden in tschechischen Geschäftssituationen niemals Verwendung, ganz im Gegensatz zu Schweden oder Großbritannien. Als Ausländer sollte man auf keinen Fall auf den Vornamen wechseln, um eine freundliche Beziehung zu symbolisieren. Im tschechischen Geschäft spricht man sich nur dann mit Vornamen an, wenn man sich bereits sehr gut und über viele Jahre kennt. Geduzt wird im Geschäftsleben nicht, solange man seine Kollegen nur von der täglichen Arbeit kennt und keine persönlichen Treffen pflegt.

Beispiel:

Anrede *„pan* oder *paní* mit Nachnamen“, Herr oder Frau/Fräulein.

Anreden mit akademischen Titeln

Die tschechischen Titel der Akademiker sollten unbedingt verwendet werden. Sie stehen auf den Visitenkarten und auf den Türschildern. In Tschechien verdient eine Aus- und Fortbildung sehr großen Respekt. Sowohl in der mündlichen wie auch in der schriftlichen Kommunikation sollten die Personen mit Titel angesprochen werden. Promovierte werden mit *Herr/Frau Doktor* und Habilitierte mit *Herr/Frau Professor* bezeichnet.

Sehr weit verbreitet ist die Bezeichnung *„ingenyr"* für Ingenieur. Dieser Begleiter ist eine hohe Klassifikation eines Geschäfts- oder Technikgrads, den viele Tschechen erworben haben.

Ein Doktortitel ist wie in Deutschland auch ein Zeichen dafür, dass die Person promoviert hat. In Tschechien gibt es einen zusätzlichen Titel, *den CSc., den Kandidat der Wissenschaften.* Der CSc. bedeutet, dass ein Doktor oder ein Ingenieur eine wissenschaftliche Arbeit verarbeitet oder verteidigt hat. Den Titel CSc. nennt man nicht, sondern den Ingenieur- bzw. Doktortitel.

Welche akademischen Titel gibt es?

Dipl. Ing.	Diplom-Ingenieur
PhDr.	Doktor der Philosophie
Doc.	Dozent
Prof.	Professor
Akad.	Akademiker
Mgr.	Magister
RNDr.	Doktor der Naturwissenschaften
MUDr.	Doktor der Medizin
MVDr.	Doktor der Veterinärmedizin
JUDr.	Doktor der Rechte
PaedDr.	Doktor der Pädagogik
PHDr.	Doktor der Pharmazie
ThDr.	Doktor der Theologie

Beispiele für mündliche und schriftliche Anreden:

Herr Ingenieur heißt übersetzt *„Pane inženyre"*.

Frau Ingenieurin heißt übersetzt *„Pani inženyrko"*.

Herr Doktor heißt übersetzt *„Pane doktore"*.

Frau Doktorin heißt übersetzt *„Pani doktorko"*.

Personen mit mehr als zwei akademischen Titeln werden nur mit dem höchsten angesprochen. Der Nachname bei der mündlichen wie schriftlichen Anrede wird nicht erwähnt. Spricht man über eine Frau Doktor in der dritten Person, dann heißt sie *„Pani doktorka"*.

Auch in E-Mails und Briefen werden die Tschechen mit z. B. Herr Diplom-Volkswirt angeschrieben.

Anreden mit Adelstiteln

Seit 1918 müssen, wie in Deutschland, die Adelstitel nicht mehr genutzt werden. Privat finden aber durchaus noch folgende mündliche Anreden Verwendung.

Adelstitel	*männlich*	*weiblich*
Ritter von ...	*Rytíř z ...*	*Paní z ...*
Freiherr	*Svobodný pán ...*	*Paní z ...*
Baron	*Baron*	*Baronka*
Graf	*Hrabě*	*Hraběnka*
Fürst	*Kníže*	*Kněžna*

Beispiele von mündlichen Anreden:

Herr von Solařík heißt übersetzt *„Pane z Solařík"*.

Frau von Solařík heißt übersetzt *„Paní z Solařík"*.

Gnädige Frau heißt übersetzt *„milostivá paní"*.

Baron heißt übersetzt *„Pane barone"*.

Baronin heißt übersetzt *„Paní baronko"*.

Visitenkarten

Vizitky – Visitenkarten sind in der tschechischen Republik besonders wichtig. Alle Tschechen sind darum bemüht, die Visitenkarten großzügig zu verteilen. Erhält man eine Businesscard, sollte man im Gegenzug ebenfalls seine Karte überreichen.

Smalltalk und Konversation

Tschechen kommunizieren sehr direkt und gelangen auch so schnell wie Deutsche zum Thema. Die Verhandlungen sind zeitintensiver. Prahlerisches und lautes Reden ist nicht beliebt. In Redepausen nicht sofort das Wort ergreifen.

Wichtige Gespräche beginnen immer mit einem kleinen Vorgespräch. Ein Wort über das Wetter oder über die Anreise, den verpassten Anschlusszug oder die Taxifahrt interessieren in den ersten Minuten. Anfangs sagt man gerne: *„dobry, den, těší mě"*, *„Hallo, es freut mich Sie zu treffen."*

Nach einem kurzen Smalltalk sollte man zügig zum Geschäftsthema kommen und nicht zu persönlich werden. Nur bei einer wahren und langen Freundschaft wird länger Smalltalk geredet. Ein zu langes oberflächliches Gespräch wird allgemein als das Fehlen von wirklicher Persönlichkeit identifiziert.

Kulturelle Themen sind für Tschechen besonders interessant. Als Ausländer sollte man ruhig auch über seine eigenen Bräuche und Traditionen, über Familie und Hobbys reden. Die Tschechen werden sehr stolz, wenn man sich für ihre Kultur, Geschichte und Kunst interessiert. Die Böhmischen Bäder Karlsbad, Marienbad und Franzensbad sind als Gesprächsthema geeignet. Ebenso die Prager Universität als die älteste in Europa.

Die Themen Politik und die kommunistische Ära sollten vermieden werden.

> *Niemals von dem Land Tschechei reden, da diese Bezeichnung aus der NS-Zeit stammt. Dieses Wort gilt als Todsünde.*

Niemals über das gespannte Verhältnis von Tschechen und Slowaken reden.

Vorsicht: *Grün ist das Symbol für Gift.*

Die *Industriestandorte Prag, Plzeň und Ostrava* zählten in der Tschechoslowakischen Republik in der Zwischenkriegszeit zu den reichsten Städten des Kontinents. Innerhalb von einundvierzig Jahren verlor dieses Land unter dem kommunistischen Regime wirtschaftlich und sozial nahezu alles. Nach der Wende gewann die Wirtschaft unglaublich dazu und erlebte einen Boom. Die Umwelt ist schwer geschädigt. Vor allem in den Bergbaugebieten von Nordostböhmen, Nordmähren und Prag sind Luft, Wasser und Boden nach wie vor am stärksten *vergiftet.* Niemals die Umweltproblematik ansprechen.

Tipps für das Business

Haben sich die Bande der Freundschaft und des Vertrauens etabliert, dann ist die tschechische Fröhlichkeit ein geschätzter Zug.

Tschechen räumen dem *Beziehungsaspekt* der Geschäftspartner vor dem Sachaspekt den Vorrang ein, d. h. die Person ist wichtiger als das, was diese Person tut. Primär ist das Interesse groß, eine möglichst *angenehme Atmosphäre* herzustellen. Auf der anderen Seite sind sie aber auch leicht in ihrem Wohlbefinden kränkbar.

Tschechen lieben es nach wie vor, gestalterisch und kreativ zu sein sowie improvisieren zu können. *Improvisationstalent* erleichterte unter sozialistischen Bedingungen das Leben.

Mit dem Sozialismus als System haben sich die Tschechen nicht identifiziert. Nur dem Anschein nach machten sie mit. Eigene Ziele und Interessen waren vorrangig. Tendenziell werden *Pläne abgelehnt*, da sie nicht die Sache, sondern die Person organisiert. Normen und *Gesetze* werden für unsinnig gehalten. *Neues* wird grundsätzlich erstmal angezweifelt, überprüft, abgeändert und dann evtl. für gut gehalten.

Konflikte werden von Tschechen gerne umgangen und nicht explizit angesprochen. Konflikte werden eher glatt gebügelt bzw. bagatellisiert. Als Deutsche erlebt man Funkstille und man ärgert sich oft über die tschechische Passivität.

Die Hierarchie im Management ist noch stark ausgeprägt. Alter und Erfahrungen stellen wertvolle Attribute im Geschäftsleben dar. Junge Manager/Innen werden in ihrer Kompetenz eher in Frage gestellt.

Von Tschechen wird man sehr selten nach Hause eingeladen. Bei gesellschaftlichen Treffen wird gerne beispielsweise *Slivowitsch,* ein Pflaumenschnaps, moderat getrunken. Geburtstage und Namenstage werden häufig zum Anlass für Feiern am Mittag im Büro genommen.

Qualität, Kundenorientierung und Effektivität werden erst allmählich seit der Wende praktiziert. Der Kommunismus zuvor hat diese Geschäftspraktiken unterbunden.

Das *Arbeitstempo der Tschechen* ist im Vergleich mit anderen europäischen Ländern manchmal langsam. Früher war die Effektivität der Herstellung irrelevant. *Früh am Freitag Nachmittag* schließen die Büros.

Der Faktor *Zeit ist nicht der kritische im tschechischen Business.* Tschechen lassen sich mehr Zeit, Dinge voranzutreiben, Gebiete zu erforschen und Ideen im Kopf reifen zu lassen.

Man hat den geschäftlich und gesellschaftlich größten Erfolg, wenn man die tschechischen Kollegen respektiert und nicht mit einem Superioritätskomplex eine Geschäftsanbahnung beginnt. Viele Geschäftsleute aus dem Westen haben irrtümlicherweise die Auffassung, dass man den Tschechen erst zeigen muss, was zu tun ist. Dieses Verhalten wird von Tschechen *doppelt negativ* bewertet. Zum einen ist diese Sichtweise völlig veraltet und entspricht nicht den Tatsachen, und zweitens lehnen Tschechen einen aufgebürdeten Rat sofort ab.

Die Tschechen verlassen sich auch im Geschäftsleben stark auf ihre inneren persönlichen Gefühle. Nach außen erscheinen Tschechen sehr sachlich und rational. Entscheidend ist also für eine gute Geschäftsbeziehung eine herzliche Beziehung zum Kollegen oder zum Partner.

Der Ehrenplatz im Auto ist diagonal hinter dem Fahrer, das heißt, rechts hinten. Zweitbester Platz ist direkt hinter dem Fahrer und dritter Platz neben dem Fahrer vorne.

Geschenke für tschechische Gäste sind Kristallglas, Porzellan, Pralinenschachteln, Slibowitz, Pilsner Bier und Stickereien.

Der tschechische Besuch sollte immer vom leitenden Mitarbeiter als Gastgeber persönlich am Empfang abgeholt werden. Seine Gäste empfängt man immer stehend. Bei der Verabschiedung begleitet man sie bis zur Tür. *Niemals sollte man als Gastgeber die Türklinke zuerst ergreifen, damit das nicht den Eindruck erweckt, dass man den Gast hinauswirft.*

Havel schreibt, dass unter dem Kommunismus das Verantwortungsgefühl zusammen mit der Zerschlagung des Individuums zerstört wurde. Das Individuum war eine verlorene Einheit und hatte nie Verantwortung zu tragen. Die mittleren Manager und die Arbeiter haben nur gearbeitet, was ihnen aufgetragen wurde, und die Führungsebene folgte der Parteispitze. Deshalb haben Tschechen heute häufig Schwierigkeiten, Verantwortung zu übernehmen. Läuft im Geschäftsleben etwas schief, sind oft andere Kollegen schuld. Niederlagen werden nicht zugegeben, sondern häufig verheimlicht.

Geschäftsverhandlungen mit Tschechen können zäh verlaufen. Die Angebote, die von ihnen unterbreitet werden, sind oft keine Basis zur Verhandlung, sondern zeigen lediglich die tschechische Erwartungshaltung.

Ausstellungen und Messen sind für die Geschäftswelt in Tschechien besonders wichtig. Die Städte Prag und Brünn bieten hierfür riesige Ausstellungsmöglichkeiten und Konvente. Diese sind über Jahre ausgebucht.

Die gesellschaftlichen Aktivitäten in den Unternehmen wie Büropartys beschränken sich auf Geburtstage oder Namenstage. Das private und geschäftliche Leben wird streng voneinander getrennt.

Wie baut man eine herzliche Beziehung zu Tschechen auf?

- Jeder *Hinweis auf Herablassung, Überheblichkeit* oder Unzugänglichkeit arbeitet gegen einen selbst. Daher sollte man als *ehrlicher und sensibler Kollege* oder *Geschäftspartner* auftreten. Die Geschäftsbeziehungen basieren auf der Meinung, die man voneinander hat. Der Partner sollte *„solidní“* sein, das heißt, nicht nur finanziell solide, sondern eine glaubwürdige, aufrichtige Person.
- Die Tschechen *vermeiden im Allgemeinen Konfrontationen.* Schwierigkeiten in der Geschäftsverhandlung führen zu hohen Barrieren.
- *Deutliche Anzeichen einer Problematik* sind nach unten gerichtete Augen, Stille und Reaktionslosigkeit. In solch einer Situation ist es ratsam, einen Schritt zurückzugehen und eine heitere Bemerkung zu machen, damit der tschechische Geschäftspartner wieder auftaut.

- *Lockerheit, sorgfältiges Zuhören, Geduld, sanfte Kritik, Respekt vor den Tschechen, Freundlichkeit und ebenbürtiges Behandeln* von tschechischen Partnern schaffen eine gute geschäftliche Atmosphäre.
- Die Tschechen haben *große Achtung vor Formalitäten* und Verträgen. Mit allen Kräften werden diese Kontrakte auch eingehalten. Zur Absicherung des Geschäfts hinsichtlich der unterschiedlichen Handels- und Steuergesetzte sollte man einen Rechtsanwalt bestellen, der bilateral alle Fragen im Vorfeld erörtern kann.
- Die Tschechen geben ein *sehr starkes Erscheinungsbild* in Bezug auf *das höfliche Verhalten* ab. Einen guten Eindruck zu hinterlassen, ist ein Hauptmerkmal für einen höflichen Geschäftsmann/Geschäftsfrau. Der Händedruck sollte besonders fest sein.

Unternehmensformen

Folgende vier Arten der Unternehmensformen sind sehr häufig:

- **s.r.o.** steht für *společnost s ručenim omezenym* – eine Gesellschaft mit beschränkter Haftung.
- **a.s.** steht für *akciovná společnost* – eine Aktiengesellschaft.
- **v.o.s.** steht für *viřejná obchodní společnost* – eine offene Handelsgesellschaft.
- **k.s.** steht für *komanditní společnost* – eine Kommanditgesellschaft.

Rolle der Frau im Business

Die Männer nehmen die meisten der Spitzenpositionen ein. Die traditionellen Rollen zwischen Männern und Frauen sind in Tschechien nach wie vor aktuell. Die Frauen betrachten die chauvinistischen Aktionen ihrer Männer nicht als barsch, sondern sehen ihre Tätigkeit als ihre Verantwortung an.

Restaurantetikette

Ein Geschäftsessen wird in der tschechischen Republik nicht genutzt, um Besprechungen oder Verhandlungen zu verlängern. Die Kollegen gehen häufiger mittags gemeinsam zum Essen. Dort finden jetzt nicht die schwerwiegendsten Konversationen statt.

Eine private Einladung eines Tschechen zu sich nach Hause ist eine absolute Seltenheit und eine ganz besondere Ehre. Das Essen sollte wenigsten einmal gelobt werden. Der Nachschlag sollte akzeptiert werden. Nach dem Essen wird man gemeinsam ein Glas *Becherovka* trinken. Der Becherovka ist ein Kräuterlikör mit Komponenten aus Kamille und Gewürznelken und wird in dem Heilbad *Karlovy Vary*, Karlsbad, hergestellt. Ein kleiner Schluck nach der Arbeit beruhige angeblich die Nerven.

Slovpvice. Slibowitz ist eine andere regionale Spezialität, die in Mähren und der Slowakei hergestellt wird. Sie wird aus Pflaumen gebrannt und in Schnapsgläsern serviert.

Der am weitesten verbreitete Toast heißt *„na zdraví"*.

Die Tschechen trinken nach dem Essen eine Tasse Kaffee. Der original tschechische Kaffee wird auf türkische Art serviert, das heißt, das kochende Wasser wird direkt über die fein gemahlenen Bohnen gegossen. Vorsicht beim Trinken! Den Kaffeesatz vor dem Trinken gut setzen lassen! Die Tasse wird nur zu zwei Dritteln gefüllt.

Der Segensgruß zum Essensbeginn heißt *„dobrou chut, Guten Appetit!"*

Bei tschechischen Mahlzeiten wird selten ein Trinkspruch ausgesprochen. Man hebt sein Glas und wünscht sich *„na zdraví, Gesundheit"*. Kennt man sich schon etwas besser, dann sagt man einfach *„ahoj"*, lächelt zufrieden und stößt mit den Gläsern an.

Es darf niemals geraucht werden, wenn kein Aschenbecher in Sichtweite ist. Es darf auch nicht um eine Ausnahme gebeten werden. Ebenso wenig raucht man in Geschäftsräumen oder Büros und vor allem nicht beim Essen.

Typische Gerichte

Typische Gerichte bestehen aus einer großzügigen Portion Fleisch mit Kartoffeln oder tschechischen Klößen. Dazu gibt es einen halben Liter Bier oder ein Glas mährischen Wein.

Fleischeslust und süße Sünden. Die Küche Böhmens und Mährens weist verführerische Köstlichkeiten auf. Knusprige Schweinebraten mit würzigem Sauerkraut mit lockeren Knödeln werden in gemütlichen Bierstuben serviert. Zarte Gänsebraten, gefüllte Entenbrust, gebeizter Rehschlegel oder Hasenpastete sind heiß begehrt. Als besondere Delikatesse gelten die schwarzen Karpfen in den südböhmischen Teichen.

Zu ergänzen ist die Essenspalette um die „kleine" Auswahl böhmischer Süß- und Mehlspeisen. Von Obstknödeln aus Kartoffel-, Topfen- oder Brandteig und Strudeln mit verschiedenen Füllungen über Powidltascherl, Zwetschgenpovesen und Liwanzen bis zu böhmischen Dalken, Dukatenbuchteln, Kaiserschmarrn und Palatschinken. Die Knödel und die Nockerl werden im Teller mit der Löffelkante geschnitten.

Käse schließt bekanntermaßen den Magen. In Tschechien wird der berühmte *Olmützer Quargel* serviert. Ein würziger Quarkkäse, der mit Butter und Zwiebeln angerichtet wird. Dazu trinkt man ein gut gekühltes Glas *pivo,* Bier.

Vor allem das Bier aus Pilsen und Budweis ist sehr beliebt. Die Tschechen waren das erste Volk, das Bier gebraut und getrunken hat. Das Wort Pilsner selbst stammt von der tschechischen Bierbrauerstadt Pilsen. Die beliebtesten Biere heißen *Pilsner Urquell* und *Gambrinus.* Ein anderes Bier heißt *Budweiser,* dessen Namen von Budweis, dem deutschen Namen für die südböhmische Stadt *ceské Budejovice* stammt. Deutsche und Amerikaner haben diesen Namen für ihre Imitationen genutzt. Die Variationen von bitter, weiß, bernsteinfarbig, wie sie in Großbritannien, Deutschland oder Belgien üblich sind, werden in Tschechien nicht als echtes Bier angesehen. Hier gibt es nur ein Helles und ein Dunkles.

Die klassische Reihenfolge eines Menüs ist:

Aperitif

Suppe

Warme Fischspeise

Warme Fleischspeise

Käse mit Butter und Brot

Nachspeise

Obst

Digestif

Was spricht man während eines Mahls?

Tiefschürfende moralische Themen und Politik sind für ein gemeinsames, entspanntes Essen nicht zu empfehlen. Sehr gerne wird dabei über Reisen, Pläne für das Wochenende oder einen neuen Kinofilm bzw. eine neue Bucherscheinung geplaudert.

Pünktlichkeit

Zu Geschäftsmeetings erscheinen die Tschechen sehr pünktlich. Zu abendlichen Veranstaltungen wie Geschäftsessen erscheinen sie häufig früher als vereinbart.

Politik und Religion

Die tschechische Staatsform ist eine Republik. Die demokratische Gewalt wird von dem aus zwei Kammern bestehenden Parlament ausgeübt: von etwa 200 Abgeordneten des Repräsentantenhauses, die für vier Jahre gewählt werden, und von 81 Mitgliedern des Senats. Der Staatspräsident wird vom Parlament mit absoluter Mehrheit für fünf Jahre gewählt.

Die Tschechen sind insgesamt kein religiöses Volk. Durch die Unterdrückung der Kirchen in der kommunistischen Vergangenheit gibt es in der Tschechischen Republik einen hohen Anteil von Atheisten. Etwa vierzig Prozent der Bevölkerung sind konfessionslos, und vierzig Prozent sind römisch-katholisch. Von den verbliebenen bekennen sich ca. 470.000 zum Protestantismus, davon die meisten zur Evangelischen Kirche der *Böhmischen Brüder* oder zur Tschechoslowakischen Hussitischen Kirche. Wenige gehören der Orthodoxen Kirche oder dem Judentum an.

Gesetzliche Feiertage

Die Tschechen haben im Wesentlichen die gleichen Feiertage wie die übrigen westeuropäischen Länder.

Zusätzliche Feiertage:

1. Mai	Tag der Arbeit
8. Mai	Befreiungstag
5. Juli	St. Cyril und St. Methodiustag. Slawische Missionare, die als die Gründer des slawischen Volkes gelten.
6. Juli	Jan-Hus-Tag
28. Oktober	Unabhängigkeitstag
25. Dezember	Weihnachten
26. Dezember	St. Stefanstag

Grundvokabular

Dobrý den!	Guten Tag!
Na zhledanou!	Auf Wiedersehen!
Ano/ne	Ja/nein
Dobré ráno!	Guten Morgen!
Dobré odpoledne!	Guten Tag! Am Nachmittag.
Jak se matte?	Wie geht es Ihnen?
Prosím!	Bitte, keine Ursache!
Tesi mne!	Sehr erfreut Sie zu sehen!
Děkuji.	Danke.
Vitejte.	Bitte.
Pane	Herr
Paní	Frau
Slečna	Fräulein

Inhalt

Schweden – natürlich und geschäftig

„Lycka till!" heißt, *„Viel Glück!"*, was in Schweden im Verhältnis zu Deutschland wesentlich öfter gewünscht wird. Die Schweden gelten als ehrgeizig, ordentlich, kompetent, unkompliziert und sehr natürlich.

Seine Kultur, seine Sprache und seine Bevölkerung zu beschreiben, fällt bei diesem Land nicht schwer. Schweden ist eines der homogensten Länder der Welt, da es ethnisch sehr lange homogen war. 1939 waren die *Sami* die einzige größere klar abgegrenzte Minderheit im Land. Heute haben ungefähr zwanzig Prozent der Bevölkerung eine Verbindung, durch Geburtsorte außerhalb Schwedens, nach außen.

Schweden ist ein neutrales Land und gehört keiner militärischen Allianz an. Schweden vermeiden Konfrontationen und haben eine Abneigung gegenüber auffälligem oder gar aufdringlichem Verhalten.

Schwedens hoch ausgebildeten Arbeitskräfte, die ausgezeichnete Infrastruktur und die exportorientierte Wirtschaft verleihen diesem Land ein sehr hohes Maß an Attraktivität für Investitionen aus dem Ausland. Eindeutige Pluspunkte sind die niedrige Körperschaftssteuer und der relativ leichte Zugang zu Kapital. Deutschland, die USA, Finnland und Großbritannien sind die größten Investoren. Schweden ist Standort von vielen multinationalen Unternehmen wie *SKF, Volvo, Saab, Akzo Nobel, H&M, Scania, Axel Johnson, Electrolux* und *Ikea.* Laut der Europäischen Kommission ist Schweden das innovativste EU-Land. Immer häufiger gilt Schweden bei internationalen Unternehmen als Testmarkt für neue Produkte und Dienstleistungen. Der schwedische Markt scheint sensibel für Trends zu sein.

Schweden produziert qualitativ sehr hochwertige Waren und liefert seine Produkte zuverlässig sowie pünktlich. Seine Bewohner zeigen ein hohes Maß an integrem Auftreten und beweisen untadelige Manieren.

Vorstellen, Begrüßen, Anreden und Titel

Zur Begrüßung schütteln sich die Schweden die Hände und halten Augenkontakt, solange gesprochen wird. Jeder Einzelne in einem Geschäftsteam wird mit

Handschlag begrüßt. Sich mit Kuss und Umarmung zu begrüßen, ist in Schweden unüblich. Den Schweden darf man körperlich nicht zu nahe treten.

Anreden mit Vornamen und „du"

Die Schweden sagen ihren Vornamen und stellen sich selbst dabei vor. Sich selbst vorzustellen oder von Dritten vorgestellt zu werden, macht in Schweden keinen Unterschied.

Auch im Geschäftsleben sprechen sich alle Mitarbeiter gleich welcher Hierarchie mit dem *Vornamen* und du an.

Schweden legen bei der Anrede keinen besonderen Wert auf Förmlichkeiten. Gesellschaftliche und geschäftliche Persönlichkeiten werden wie Gleichgestellte angesprochen. Hierarchische Druckmittel gehören in einem schwedischen Unternehmen selten zur Machtpolitik.

Korrektes Vorstellen

Für den ersten Geschäftskontakt in Schweden ist die *Anredeform „Herr Svensson"* und *„Fru Svensson"* nicht üblich. Man wartet zunächst ab, bis sich jeder selbst vorgestellt hat. Die Schweden stellen sich dabei entweder mit *Vor- und Nachnamen,* wie in den angelsächsischen Ländern, oder nur mit *Vornamen* vor. *Kein Schwede stellt sich nur mit seinem Nachnamen vor!* In beiden Fällen spricht man sich dann in der folgenden Konversation mit „du" an. Passen Sie sich dieser Vorgehensweise am besten an!

Sobald jedoch der Geschäftspartner sich mit *„Jens"* oder *„Selma"* vorstellt, sollten sofort die Vornamen üblich werden.

Anreden mit akademischen Titeln

Akademische Titel werden in Schweden im Mündlichen und im Schriftlichen nicht erwähnt. Auch Titel wie *Ingenieur* finden *keine Anwendung.* Im Schriftverkehr dagegen werden auf dem *Kuvert akademische Titel* und *Ingenjörbezeichnungen* festgehalten. Bei Berufsbezeichnungen und Titeln wird selten nach männlich oder weiblich unterschieden. Die Bezeichnungen sind geschlechtsneutral.

Akademische Titel, wie *„doctor"* und *„professor"*, stehen oft nicht einmal auf der Visitenkarte. Genannt werden diese Titel nie. Auch Studenten reden ihre Professoren mit dem Vornamen an.

Ausnahmsweise wird ein akademischer Titel bei einer hochoffiziellen und förmlichen Begrüßung genannt, wenn eine Person vor einem großen Mitarbeiterkreis angekündigt wird oder der Name schriftlich in einem Veranstaltungsprogramm festgehalten wird.

Smalltalk und Konversation

Das *Wetter, das Geld und der Sport* sind häufig Themen eines Smalltalks. Selten würde ein Schwede seine politische Gesinnung zu erkennen geben.

Der *Verhandlungsstil* der Schweden ist meist sehr sachlich. Smalltalk als erste Auflockerung beim Kennen lernen ist besonders wichtig. Sie zeigen in der Konversation ein forsches und gezieltes Verhalten. Sie pflegen ihre Worte abzuwägen und unterbrechen andere nicht im Redefluss.

Schweden bevorzugen in der Konversation die direkte Art und sprechen den Punkt sofort an, ohne ein konfrontierendes Bild abzugeben. Ein Schwede widerspricht, ist aber vorsichtig, unhöflich zu wirken. *Åke Daun,* ein ethnologischer Wissenschaftler der Universität Stockholm schrieb: *„Schweden sind unheimlich scheue Menschen. Wir werden früh gelehrt, nicht aus der Masse herauszuragen.“* Er stellt Schweden in Bezug auf deren ruhige Konformität vergleichend mit Japanern dar.

Themen wie Kunst, Urlaub, Ferien, Sport, insbesondere Fußball, Musik, Philosophie, das Leben im Freien und die Natur sind äußerst beliebt.

Weniger beliebt ist das Thema Attentate auf Olof Palme und Anna Lindh, die im Jahr 2003 sozialdemokratische Außenministerin war.

Alles, was nach Rang, Auffälligkeit und Status riecht, wird prinzipiell heruntergespielt. Bitte auch nicht über die hohen Lebenshaltungskosten in Skandinavien sprechen. Die Schweden sind es leid, darüber zu reden.

Weitere Smalltalk-Themen:

Die Mittelalter-Festivals in *Visby,* die Wachablösung vor dem Schloss in Stockholm, die Gehöfte bei Laxede in Norrbotten, das Hochmoor von Lappland, das *cross-country-skiing* mit schwedischen Polarhunden und Hundeschlitten über die baumlosen Hochebenen von Lappland.

Private und emotionelle Themen werden nicht offen nach außen getragen. Im Vergleich zu Briten oder Österreichern leben Schweden isolierter. Es gibt keine Pubs und keine Kaffeetradition. Gesellschaftliche Interaktionen drehen sich meistens um die eigene Familie.

Schweden reden im Allgemeinen nur so viel sie müssen. Die Effizienz steht im Vordergrund. Ein Schwede möchte nicht zwei Wörter reden, wenn ein Wort genügt. Dieser Wunsch nach direkter Rede kann natürlich bei internationalen Besprechungen zu Konflikten führen. Franzosen würden beispielsweise in *der*

Konversation mit Schweden stark dominieren und in ihrem Temperament auch deren Gespräch unterbrechen. Schweden verabscheuen das Unterbrechen in der Unterhaltung und warten eher die natürlichen Atem- und Denkpausen ab. Auf der anderen Seite können Schweden durch ihre Wortkargheit den Eindruck vermitteln, wenig zu einem gemeinsamen Projekt beizutragen.

Angeln und Grillen an einem sonnigen schwedischen Abend sind sehr beliebt. Ebenso Jagen, Kanufahren, Rudern, Kajak fahren und Segeln an der Westküste, im Archipel von Stockholm oder auf dem Gebiet der Tausend Seen.

Wenn die Nacht zum Tag wird ... die Mitternachtssonne. Nach Norden nimmt die Tageslänge im Sommer zu, sodass die Sonne nicht mehr unter den Horizont sinkt. Zusammen mit Weihnachten ist der *Mittsommertag* einer der größten Feiertage im schwedischen Kalender. Er wird am Freitag und Samstag der Woche gefeiert, die dem 24. Juni am nächsten liegt, dem eigentlichen Mittsommertag. Dieser Tag verkörpert die heidnische Sonnwendfeier.

Der Lucia-Tag. Am 13. Dezember feiert man privat und im Büro den Lucia-Tag. Der Tag wird traditionell zu Ehren der Heiligen Lucia von Sizilien gefeiert. In vielen Büros beginnt der Arbeitstag mit Kaffee, Safrankrapfen und Lebkuchen, den *pepparkakor,* statt direkt mit der Arbeit zu beginnen.

Berühmte Persönlichkeiten:

Selma Ottilia Lagerlöf (1858–1940) ist eine berühmte schwedische Schriftstellerin. Sie erhielt 1909 den Nobelpreis für Literatur. Sie schrieb „Die wunderbare Reise des kleinen Nils Holgersson mit den Wildgänsen" und den religiösen Schicksalsroman „Jerusalem".

Astrid Lindgren (1907–2002) ist eine erfolgreiche Jugendbuchautorin. Sie schrieb beispielsweise „Pippi Langstrumpf", „Karlsson auf dem Dach" und „Die Kinder von Bullerbü".

Alfred Nobel (1833–1896) erfand 1867 das Dynamit und gründete Sprengstofffabriken. Das enorme Vermögen bildete die Grundlage für eine Stiftung, die Nobelstiftung, die die Nobelpreise an verdiente Frauen und Männer aller Länder vergibt.

Tipps für das Business

In der schwedischen Psyche ist das Prinzip von *Fairness* und *Gleichheit* fest verankert.

Auch unter Schweden gilt die Regel, bei ersten Geschäftskontakten die höchsten Hierarchieebenen anzuschreiben. Beispielsweise den geschäftsführenden Direktor *„VD"*. Die Abkürzung steht für *„Verkställande Direktör"*.

Was macht die Schweden schwedisch?

Sie neigen wie andere Skandinavier dazu, eine *Ruhe* und *Bescheidenheit* auszustrahlen, geduldig sich selbst und anderen gegenüber. Der Schwede ist ruhig. Auch unter Geschäftsfreunden wird die Ruhe als wohltuend empfunden und nicht als distanzierend. Ihre Ehrlichkeit, Gastfreundschaft und Hilfsbereitschaft sind sprichwörtlich zu nehmen.

Schweden heben sich von den Skandinaviern allgemein dadurch ab, dass sie *als noch fleißiger und noch kosmopolitischer gelten* als die Norweger oder Finnen.

Schweden definieren sich wie viele andere westliche Kulturen über ihre Arbeit. Die *Arbeit ist wichtig* und sie arbeiten auch gerne hart. Ist die Arbeit verrichtet, nehmen sie sich frei. Überstunden sind nicht besonders beliebt. Ihr Familienleben ist von großer Bedeutung.

Spontanes Handeln und *Improvisieren* ist keine schwedische Stärke.

Ehrlichkeit und *Verlässlichkeit* gelten als notwendige Bestandteile für Geschäftsbeziehungen. Ein Schwede wird so gut wie nie laut denken, sondern erst dann antworten, wenn ihm alles klar ist. Die Antwort wird aus Vorsicht zeitlich hinausgezögert.

Schweden gelten als reserviert und sind wenig offen für Emotionen. Sie teilen ihren trockenen Humor mit den Briten. Sie erzählen gerne Witze über sich selbst, fänden es aber merkwürdig, wenn Ausländer sich über sie lustig machen würden.

In der Konversation gestikulieren die Schweden nicht besonders viel und haben *keine ausgeprägte Mimik* im Geschäftsleben. Das Lachen ist bei den Schweden öfter vorzufinden als bei Deutschen oder Finnen.

Den Schweden fällt die *Trennung von Person und Geschäft* schwer.

Die Verwendung von *Visitenkarten* ist sehr gebräuchlich.

Das Datum wird in Schweden *rückwärts* geschrieben. Beispielsweise der Weihnachtstag 2004 wird offiziell und formell geschrieben: 041225.

Die besten *Verhandlungsergebnisse* erzielt man als Nichtschwede, wenn man sich lange und ausgiebig berät, viel Verständnis für den schwedischen Geschäftspartner aufbringt und ein überzeugendes integres Erscheinungsbild nach außen vermittelt.

Die Schweden sind in dem Maße wie in Deutschland *profitorientiert,* sind aber trotzdem mehr am Business als am Geschäftspartner interessiert. Qualität, Design und zuverlässige Lieferung machen ihre Produkte zum Weltschlager.

Manche Unternehmen in Schweden laden nach einer sehr arbeitsintensiven Woche ihre Kollegen am Freitagnachmittag zu einem kleinen Drink mit

Obstsäften, Wein und Bier ein. Meist ab 16.00 Uhr haben die Mitarbeiter die Gelegenheit, ihre sozialen Kontakte zu Kollegen zu pflegen. Die Geselligkeit im Büro und die *Motivation der Mitarbeiter* werden dadurch gefördert.

Freitag Nachmittag sollte man für einen geschäftlichen Besuch vermeiden. Viele Schweden sind dann bereits bei ihren Freizeitaktivitäten wie Segeln oder bei der Anfahrt zum Sommerhaus.

Als Ausländer sollte man sich nicht überrascht zeigen, wenn der schwedische Geschäftspartner für das gemeinschaftliche Mittagessen ein *Selbstbedienungslokal* ausgewählt hat. Private Abendeinladungen finden häufiger als in Deutschland statt. Es kommt auch vor, dass man zu „Freizeitaktivitäten" wie Golf, Tennis, Sportfischen oder Elchjagen eingeladen wird.

Schwedische Manager und Managerinnen

Schwedische Manager und Managerinnen führen ihre Mitarbeiter mit Charisma und verbaler Überzeugungskraft. *Über Reichtum zu reden, ist in Schweden anstößig.*

Der klassische Manager hat in Schweden einen sehr guten Kontakt zu seinen Mitarbeitern. *Das Organigramm ist eher horizontal angelegt.* Machtdezentralisierung und Demokratie sind die entscheidenden Säulen in der Führungspolitik. Es gibt weniger vertikale Rangunterschiede als beispielsweise in Frankreich, Italien oder Deutschland.

Die schwedischen Geschäftsstrukturen sind nicht hierarchisch und haben mit der Pyramidenstruktur einiger britischen Firmen nichts gemeinsam. *Alle wichtigen Beschlüsse müssen vom gesamten Mitarbeiterteam ausdiskutiert werden.* Besser informierte Mitarbeiter sind stärker motiviert und zu größeren Arbeitsleistungen bereit. Beschlüsse im Kollektiv zu finden, ist nicht nur für Schweden typisch, sondern auch für Japan.

Dieses *schwedische Managementmodell* ist nicht ohne Nachteile zu betrachten:

- Die Schweden schrecken vor Konfrontationen zurück und vermeiden Konflikte zulasten einer klügeren Entscheidungsfindung.
- Die Entscheidungen sind abhängig vom Engagement des Teams.

Schwedische Arbeitnehmer

Ein reibungslos arbeitendes Mitglied in einem Team zu sein, ist für Schweden sehr wichtig. Aufrichtig und seriös zu sein, sind wichtige Attribute.

Was man unbedingt in Schweden tun sollte

- Einladungen von Geschäftspartnern nach Hause sind äußerst selten. Hat man die große Ehre, doch in das Heim des Geschäftspartners eingeladen zu werden, sollte man von sich aus vorschlagen, die *Schuhe auszuziehen.* In Schweden gilt es als äußerst respektlos und unhöflich, mit Schuhen in einen Privathaushalt zu gehen. Auch wenn man sehr formell und sehr schick erscheint, sollte zumindest erfragt werden, ob die Schuhe ausgezogen werden sollen.
- Wenn man in einem schwedischen Haushalt zum Abendessen eingeladen wird, bringt man Blumen, Wein oder Pralinen mit. Die Plastikfolie und das Papier sollten vor dem Überreichen entfernt werden.
- Noch am Tisch bedankt man sich bei der Gastgeberin und beim Gastgeber für das Essen, indem man sagt *„tack för maten“ – „danke für das Essen“.*
- In *Apotheken, bei der Post* oder *in anderen Geschäften* sowie *Büros* müssen Nummernkarten gezogen werden.
- Im *Smalltalk* den Geschäftspartner nicht nach seinem Privat- und Familienleben fragen. Das Wetter ist dagegen ein ideales Thema, um in Kontakt zu kommen.
- Die Vorsicht und die *Reserviertheit der Schweden* sollten respektiert werden.

Was man unbedingt in Schweden unterlassen sollte

- Die Schweden sind äußerst pünktlich. Fünf Minuten zu einem Gespräch zu spät zu kommen, gilt als unhöflich.
- Schweden sollten niemals kritisiert werden. Es gibt eine ungeschriebene internationale Regel, die besagt, dass jeder sein eigenes Land kritisieren kann, aber nicht ein Ausländer.
- Die Schweden sind *modest,* das heißt sehr bescheiden. Sie würden niemals ihre eigene Person mit allen Vorzügen vor anderen Menschen darstellen. Erhalten Schweden ein Lob oder ein Kompliment, wird auch dieses von ihnen selbst heruntergestuft. Nichtschweden sollten sich selbst zurücknehmen und nicht zu provokativ auftreten.
- Personen, die geben, ohne dem Empfänger die Gelegenheit zur Gegenleistung zu bieten, stoßen auf Ablehnung.

Unternehmensformen und Anreden

In Schweden nennt man die Personengesellschaften *„enskild firma"* und die Kapitalgesellschaften *„aktie bolag"*, abgekürzt *„AB"*. Die Vorstände der Kapitalgesellschaften werden im englischen Schriftverkehr mit *„Board of directors"* oder *„Managing directors"* bezeichnet. Im Schwedischen heißen sie *„verkställande direktör"*. Im Schriftverkehr wird diese Bezeichnung so gut wie nie ausgeschrieben, sondern abgekürzt mit *„VD"*.

Im schriftlichen Erstkontakt mit einem schwedischen Geschäftspartner sollte man auf keinen Fall den neuen Partner mit dem Vornamen und *„du"* anschreiben. Höflicher ist es, ihn mit *„Herrn Svensson"* und *„ni, Sie"* anzuschreiben.

Kennt man allerdings bereits seinen schwedischen Geschäftspartner, hat man sich schon einmal gesehen und duzt sich mündlich, dann schreibt man ihn besser mit dem *Vornamen* und *„du"* im Brief an.

Frauen im Geschäftsleben

So gut wie jede Frau übt einen Beruf aus. Die Hälfte aller Arbeitnehmer sind weiblich. Arbeitgeber sind gesetzlich gezwungen, die *Gleichheit von Mann und Frau am Arbeitsplatz* zu vollziehen. Viele Schwedinnen stellen an sich selbst sehr hohe Ansprüche. Sie ziehen Kinder groß, streben nach einer erfolgreichen Karriere und richten sich gleichzeitig ein schönes Haus ein. Oftmals zwingen die niedrigen Gehälter, gerade bei Akademikern, in Schweden die Frauen zur Arbeit. Einen guten Lebensstandard in Schweden zu halten, erfordert zwei monatliche Gehälter.

Restaurantetikette

Die Schweden sind sehr großzügige Gastgeber. Auch während des Geschäftsessens werden geschäftliche Anliegen bis ins Detail durchdiskutiert.

Für Schweden ist es nicht üblich, abends öfter auswärts zu essen.

Meistens ist der Service im Preis inbegriffen. Falls die Bedienung im Preis nicht enthalten ist, dann besser zehn Prozent Trinkgeld geben.

Die Schweden erwarten Reden, Trinksprüche und Toasts während und nach dem Essen.

In Schweden liebt man das Kaffeetrinken. Sie trinken diesen am Morgen, nach dem Mittagessen, am Nachmittag und nach dem Abendessen, eventuell noch am Abend. Üblicherweise wird er dort schwarz ohne Milch und ohne Zucker getrunken. Ein Mal am Tag mit seinem Teamkollegen im Büro eine Tasse schwarzen Kaffee zu trinken, gilt als besonders gesellig. Manchmal gibt es ein *„Bullar"* dazu. Das ist ein kleines Hefegebäck, gefüllt entweder mit Marzipan oder Pistazie. Die Kombination von Kaffee und diesem Gebäck nennt man dann in Schweden *„Fika"*.

Tischetikette

Das schwedische Knusperbrot, *knäckebröd,* wird nicht im Mund abgebissen. Mit den Fingern wird ein mundgerechtes Stück abgebrochen und dann gegessen. Der Brotteig ist nicht vergoren, schimmelt nicht und hält extrem lange.

Kaviar wird überall gegessen, und sogar am Frühstückstisch wird der Kalle-Kaviar, die größte Marke, aus der Tube gequetscht. Kaviar von besserer Qualität wird häufig aus Gläsern mit Toastbrot als Vorspeise serviert.

Geräucherter Aal und *gravlax,* konservierter Lachs in Salz und Dill, sind klassische schwedische Spezialitäten.

Wer keinen Fisch essen mag, der probiert besser Wild. Rentier, Reh, Elch und Mohrhühner sind sehr beliebte Wildfleischarten. Dazu werden Preiselbeeren und Kartoffeln serviert. *Rotmos,* das sind gedrückte Rüben, gibt es manchmal anstelle von Kartoffeln.

Vorsicht, wenn man einen *surströmming* auf der Speisekarte liest. Das ist eine Heringspezialität aus dem Norden Schwedens. Er wird sehr wenig gesalzen. Das bringt den Hering leicht zum Fermentieren. Nicht alle mögen diesen Fisch. Er wird in Dosen aufbewahrt, die sich wegen der Bildung von Sauergas nach außen wölben. Um den Schwaden aus der Fischkonserve zu widerstehen, braucht man schon eine unempfindliche Nase. Der Fisch ist eher als Survival-Training am Küchentisch gedacht!

Eine nationale Delikatesse in Schweden ist der Stockfisch, genannt *Lutfisk.* Das ist ein luftgetrockneter und ungesalzener Magerfisch ohne Kopf und ohne Innereien, wie beispielsweise Kabeljau oder Schellfisch. Um ihn nach dieser Art der Haltbarmachung wieder genießbar zu machen, muss Stockfisch tagelang wässern und quellen.

„Die Dänen leben, um zu essen, die Norweger essen, um zu leben, die Schweden essen, um zu trinken."

Bei fast allen Feierlichkeiten werden Gläser mit *snaps* aufgestellt, und es werden Trinksprüche gehalten. Man sollte dabei sein Glas anheben und jedem am Tisch nacheinander zunicken, in der Reihenfolge von rechts nach links, bevor man trinkt. Hat man das Trinken beendet, sollte man den anderen ebenfalls nochmals zunicken, bevor man das Glas wieder abstellt. Immer daran denken, dass erst der Gastgeber seinen Trinkspruch nennt. Die Damen sollten nicht trinken, bevor der Herr an ihrer Linken ihnen zugeprostet hat. Kurz vor dem Trinken sagt man „*skål*".

Die Menüfolge ist in Schweden eine besondere. Man beginnt mit Fisch, Shrimps oder anderen Schalentieren, dann geht man zum Fleisch über, dann die heißen Gerichte, um mit Käse abzuschließen. Die Regeln heißen: Fisch vor Fleisch und kalt vor heiß. Vor dem Dessert gibt es eine kleine Pause. Zur Nachspeise wird Kaffee serviert. Sehr beliebt ist das Eisessen zum Dessert.

Zum Fisch wird gerne der *snaps* oder *Wodka* getrunken. Der *snaps* wird aus Kartoffeln, Weizen oder Kräutern hergestellt. Der Wodka wird entweder pur oder mit Geschmack von Zitrone oder schwarzen Johannisbeeren getrunken. Kommt man nach einem Menü zum gesellschaftlichen Teil, wird Cognac oder Whiskey serviert.

Was ist ein smörgåsbord?

Das *smörgåsbord* ist eine berühmte schwedische Tradition, eine Art Butterbrotbüfett. Zu einem kompletten *bord* gehören die Komponenten Aal, Hering, Lachs, Meeresfrüchte von Krebs bis Hummer, aufgeschnittenes Fleisch wie Rentierkeule, Roastbeef, schönste Wildpasteten, Spanferkel in Aspik, Salate, kleine warme Gerichte und immer Fruchtsalate und Käse. Man kann mehrmals ans schwedische Büfett gehen und jedes Mal ein anderes Gericht ausprobieren.

Welche Regeln sind bei einem smörgåsbord zu beachten?

- Den Teller nicht mit Gerichten voll packen.
- Der erste Teller sollte für Fisch, besonders Hering, mit einer gekochten Kartoffel und Sauerrahm, reserviert sein.
- Nach jedem Gang einen neuen Teller und neues Besteck nehmen. Den gebrauchten Teller am Tisch stehen lassen.
- Jetzt kann man sich einen Teller mit Lachs in allen Variationen und Kaviar holen.
- Dann einen neuen Teller mit kaltem Fleisch.
- Der vierte Teller ist für das heiße Fleischgericht gedacht.
- Der fünfte Teller ist dann für den Käse.
- Der sechste Teller für das süße Dessert.

Pünktlichkeit

Nicht nur die Arbeit wird effizient gestaltet, auch Termine werden pünktlich eingehalten. Ein akademisches Viertel gibt es nicht. Schweden sind durchschnittlich noch pünktlicher als Deutsche, Briten oder Amerikaner. Das erstreckt sich von der Arbeitsstelle bis ins alltägliche Leben. Privat und geschäftlich wird sorgfältig geplant. Wenn man sich trotzdem verspäten sollte, dann muss man vorher anrufen und den Geschäftspartner von seiner Verspätung unterrichten. Man sollte sich aber im Klaren darüber sein, dass Verspätungen sehr oft zu einer Beeinträchtigung des Gesprächsklimas führen.

Politik und Religion

Schweden ist eine konstitutionelle Monarchie auf parlamentarisch-demokratischer Grundlage. Das Parlament verfügt über eine Kammer mit 349 Sitzen. Alle vier Jahre werden ordentliche Wahlen abgehalten.

Die schwedische Monarchie ist rein konstitutionell. Der schwedische König hat die Aufgabe zu repräsentieren und das Zeremoniell hochzuhalten. Die königliche Familie gehört zur alten Tradition. Das Königspaar *Carl Gustaf der XVI. und seine Königin Silvia* sind sehr populär. Der König stellt das *Staatsoberhaupt* dar und hat in seinem Land keine politische Macht. Diskussionen über die Entstehung einer Republik werden in Schweden ignoriert.

Seit 1814 hat sich die Politik der Neutralität gehalten. Mit dem Beitritt zur EU im Jahr 1995, dachte man, dass Schweden seine Neutralität kompromittieren würde. Schweden müsste seine Armee für EU-Aufgaben einsetzten. Aktuell stellen sie ihr Militär den *Vereinten Nationen* für Friedensmissionen zur Verfügung. Schwedische Soldaten sind weltweit für die UNO unterwegs. Der bedeutendste Repräsentant der schwedischen Neutralitätspolitik war der Sozialdemokrat Olof Palme. Von 1969 bis 1976 und 1982 bis 1986 war er Ministerpräsident. Er wurde 1986 ermordet.

Schweden hat sich an beiden Weltkriegen nicht beteiligt. Schweden hat das Privileg, seit zweihundert Jahren vom Krieg verschont zu bleiben. Viele Nationen der Dritten Welt schauen nach dem Land mit der blaugelben Flagge, wenn sie Hilfe und Gerechtigkeit suchen. SIDA, die schwedische Hilfsorganisation, verteilt Hilfsgüter in die gesamte Welt.

Knapp neunzig Prozent der Bevölkerung gehören der evangelisch-lutherischen Staatskirche an. Am 1. Januar 2000 wurde die Schwedische Kirche vom Staat getrennt und mit anderen Glaubensgemeinschaften gleichgestellt. Allerdings nehmen nur fünf Prozent der Bevölkerung am Gottesdienst teil. Es gibt noch die römisch-katholische Kirche und nichtchristliche Gruppen wie Muslime und jüdische Gemeinschaften.

Business-Outfit

Im Alltag kleiden sich die Schweden eher leger. Arbeitet man aber beispielsweise in Universitätsstädten wie *Lund* und *Uppsala,* kann man schon mal einen *Smoking* brauchen.

Im Geschäftsalltag tragen die Herren in der Finanzbranche wie in allen anderen europäischen Ländern Anzüge, die Damen Kostüme oder Anzüge. Arbeitet man in anderen Branchen, dann sind die Mitarbeiter nicht so traditionell gekleidet. Damen können durchaus Wollpullover oder Strickjacken tragen, und Herren tragen keine Anzüge, sondern Kombinationen. Je höher man jedoch in die Hierarchie der Unternehmen gelangt, umso konservativer wird die Kleidung.

Wird in Schweden für eine abendliche Veranstaltung ein legerer Dresscode angekündigt, so sind die Schweden trotzdem festlich gekleidet, weil sie einen sehr guten Kleidergeschmack haben. Schweden sind modebewusst und bevorzugen schicke Kleidung, besonders am Arbeitsplatz und abends, wenn man ausgeht.

Gesetzliche Feiertage

In den traditionellen Ferienzeiten im Juli und August sowie zwischen Weihnachten und Neujahr nehmen viele Schweden ihren Jahresurlaub. Die Schweden haben im Wesentlichen die gleichen Feiertage wie die übrigen westeuropäischen Länder.

Zusätzliche Feiertage sind:

30. April	*Geburtstag des Königs Carl Gustav der XVI.* und der *Valborg Feiertag.* An diesem Tag vertreiben die Schweden, ähnlich wie bei uns in der Walburgisnacht, die *Wintergeister.*
Freitag vor dem 23. Juni	*Midsommarafton* (Mittsommernacht) und *Midsomm-Ardagen* (Mittsommertag) der beliebteste und am meisten begangene Feiertag in Schweden. Gleichzeitig beginnt die Saison für Flusskrebse.

Grundvokabular

God dag!	Guten Tag!
God morgon!	Guten Morgen!
God kväll!	Guten Abend!
God natt!	Gute Nacht!
Hejdå!	Auf Wiedersehen!
Ha det så bra!	Haben Sie eine gute Zeit!
Tack!	Danke!
Tack så mycket!	Vielen Dank!
Varsågod!	Bitte!

Inhalt

Russland – Vatersname und Geschäftsrituale

In Russland haben der korrekte Umgang mit Menschen, das Aussehen, die Kleidung und *das richtige Benehmen im Geschäfts- und Gesellschaftsleben eine außerordentlich große Bedeutung.* Seine eigenen negativen Emotionen zu beherrschen, zeugt von guten Manieren. Das Lächeln ist das beste Mittel, um Ärgernisse zu besiegen.

Zu Zeiten des letzten Zaren Nikolaij II. hatte man nach der französischen Etikette gelebt und sehr viel französisch gesprochen. Der Zar wurde damals gezwungen, das Land zu verlassen und nach Frankreich zu flüchten. Ziel war es, die Europaorientierung zu unterbinden, um dem Kommunismus eine Chance zu geben. Von da an starb die französische Etikette im heutigen Russland.

Folgende Prämissen gelten für Russland, Teile von Weißrussland sowie für die Ukraine:

Russland befindet sich – nach der Auflösung der Sowjetunion – gegenwärtig immer noch in einer umwälzenden Veränderung, was zur Folge hat, dass sich das Verhalten der Russen gegenüber ausländischen Besuchern in gleichem Maße stark wandelt. In den Zeiten des Kommunismus war das Verhalten der russischen Bevölkerung sehr stark von großer Distanz, Abwehrhaltung und Misstrauen gegenüber Fremden geprägt. Seit der Bildung der Gemeinschaft unabhängiger Staaten (GUS) 1991 verhalten sich Russen deutlich weltoffener. Folglich ist zu beobachten, dass auch west- und mitteleuropäische Umgangsformen Einzug halten.

Die russischen Umgangsformen gleichen sich unaufhaltsam immer stärker an die *westliche Art* an. In den Metropolen St. Petersburg, Minsk, Kiew, Odessa und Moskau beobachtet man Verhaltensweisen, die nicht mehr dem klassischen Bild des Kommunismus und der sowjetischen Ideologie zuzuschreiben sind.

Richtiges Vorstellen und Begrüßen nach russischer Manier

Die Begrüßung charakterisiert das Höflichkeitsmaß und die Rücksicht gegenüber einem Geschäftspartner. Bei Begrüßungen sollten unbedingt alle Rangordnungen, Titel und Auszeichnungen genannt und gewürdigt werden.

> *Folgende prinzipiellen Regeln gelten für den Gruß:*
>
> *Gesellschaftlich:*
>
> Der Mann grüßt zuerst die Frau.
>
> Der Jüngere grüßt zuerst den Älteren.
>
> *Geschäftlich:*
>
> Der Rangniedrigere grüßt zuerst den Ranghöheren, unabhängig vom Geschlecht.

In folgenden Fällen sollte unbedingt die Frau zuerst grüßen:

- Wenn sie an einer Personengruppe vorbeigeht.
- Wenn der Mann viel älter ist als sie.
- Wenn der Mann ihr Vorgesetzter ist.
- Wenn sie einen Kunden/eine Kundin empfängt.

Beim Begrüßen verwendet man häufig Redewendungen, wie *„Guten Morgen"*, *„dobroe utro"*, *„Hallo"*, *„Privjet"* oder bei sehr guten Geschäftsfreunden *„Ich freue mich, Sie begrüßen zu dürfen! Ja rada privetstwowat'was"*. Im Gegensatz zur deutschen Businesskultur werden Begrüßungsfloskeln in Russland positiv bewertet.

Eine besondere Höflichkeit vermittelt man durch die Äußerung *„Angenehm! Otschen prijatno"* nach der Begrüßung. Begrüßungsfloskeln sind willkommen.

Den Blick bei der Begrüßung niemals schweifen lassen, sondern immer Blickkontakt halten.

In Geschäftsgängen oder im Restaurant werden Vorbeigehende oder am benachbarten Tisch Sitzende nur mit einem Kopfnicken begrüßt.

Wer einen Raum betritt, grüßt zuerst die Anwesenden.

Nur bei Verwandten und engen Freunden grüßt man sich mit russischer Umarmung und küsst sich. Meist ist es ein Kuss auf die Wange, bei sehr guten Privatfreunden oder innerhalb der Familie kann es auch ein Kuss auf den Mund sein. Mit der Beendigung des kommunistischen Regimes ist der übliche Austausch von Küssen unter Politikern weggefallen. Auch gute Geschäftspartner begrüßen sich mit Umarmung und mit Küssen auf die Wange.

Meist wird in Russland zwecks gemeinsamer Verständigung im internationalen Geschäft die englische Sprache gesprochen. Erstaunlich viele gebildete Russen sprechen die deutsche Sprache, auch wenn sie noch nie zuvor Deutschland besucht hatten. Dann wird natürlich auch Deutsch gesprochen.

Russen fühlen sich am wohlsten, *wenn sie von Dritten einander vorgestellt werden.* Als ausländischer Mitarbeiter oder Geschäftspartner sollte man abwarten, bis man vorgestellt wird. Falls nach einigen Minuten keines dieser Prozedere beginnt, kann man sich immer noch selbst vorstellen. Meist ist es im russischen Geschäftsleben üblich, sich mit dem Vornamen oder mit dem Vornamen plus Vatersnamen vorzustellen. In Deutschland wäre diese Vorgehensweise im Business zu vertraulich!

Niemals unaufgefordert Platz nehmen!

Bei der Verabschiedung jedem der Gruppe die Hand geben und nicht nach amerikanischer Manier allgemein winken. Vorsicht! Damen mit Kopfnicken verabschieden. Es sei denn, sie reichen die Hand.

Russische Geschäftspartner tauen im Allgemeinen nach dem ersten Treffen schnell auf. Bei der dritten oder vierten Businessveranstaltung kann man sich schon mal umarmen.

Korrekte russische Anrede

Russen haben generell drei Namen: Der erste Name ist ihr Vorname, der letzte Name ist der Familienname des Vaters, und der mittlere Name ist eine Version, des Vornamens ihres Vaters. Diesen mittleren Namen nennt man *Vatersname* oder *Patronym.*

Wie wird der Vatersname abgeleitet?

Für einen Mann besteht das Patronym aus dem Vornamen des Vaters mit dem anhängenden Suffix *-witsch* oder *-owitsch,* was so viel heißt wie „Sohn des".

Beispiel:

Iwan Pawlowitsch Smirnow heißt ein russischer Vater. Iwan ist sein Vorname und Smirnow sein Nachname. *Pawlowitsch* ist sein Vatersname.

Sein Sohn heißt *Iwan Iwanowitsch Smirnow.* Iwan ist sein Vorname. *Iwanowitsch* ist die männliche Abwandlung vom Vater-Iwan. Smirnow ist sein Nachname.

Für eine Frau besteht das Patronym aus dem Vornamen des Vaters mit dem angehängten Suffix *„-na"* oder *„-owna"*, was *„Tochter des"* bedeutet. An den Familiennamen des Vaters wird ein *„a"* oder ein *„owa"* angehängt.

Beispiel:

Der Vater heißt Wladimir Aleksandrowitsch Konwaew. Die Tochter heißt Natalia Wladimirowna Konwaewa.

Beispiel:

Seine Tochter heißt *Raisa Iwanowna* Smirnowa. *Raisa* ist ihr Vorname. *Iwanowna* ist die weibliche Abwandlung von Iwan. *Smirnowa* ist wieder der Familienname.

> *Systematik russischer Namen:*
>
> Vorname (imya),
>
> Vatersname (otchestvo), Patronym
>
> Familienname (familiya).

Wie spricht man Russen/Russinnen korrekt an?

Beim ersten Kontakt stellen sich meist Russen mit Vornamen und Patronym oder nur mit dem Vornamen, aber fast immer ohne Familiennamen, vor. Als Ausländer sollte man unbedingt diesen Vornamen und den Vatersnamen annehmen und den Geschäftspartner mit seinem Vornamen plus evtl. Vatersnamen ansprechen. Die Anreden *„gospodin"* für *„Herr"* oder *„gosposcha"* für *„Frau* oder *Fräulein"* sind unter Russen nicht gebräuchlich.

Liest ein Russe eine deutsche Visitenkarte, wird er meist den Vornamen des deutschen Geschäftspartners lesen und sagen. Ausländer sollten sich anpassen. Als Ausländer sollte man seinen russischen Arbeitskollegen mit *gospodin* oder *gospascha plus Familiennamen* nur dann anreden, wenn man die Visitenkarte des Arbeitskollegen erhalten hat, auf der der komplette Name geschrieben ist.

Auf der Visitenkarte wird meist der *Nachname mit der Funktionsbezeichnung* kombiniert, beispielsweise Generaldirektor Koslowski oder Finanzdirektor Schmitt: *Generalnij Direktor Koslowski, Finanzowij Direktor Schmitt.* Die Bezeichnungen auf der Visitenkarte werden im Mündlichen nicht verwendet, sondern im Anschriftenfeld auf dem Briefkuvert. Spricht ein Dolmetscher den russischen Geschäftspartner mit Vornamen und Vatersnamen an, dann sollten Ausländer diese Anredeform adaptieren.

Weitere Visitenkartengestaltungen:

Viktor Shabadash, Direktor

Igor V. Baranov, Chief of Project

Maltseva Valentina Aleksandrovna, Deputy Production Director

Benutzen Sie *den Vornamen und das Patronym* statt *gospodin plus Familienname* und zwar ohne Aufforderung des russischen Geschäftspartners, da diese Anredeform unter Russen förmlich, höflich und gebräuchlich ist.

Beispiele:

Mündliche Anrede der Geschäftsfrau:

„Raisa Iwanowna"

Mündliche Anrede des Geschäftsmannes:

„Iwan Iwanowitsch"

Die mündliche Anrede erfolgt ohne *„Herr, gospodin"* und ohne *„Frau, gosposcha"*. In den Jahren vor 1990 hat man sich mit Genossin und Genosse *„towaritsch"* angesprochen. Heute sind diese Bezeichnungen selbstverständlich nicht mehr zeitgemäß.

Nur im *Schriftverkehr* wird der Familienname verwendet.

Zwischen *Frau* und *Fräulein „gosposcha"* wird in der russischen Ansprache nicht unterschieden.

Russen können sich Namen sehr gut merken. Ausländer können daher Riesenbeleidigungen begehen, wenn sie den Namen ihres Geschäftspartners vergessen haben.

Beispiel:

Die Frau von Iwan Pawlowitsch Smirnow kann nach der Hochzeit mit ihm *Maria Iwanowna Smirnowa* heißen, wenn ihr Vater mit Vornamen Iwan geheißen hat. Vor der Hochzeit hieß sie *Maria Iwanowna Karnowsky.*

Verheiratete Frauen können den Familiennamen des Mannes übernehmen. Wie in Deutschland können die Frauen ihren Mädchennamen behalten oder einen Doppelnamen eingehen.

Russische Kellnerinnen werden höflich mit *„Schenschtschina"*, *„Hallo Sie"* gerufen.

Russen verwenden ihrerseits bei der Anrede von Ausländern gewöhnlich recht schnell den Vornamen und „Sie". Hier sollte man sich als Deutsche/Deutscher anpassen.

Wie stellt sich eine russische Dame als Geschäftsfrau vor?

Nur mit dem Vornamen.

Beispiel: „Raisa".

Umgang mit akademischen Titeln

Akademische Titel in Russland unterscheiden sich von den deutschen Titeln. Im Gegensatz zu Deutschland werden sie in der russischen Sprache nicht immer vor den Namen gesetzt, sondern können nach dem Familiennamen beispielsweise auf Visitenkarten stehen.

In der Praxis wird jemand mit Doktortitel nicht gleich mit *Doktor plus Familienname* angesprochen. Genannt wird der Titel jedoch am Anfang einer Geschäftsbeziehung oder während eines *Vorstellungsprozederes,* um alle Anwesenden über diesen akademischen Titel zu informieren.

Beispiel:

Dr. nauk Iwan Iwanowitsch Smirnow wird angesprochen mit *„Iwan Iwanowitsch"*, das heißt ohne Titel. Diese Anrede gilt als sehr höflich und formell.

Akademische Grade werden so gut wie gar nicht verwendet. In der indirekten Anrede wird oft nur der Familienname des Angeredeten verwendet, ohne „Herr/Frau". Das klingt für uns nicht schmeichelhaft, ist aber nicht grob.

In der schriftlichen Form werden diese Titel jedoch vor den Namen gesetzt, aber auch nicht durchgehend, sondern am Anfang eines geschäftlichen Kennenlernens. Danach schreibt man immer den *Vornamen und den Vatersnamen der Person.*

Im Anschriftenfeld auf dem Kuvert muss der Titel geschrieben werden.

Was im Deutschen der Doktor ist, ist in Russland der *kandidat nauk.* Dieser Titel steht auf jeder Visitenkarte und wird vor den Namen gestellt. Der Titelträger erwähnt seinen eigenen Titel bei einer Selbstvorstellung nicht.

In Russland gibt es folgende akademische Grade:

- *Bakalawr:* 1. Stufe der Hochschulausbildung.
- *Diplomirowann'ij utschitel:* Diplom.
- *Magistr:* 2. akademischer Grad, eine Vorbereitungsstufe zur wissenschaftlichen Tätigkeit
- *Kandidat nauk (Kandidat der Wissenschaft):* 3. akademischer Grad, nach Anfertigung der wissenschaftlichen Arbeit.
- *Bakalawr, Magister und Kandidat nauk* sind akademische Titel.

Zuletzt gibt es noch einen russischen Titel, den es in Deutschland nicht gibt, den *akademik.* Diese Person hat den höchsten akademischen Titel, den man in Russland überhaupt erhalten kann. Er bezeichnet die Mitgliedschaft in der russischen Akademie. „Professor" und „Dozent" sind Berufsbezeichnungen und keine akademischen Titel. Unter den Professoren einer Universität wird einer ausgewählt, der Mitglied der Akademie der Wissenschaften wird.

Die Mitgliedschaft in dieser Akademie ist in Russland Voraussetzung für die Veröffentlichung von Büchern und öffentlichen Artikeln.

Umgang mit Adelstiteln

Auch wenn es vielleicht noch Nachkommen von russischen Zaren oder Fürsten gibt, sind die Adelstitel in Russland eigentlich ausgestorben. Es besteht in der Praxis auch kein Adeliger auf die genaue Titulierung.

Baron heißt im Russischen auch *baron,* die Baronin jedoch *baronessa.* Graf heißt *graf,* während die Gräfin *grafinja* heißt.

Beispiel: *„Grafinia Puschkina"*

Anreden im Schriftverkehr

Russische Geschäftsleute untereinander reden sich im Brief an mit: *„Sehr geehrte Nelli Sergejewna, ...". Ohne die Bezeichnung Frau. „Sehr geehrter Ivan Sergejewitsch, ...". Ohne die Bezeichnung Herr.*

Korrektes russisches Anschreiben

Die Adresse in Russland wird folgendermaßen geschrieben:

Land

Postleitzahl

Stadt

Straße

Hausnummer/Nr. der Wohnung

Initialen des Vornamens und Vatersnamens plus Familienname

Beispiel:

Russia 1234
St-Petersburg
Uliza Gorkogo (ul.)
d. 15 kw. 9
P. I. TSCHAIKOWSKY

d. steht für *dom* und heißt *Haus. kw* ist eine Abkürzung für *kwartira* und bedeutet *Wohnung.* P. I. beispielsweise heißt Peter Ilgitsch, Vorname und Vatersname.

In offiziellen Schreiben wird auf keinen Fall geduzt, auch wenn man sich mit der Person im Alltag duzt. Vor allem dann, wenn der russische Geschäftspartner einen höheren Rang als man selbst einnimmt.

In der nächsten Zeile wird der Betreff erwähnt mit der englischen Einleitung *„RE", in reference to.*

Beim eigentlichen Text werden zwischen den Absätzen drei bis vier Leerzeilen gelassen.

Beendet wird das Schreiben mit gängigen Abschlusssätzen wie *„mit den besten Wünschen"*. Russisch: *„iskrenne wash"*. Ein sehr förmlicher, aber nicht kühler Abschiedsgruß ist das *„Hochachtungsvoll"*. Auf Russisch: *„S uwashenijem"*.

„Mit freundlichen Grüßen" ist in Russland nicht üblich.

Die Unterschrift erfolgt rechts unter dem Abschlusssatz und nicht, wie in Deutschland üblich, linksbündig.

Drei Arten von Briefen sollten per Hand geschrieben werden: Beileidserklärungen, Einladungen und die Dankesbriefe.

Vornamen, Patronyme und Familiennamen werden gewöhnlich in Großbuchstaben geschrieben.

Russischer Handschlag

Der Händedruck ist ein unabwendbarer Bestandteil in der russischen Etikette. Die russische Version besteht aus einem festen Griff und einem mehrmaligen kurzen, schnellen Händeschütteln. Nur im privaten Bereich sollte man eine Hand mit beiden Händen drücken. Es bezeugt eine besondere Freude, aber nicht unbedingt eine innige Freundschaft. Häufig drückt es eine Unterwerfung unter eine andere Person aus. Ein Chauffeur, der von seinem Arbeitgeber begrüßt wird, wird den Händedruck mit beiden Händen erwidern, besonders in ländlichen Gegenden und ganz besonders bei großen Rangunterschieden. Es drückt eine besondere Freude aus, ist aber nicht mit einer innigen Freundschaft zu verwechseln.

Wer gibt wem zuerst die Hand?

Gesellschaftlich

Die ältere Dame gibt zuerst der jüngeren Dame die Hand.

Der ältere Herr gibt zuerst dem jüngeren Herrn die Hand.

Geschäftlich

Der Ranghöhere gibt dem Rangniedrigeren zuerst die Hand.

Der Gastgeber gibt seinem Gast zuerst die Hand.

Welche Attribute gelten im geschäftlichen Russland?

1. Rang: Hierarchieebene

2. Rang: Altersstufe

Beispiel:

Mehrere Geschäftspartner stehen in einer Gruppe und unterhalten sich. Der neu Hinzugekommene muss sich jetzt überlegen, wem er in welcher Reihenfolge die Hand gibt. Die Rangunterschiede stehen hier bei der Entscheidung an erster Stelle, das heißt, der Eintretende gibt die Hand zuerst dem Unternehmenschef. Sind mehrere Unternehmenschefs anwesend, entscheidet Rang zwei, also das Alter. Der sichtbar Älteste wird ausgewählt.

Besonderheit:

Es ist völlig tabu, als Herr einer Dame die Hand zuerst zu reichen! Ein Russe gibt niemals zuerst einer Dame die Hand, sondern wartet ab, ob die Frau ihm überhaupt die Hand reicht. Fast immer grüßt ein Russe eine Frau von sich aus nur mit einem Kopfnicken. Damit wird eine körperliche Berührung vermieden.

Wenn sich zwei Paare privat treffen, begrüßen sich die Damen zuerst und dann erst die Herren.

Generell gilt, dass alle Anwesenden bei einer Begrüßung gleichbehandelt werden. Das heißt, begrüßt man einen Gast per Handschlag, dann sollte man den anderen Gästen ebenfalls die Hand reichen, mit Ausnahme der Damen, um eine Berührung zu vermeiden.

Die am meisten gebräuchlichste Form des Begrüßens bei Frauen ist die *Kombination von Kopfnicken und Händegeben.*

Handschuhe kann man bei der Begrüßung im Freien anbehalten. Die Herren ziehen aber ihre Handschuhe aus, wenn sie eine Dame Begrüssen. Die Frau kann ihre Handschuhe stets anbehalten.

Handküsse sind im Geschäftsleben in Russland völlig tabu. Sie werden mit der vorrevolutionären Monarchie verbunden und sind deshalb weggefallen. Privat und bei sehr guter Bekanntschaft kann ein Kavalier schon mal mit einem Handkuss schmeicheln. Rein symbolisch ist allerdings der Handkuss zu verstehen und auf keinen Fall mit einem Schmatzen verbunden.

Den alten *Bruderkuss à la Breschniew und Honecker* aus den ehemaligen Sowjetzeiten findet man heute noch unter engen Geschäftsfreunden und Freunden.

Faustregel:

Zeigen russische Geschäftspartner ***körperliche Nähe*** durch Umarmungen, festen Händedruck oder überschwängliches Auf-die-Schulter-Schlagen, dann ist das Meeting positiv verlaufen. Andererseits: Fehlen diese Zeichen des persönlichen Kontakts, die Gesichter sind starr und weniger freundlich, dann hat man die russische Sympathie nicht gewonnen.

Auch Männer, die sich privat kennen, umarmen sich, was längst kein sozialistisches Relikt, sondern ein Zeichen der besonderen Wertschätzung ist.

Richtiges Bekanntmachen

Wenn man sich bereits mit seinem Geschäftspartner unterhält und es tritt ein weiterer hinzu, der den Geschäftspartner nicht kennt, so müssen die beiden einander vorgestellt werden.

Folgende Regeln im Business sind zu beachten:

Der Rangniedrigere wird dem Ranghöheren zuerst vorgestellt und dann umgekehrt.

Folgende Regeln im Privaten sind zu beachten:

Der Jüngere wird zuerst dem Älteren vorgestellt und dann umgekehrt.

Der Herr wird zuerst der Damen vorgestellt und dann umgekehrt.

Der Verwandte wird dem Fremden vorgestellt und umgekehrt.

Es ist in Russland nicht üblich, dass bei einer Einladung alle Gäste vorgestellt werden. Eine Konversation beginnt man einfach mit seinem Tischnachbarn, ohne vorher vom Gastgeber bekannt gemacht worden zu sein.

Die Etikette im Privatleben erlaubt es einer Dame nicht, sich selbst einem Mann vorzustellen. Sie braucht dazu einen Mittelsmann. Das gilt selbstverständlich nicht für Geschäftsbeziehungen.

Neue Geschäftskunden werden vom Unternehmenschef selbst vorgestellt. Er begrüßt den Kunden und spricht seinen Namen laut aus. Derjenige, der vorgestellt wird, positioniert sich so, dass er von allen gesehen werden kann. Er verbeugt sich leicht.

Wenn ein Geschäftspartner einen anderen vorstellen möchte, verwendet man in Russland sehr gerne Einleitungen, wie *„Erlauben Sie mir, Herrn Breshnow vorzustellen?" „Poschalusta, poswoltemne predsatrit' Vam Gospodin Breshnow?"* Es reicht, den Vornamen und Vatersnamen zu nennen. Den Familiennamen kann der Vorzustellende selbst sagen. Diese Vorgehensweise ist im Privaten und im Geschäftlichen üblich.

Männliche Geschäftspartner sollten sich ausnahmslos von ihrem Stuhl erheben, wenn sie in eine Vorstellungsrunde geraten. Frauen dürfen sitzen bleiben.

Häufig sagt man bei der Bekanntmachung *„angenehm", prejatno"* oder *„otschen prijatno"*. Diese Begrüßung kommt aber nur von der Person, der man selbst vorgestellt wurde – nicht von beiden Seiten.

Bei der Bekanntmachung zweier Personen sollte man auf folgende Ausdrücke verzichten: *„Darf ich Ihnen Herrn Srobra, meinen besten Geschäftsfreund, vorstellen?"*, auch wenn es sich dabei wirklich um einen besten Geschäftsfreund handelt. Die andere Person könnte denken, dass man ihn für alles andere als für einen guten Freund hält.

Visitenkarten

Üblich sind in Russland barocke und üppige Gestaltungen von Visitenkarten, die nicht selten mit goldener Farbe beschriftet sind. Gibt ein Russe eine Visitenkarte in *kyrillischer Schrift,* die in Russisch verfasst ist, dann wird sie Vornamen, Vatersnamen und Familiennamen, die Dienststellung und auch den Titel enthalten. Als Ausländer hat man die Möglichkeit, den Geschäftspartner mit Vornamen und Vatersnamen anzusprechen. Auf den ins Deutsche oder Englische übersetzten Visitenkarten sind meist keine Vatersnamen enthalten. Hat sich der Überreicher der übersetzten Karte nur mit seinem Vornamen vorgestellt, dann spricht nichts dagegen, ihn auch mit diesem Namen anzusprechen. Er wird den deutschen Geschäftspartner auch mit Vornamen anreden. Das gilt gleichermaßen für den Umgang mit Frauen. Verwendet ein Dolmetscher dagegen beharrlich die Anrede *„gospodin Smirnow"*, dann wird der Russe auch dazu übergehen, den Familiennamen zu nutzen. Wichtig ist aber, dass man immer die Russen siezt *„wui"*, auch wenn man sie beim Vornamen anspricht.

Die geschäftliche Visitenkarte ist auch in Russland ein unabdingbares Attribut einer Geschäftsperson. Der erste Kontakt läuft in der Regel unter Austausch von Visitenkarten zu Beginn einer Verhandlung ab.

Die Visitenkarte wird zuerst dem Leiter der russischen Delegation oder der Person mit dem höchsten Rang überreicht.

Erhält man eine Visitenkarte, ist es unerlässlich, diese auch langsam sowie offensichtlich zu lesen und nicht nur einen flüchtigen Blick darauf zu werfen.

Es ist völlig respektlos, fremde Visitenkarten zu beschriften.

Ausländische Visitenkarten sollten in kyrillischen Schriftzeichen geschrieben sein und der russische Text auf der Rückseite stehen. Jeder akademische Grad, der vollständige Titel und die Position sollten auf der Visitenkarte zu lesen sein. Der Status ist in Russland besonders wichtig.

Niemals die Visitenkarte mit der linken Hand austeilen bzw. empfangen. Die linke Hand gilt in der islamischen Welt als unrein. Der Islam ist eine Minderheitenreligion Russlands.

Heute ist es international üblich, die Visitenkarte in die Landessprache übersetzen zu lassen. Die Visitenkarte dann immer mit der Landessprache nach oben an den Russen überreichen.

Man überreicht die Visitenkarte erst, nachdem man vorgestellt wurde.

Die Visitenkarte wird entsprechend der hierarchischen Rangstufen der Gesprächspartner überreicht.

Funktionsbezeichnungen auf den Visitenkarten, die nicht international sind, sollte man durch aussagefähige Bezeichnungen ersetzen. Logos können auf den Visitenkarten bestehen bleiben und müssen nicht übersetzt werden. Es ist eine Beleidigung eines russischen Geschäftspartners, nicht ausreichend Visitenkarten dabei zu haben.

Duzen und Siezen in Russland „ti und wui“

Stellt sich jemand mit Vor- und Vatersname vor, dann möchte diese Person gesiezt werden. *Stellt sich ein Geschäftspartner nur mit dem Vornamen vor, heißt das nicht sofort, dass er geduzt werden möchte.* Alle fremden Personen werden grundsätzlich gesiezt, auch wenn sie wesentlich jünger sind, ausgenommen Kinder.

Wenn man mit einem Geschäftskollegen per *du* ist, sollte man in einer offiziellen Umgebung diese Person siezen.

Spricht man in Russland über eine abwesende Person, gehört es sich nicht, Pronomen wie *„sie“* und *„er“* zu verwenden. Man sollte den Namen der abwesenden Person aussprechen.

Es ist besser sich zurückzuhalten und den russischen Vorgesetzten nicht zu duzen, auch wenn er dies zulässt.

Jugendliche ab 14 Jahren werden in Russland gesiezt.

> *Wer bietet wem das „Du“ an?*
>
> Der Ranghöhere dem Rangniedrigeren.
>
> Der Ältere dem Jüngeren.
>
> Die Dame dem Herren.

Smalltalk & Culturetalk in Russland

Die Russen kommen in Verlegenheit, wenn es im Gespräch um Geld geht. Als ausländischer Gast sollte man sich bescheiden geben und nicht über sein *Einkommen* sowie über *Karriere* reden.

> *Die Russen leben nach folgenden Grundsätzen:*
>
> *„Geld macht das Glück nicht aus."*
>
> *„Armut ist kein Fehler."*
>
> *„Mit der Liebsten kommt einem die Scheune wie das Paradies vor."*

Russen sind sehr empfindlich gegenüber *Zynismus* und *groben Witzen.*

In Russland ist es nur möglich, über das *Thema Gesundheit* zu sprechen, wenn man seine eigene Gesundheit und seinen eigenen Wohlstand nicht „heraushängen" lässt. Es ist hingegen zulässig, über Missstände zu klagen.

Über Geistliche oder Politiker sollte im Gespräch *nicht offen gelacht* werden.

Zu Sowjetzeiten war die persönliche Unzufriedenheit über den Lebensstandard ein Thema für das „heimliche Küchengespräch" fern von der Öffentlichkeit. Heute dürfen alle *politischen und weltbewegenden Themen* besprochen werden.

Über das *Wetter* sollte nicht geredet werden. Der Russe empfindet dieses Thema als zu banal und denkt, dass die Unterhaltung nicht gelingt.

Ein weiteres *zulässiges Thema für eine Unterhaltung sind Kinder* und *Familienangelegenheiten.* Die Russen legen viel Wert darauf, dass die Kinder in der Schule erfolgreich sind. Sie reden gerne darüber und sind stolz darauf. Es ist für den Russen meist erfreulich, wenn man ihn zu den Erfolgen, Hobbys und Freizeitgestaltungen seiner Kinder befragt.

Die Russen tragen selten *Fotos ihrer Angehörigen* bei sich und stellen meist auch keine Bilder in ihren Büros auf. Wenn man als ausländischer Gast allerdings dem Russen die Fotos der eigenen Angehörigen zeigt, trifft man auf lebhaftes Interesse.

In Russland ist es im Gegensatz zu Deutschland nicht üblich, jemandem nachträglich zu einem Feiertag zu gratulieren. Dafür ist es aber durchaus verbreitet, *im Vorhinein zu gratulieren.*

Trotz der obigen Aussagen zum Thema Kinder, ist es nicht üblich zu fragen, *„Haben Sie eine Familie?"*, *„Wie viele Kinder haben Sie?"* oder *„Wo arbeitet Ihr Mann?"*.

Stellt der Russe in einem Gespräch *Fragen über die Familie* des ausländischen Besuchers, sollte man dieses Verhalten nicht als aufdringlich bewerten, sondern als ein Zeichen des Interesses und der Sympathie.

Der enorme *Unterschied in der technischen Entwicklung* zwischen dem Westen und Russland sollte auf keinen Fall erwähnt werden. Themen wie Tschetschenien vermeiden.

Völlig tabu ist auch jede Äußerung über die Zeit des Zweiten Weltkrieges, die Zarenzeit, die Monarchie, den Holocaust und die ethnischen Minderheiten.

Niemals Moskau und St. Petersburg vergleichen, da diese Städte wie Rom und Mailand, New York und Los Angeles in Konkurrenz zueinander stehen.

Russen sind dafür bekannt, dass sie gern emotional reagieren. Als ausländischer Gast wartet man am besten ab, bis der russische Gesprächspartner sich wieder beruhigt hat.

Komplimente sind ein wesentlicher Teil eines guten Eindrucks auf die russische Gesellschaft. Sie sollten einfach und natürlich sein. Wenn man Komplimente nicht oft, sondern wohl dosiert und feinfühlig verwendet, verleihen sie der Unterhaltung eine gewisse Eleganz. Unter Männern sind Komplimente nicht nur nicht üblich, sondern gelten sogar als unanständig. Damen sollten Herren genauso wenig Komplimente machen. Erhalten Russinnen Komplimente, fühlen sie sich oft unbehaglich, da sie es nicht gewohnt sind. Sie lieben die Zurückhaltung.

Man sollte auf keinen Fall irgendwelche Gegenstände in Regalen oder auf Schreibtischen stark loben, weil man nach russischer Tradition diesen Gegenstand geschenkt bekommt und in peinliche Situationen gerät.

Welche Komplimente sind erlaubt?

- Die große Musikalität aller Russen.
- Die Fähigkeiten und Qualifikationen der russischen Persönlichkeiten, beispielsweise Komponisten.
- Die Gastfreundschaft der Russen.

Berühmtheiten wie der Komponist *Pjotr Tschaikowsky* (1840–1893) mit seinen elf Opern und drei Balletten wie *„Schwanensee"*, *„Dornröschen"* oder *„Der Nussknacker"* sollte man zumindest dem Namen nach kennen. Auch *Wassily Kandinsky* (1866–1944), der als russischer Maler und Grafiker zum Wegbereiter der abstrakten Kunst wurde. Der Dichter *Alexandr Sergejewitsch Puschkin* (1799–1837) gilt als der Vater der russischen Prosa. Durch ihn gewann die russische Dichtung zum ersten Mal weltliterarische Bedeutung.

Tipps für das Business

Die menschliche Komponente spielt im russischen Geschäftsverkehr eine weitaus größere Rolle als in den meisten westeuropäischen Ländern. Russland gleicht in dieser Beziehung stärker den asiatischen Kulturen. Der persönliche Eindruck, den man von einem Geschäftspartner hat, ist immens wichtig. Förderliche und hemmende Emotionen werden stärker in eine Geschäftsbeziehung eingebracht, als dies üblicherweise in Westeuropa der Fall ist.

Geschäftspartner, die in Russland großspurig auftreten und ihre Erfolge oder wirtschaftliche Überlegenheit zur Schau stellen, machen sich wenig beliebt.

Russen verwundern durch ihren Befehlston eigenen Mitarbeitern gegenüber ausländische Gäste. Dieser Umgang zwischen russischen Kollegen resultiert aus dem *Prinzip der hierarchischen Struktur* der Gesellschaft und hat nichts mit Unhöflichkeit zu tun.

Die russische Kultur gilt als eine *Kultur der Berührung und Körpernähe.* Westeuropäer empfinden Begrüßungs- und Verabschiedungssituationen oft zu intim, da nun die *Distanzzone* zum russischen Arbeitskollegen viel kleiner ist. Es ist üblich, sich gegenseitig auf die Schultern zu klopfen oder sich zu umarmen, wenn man sich untereinander sehr gut kennt. Körperliche Berührungen deuten Vertrauen an.

Grundsätzlich gilt, dass Elemente der Fremdheit erhalten bleiben müssen. Die Russen mögen, wenn ein Ausländer *Sprachdefizite* zeigt, dann wird die Person hochgeschätzt und hilfsbereit behandelt.

Kompromissbereitschaft ist in Russland ein *Zeichen von Schwäche.* Besser ist es, sich in Geduld zu üben, viel Sitzfleisch zu haben und Probleme auszusitzen.

Das Geschäft steht nicht immer im Vordergrund. Man sollte als Ausländer *ehrliches und persönliches Interesse* an Russen zeigen.

Der Vortragsstil ist von *Theatralik* und *Emotionalität* gekennzeichnet. Dahinter steht keine Einschüchterungstaktik, sondern die reine Absicht, Forderungen zu unterstreichen.

Russische Geschäftspartner *verhandeln wie sie Schach spielen.* Sie denken mehrere Züge voraus, was deutsche Verhandlungspartner ebenfalls praktizieren sollten.

Russen sind im Geschäftsleben *hierarchiebewusst* und vertreten als Team eine einstimmige Meinung. Verbindlich wird ein Vertrag nur dann genommen, wenn er für beide Geschäftsparteien von Vorteil ist.

Da Russland ein patriarchalisch geprägtes Land ist, setzt sich diese Tradition häufig in den Führungsetagen der Unternehmen fort. Der Mitarbeiter wird als Untergebener angesehen, über den man als Geschäftsführer frei verfügen kann. Das Statusdenken ist dementsprechend hoch. Dieses äußert sich darin, dass Chauffeur, Leibwächter und teure Autos zur Grundausstattung jedes Geschäftsführers eines großen Unternehmens gehören.

Die *Sitzordnungen in Verhandlungen* sind ebenfalls sehr hierarchisch angelegt. Die höchstrangige Person auf jeder Seite sitzt der anderen in der Mitte des Tischs gegenüber. Zunächst wird eine allgemeine Unterhaltung stattfinden, bevor man zum geschäftlichen Teil kommt. Schriftlichen Verträgen wird nicht die gleiche Verbindlichkeit wie in Deutschland beigemessen.

Viele russische Geschäfte werden beim gemeinsamen Essen beschlossen. Die Russen suchen den persönlichen Kontakt. Telefonverhandlungen führen selten zu Verträgen.

Um die persönlichen Beziehungen zu Geschäftspartnern zu prägen, sollte man Gastgeschenke überreichen. Beispiele: Blumen, Fotobände, Grappa, Calvados, Wein und für Russinnen auch Parfüm.

Der *russische Geschäftstag* beginnt zwischen 8.00 Uhr und 10.00 Uhr, aber ab dann kann es schwer sein vorauszusagen, wann Dinge beginnen und mit Sicherheit enden. *Tagesordnungen* können schnell geändert werden, Anpassungen in letzter Minute sind üblich. Von ausländischen Geschäftspartnern dagegen wird Pünktlichkeit, aber auch Flexibilität erwartet.

Falls zwischen den *Meetings Wodka* getrunken wird, sollte man sich, um Brücken zu schlagen, als Gast beteiligen. Die russische Förmlichkeit verlangt beispielsweise, dass die Gäste Wodka trinken können. Das führt gewöhnlich zu großer Informalität, ist aber an sich ein formelles Erfordernis.

Die jüngere Generation von Russen spricht im Geschäftsleben *Englisch.* Die Älteren kaum.

Der *Austausch von Familienfotos* ist eine gute Variante, um den Kontakt zu intensivieren.

In Russland schätzt man ganz besonders ältere Menschen.

Erst Gefühle – dann Logik: Die Russen bauen mit ihren Geschäftspartnern zunächst eine persönliche Beziehungsebene auf und kommen erst dann zum Geschäft mit den finanziellen Gewinnmöglichkeiten.

Auch wenn die Russen sagen, dass sie eine konkrete Situation verstanden haben, muss das noch lange nicht der *Wahrheit* entsprechen. Häufig sagen sie das, was der Gesprächspartner hören möchte, ähnlich wie im Orient.

Das russische Gruppenverhalten ist durch *Konformismus* geprägt, da es die größte Sicherheit in der Vergangenheit bot. Ein Russe wird sich nicht von seiner Gruppe abspalten lassen.

Russen lieben die *Konversation* und lange Gespräche. Bürokratismus und polychrones Zeitgefühl können zu unendlich langen Verhandlungen führen.

Zu den Geschäftsterminen wird immer *absolute Pünktlichkeit* erwartet. Private Einladungen erfordern diese akribische Pünktlichkeit nicht. Russen selbst kommen ständig zu spät. 20 bis 30 Minuten Wartezeit muss man einkalkulieren.

Russen verfügen über eine *unerschöpfliche Reserve an Geduld.* Erreichen sie eine bestimmte Grenze, „explodieren“ sie.

Russen denken sich nichts dabei zu fragen, *wie viel Geld man in Deutschland im Jahr verdient.*Diese Frage am besten nicht beantworten, sondern umgehen.

Workaholics verzweifeln in Russland. Die Zeit wird auch gerne am Arbeitsplatz zwecks eines netten Plausches vertrödelt.

Russen machen nicht gerne Geschäfte am Telefon. In Sowjetzeiten wurden große Geschäfte oft in der Sauna abgeschlossen, mit Wodka, Räucherfisch und Kaviar. Heute lädt ein Russe oder eine Russin ausländische Partner nicht nach Hause ein. Meistens leben Russen, auch wenn sie in gehobener Position arbeiten, in beengten Verhältnissen, oft mit mehreren Generationen in einer Wohnung.

Geschäftliche Gespräche werden erst nach einer langen Konversation geführt. Kommt der Ausländer „schnell auf den Punkt des Geschäfts“, dann misstraut der Russe schnell. Die klügste Variante ist, es dem Russen zu überlassen, wann er bei einem informellen Treffen das Business ansprechen möchte.

*Protokolle g*ehören zum Schluss jeder Besprechung.

Wie findet man im Business Zugang zu Russen?

Über die *Loyalität!* Haben die Russen sich einmal ihre Meinung gebildet, dann gibt es keinen Zweifel, und man wird mit Gastfreundschaft überhäuft.

Im Gegensatz zu Deutschen planen Russen im Allgemeinen nicht lange im Voraus. Nach längerem enervierende Stillstand wird in einer Art Feuerwehreinsatz die Aufgabe doch noch bewältigt.

Tief in der russischen Mentalität ist eine gewisse Schicksalsergebenheit verwurzelt. Sobald Schwierigkeiten auftauchen, hält man sich mit Aktivitäten zurück und wartet, bis sich das Problem von alleine löst.

Nach welchen Kriterien bilden sich Russen Urteile über ihre ausländischen Geschäftspartner?

- Echte Wertschätzung und ehrliches Lob konkreter Aspekte Russlands, beispielsweise Kulturschätze, berühmte Komponisten, gutes Essen.
- Sinn für Humor: Russen mögen Anekdoten und humorvolle Erwiderungen.

- Ausgelassenheit: Russen bauen Vertrauen zu jemandem auf, der in vernünftigem Maß ausgelassen ist. Wer gerne tanzt, lacht und trinkt, gilt als sympathisch. Derjenige, der nervös und verschlossen ist, hat womöglich etwas zu verbergen.
- Konversation: Russen mögen lange Diskussionen über fast alle Themen und zeigen Wissbegierde.
- Höflichkeit: Ausländer sollten ältere Leute, den Gastgeber und besonders seine Familie respektieren. Komplimente zu Fähigkeiten wie Singen und Kochen müssen in Betracht gezogen werden.

Rolle der Frau in Russland

Immer mehr Frauen streben in Russland eine Karriere an. Prinzipiell sind Frauen gleichberechtigt. Aber bei näherem Hinsehen ist festzustellen, dass Frauen in den wirtschaftlichen Führungsetagen extrem unterrepräsentiert sind. Dagegen aber bei körperlich schweren Tätigkeiten, beispielsweise Produktion oder Straßenbau anscheinend bevorzugt werden. Frauen findet man auch in den Spitzenpositionen der Wissenschaft und der Kunst. Kassen und liquide Mittel werden fast immer von Frauen verwaltet. Führungspositionen werden fast ausschließlich mit Männern besetzt, da sie als Ernährer gelten. Frauen haben traditionell ihren Platz hinter dem Herd. Im russischen Geschäft spielen die Frauen die *Rolle der Dekoration.* Je mehr Autos, Mobiltelefone und hübsche Frauen eine Firma hat, desto beeindruckender ist diese. Die Einstellung der Durchschnittsrussen ist sehr patriarchalisch. Für Russen verlieren ehrgeizige Frauen ihre Weiblichkeit. Russland ist eine große Machokultur.

Russinnen beschweren sich selten über die Ungleichheit, wohingegen Ausländerinnen zwangsläufig den untergeordneten Status der Russinnen diskutieren.

Gesellschaftliche Gruppen, die gegen den Chauvinismus kämpfen, sind selten und unbeliebt, was bedeutet, dass Russlands verwurzelter Glaube noch für eine Zeit Bestand haben wird.

Tipps für Managerinnen:

- Männer respektieren die Frau, die tut, was sie sagt.
- Versprechen nicht zurückziehen und nicht bei Entscheidungen schwanken.
- Besser Zurückhaltung als zu große Freundlichkeit.
- Provokantes Auftreten versetzt eine Frau in die dekorative, zweitklassige Kategorie.

- Konservatives gepflegtes Äußeres und seriöses Benehmen fördern die Akzeptanz.
- Ausländische Geschäftsfrauen sollten sich nicht durch Handkuss, Türe öffnen und Blumen aus dem Konzept bringen lassen.
- Frauen, die am Feierabend mit den Russen regelmäßig trinken, gehen ein gefährliches Spiel ein. Der Russe wird wahrscheinlich die weibliche Kameradschaft als Promiskuität ansehen.

Selbständige westliche Frauen geraten oft mit russischen Männern aneinander. Der russische Mann fühlt sich beleidigt, wenn die Frau die Weinflasche entkorkt, einem Mann die Türe öffnet, sich selbst ihre Zigarette anzündet oder bei einem Geschäftsessen selbst bezahlt.

Im Unterschied zu Deutschland bestehen die Russinnen im Geschäftsleben auf ihre gesellschaftlichen Vorrechte. Das heißt sie bekommen sehr förmlich bei einem Restaurantbesuch den ehrenvollsten Platz, möglichst an der Wand mit Blick ins Lokal, auch wenn sie Gastgeberinnen sind.

Restaurant- und Tischetikette

Gäste im Hotel dürfen nur bis ca. 1 Uhr in der Nacht bleiben, danach werden sie aufgefordert, das Hotel zu verlassen. Manchmal müssen Gäste bereits um 22 Uhr oder 23 Uhr das Haus verlassen.

Was Trinkgeld angeht, so gibt es in Russland keine bestimmte Norm, was man der Bedienung gibt. Es ist üblich, 10 Prozent der Rechnung als Trinkgeld zu geben.

Wann der Tisch verlassen wird, bestimmt im Geschäftsleben der Gastgeber.

Der Mann verlässt das Restaurant als letzter, nachdem er der Dame die Tür aufgehalten hat und sie zuerst herausgehen ließ.

„Nicht die Ikonen schmücken das Haus, sondern das, was auf den Tisch kommt“ ist ein Sprichwort in Russland und soll heißen, dass die private Inneneinrichtung eines Gastgebers nicht immer luxuriös ist, aber der Gast erhält immer reichlich zu essen.

Es wird erwartet, dass die *Hände sichtbar auf dem Tisch liegen.* Nicht die Hände während des Essens auf den Schoß legen.

Frauen gehen in Russland nicht alleine aus und zahlen nie die Rechnung. Bei einem geschäftlichen Essen wird eine gastgebende Dame immer einen Mitarbeiter hinzubitten, der dann die Zahlung übernimmt. Bei einem privaten Essen außer Haus gibt die einladende Dame dem Herrn das Geld, damit dieser bezahlen kann, oder sie legt das Geld auf den Tisch, nachdem der Kellner die

Rechnung gebracht hat und wieder gegangen ist. Die Kellner bleiben meist nicht am Tisch stehen, um auf die Zahlung zu warten.

Spricht man Kellner oder Verkäufer gelegentlich an, dann reicht es *„Muschtschina, Mann“* zu sagen. Ältere Frauen, die erkennbar weder Teenager noch Twens sich, werden *mit „Schenschtschina, Frau“* angesprochen. Bei jungen Kellnern ruft man *„molodoij tschelowek, Junger Mann“* oder, wenn es sich um eine junge Kellnerin handelt, *„dewuschka, Fräulein“*.

Sitzordnung

Bei den Plätzen am Tisch wird zwischen Ehrenplätzen und den übrigen Plätzen unterschieden. Der ehrenhafteste Platz bei einem männlichen Gastgeber ist rechts von ihm. Dort sitzt die erstwichtigste Dame. Bei einer Gastgeberfamilie ist der *Ehrenplatz* rechts von der Gastgeberin. Männer und Frauen werden abwechselnd gesetzt. Ausländer werden nicht auf einer Seite zusammengesetzt. Bei einem Geschäftsessen werden die letzten Plätze, weit weg vom Gastgeber, mit Mitarbeitern besetzt, jedoch nicht mit Frauen. Bei informellen Gelegenheiten können die Geschlechter zusammen sitzen.

Getränke

Der berühmte *russische Tee* wird aus einem hohen Glas, *stakan,* oder einer Tasse getrunken. Sehr oft wird der schwarze Tee nicht mit Zucker, sondern mit Marmelade gesüßt. Traditionell kommt das Wasser aus einem *Samowar,* früher aus Messing oder Kupfer, heute aus rostfreiem Stahl. Das Wort *„samo“* heißt „selbst“ und *„warit“* bedeutet „kochen“. Manche Russen nehmen den Zucker in den Mund, nehmen dann einen Schluck Tee und überspülen damit im Mund den Zucker.

Übrigens steht auf dem *Samowar* oft die kleine Kanne mit Tee, schon eher Konzentrat, von dem man sich etwas in seine Tasse gießt und dann mit dem heißen Wasser aus dem Samowar individuell verdünnt.

Häufig wird zum Essen ein leicht alkoholisches Getränk *kwas* aus Gerste und Roggen serviert. Es hat eine orange Farbe und wird von Kindern und Erwachsenen gern getrunken.

Nach dem Mittagessen gibt es häufig *kissell,* das ist eine russische Spezialität aus Trinksahne mit roten oder schwarzen Johannis- bzw. Brombeeren mit Stärke. Dieses dickflüssige Getränk wird kühl nach dem letzten Gang serviert. Es darf abgelehnt werden.

Aperitifs sind in Russland nicht üblich. Sobald die Gäste eintreffen, setzen sie sich an den Tisch. Dort werden Weine und Wodka angeboten. Bei besonderen Anlässen wird eine Flasche *„Schampanskoje“* geöffnet und getrunken. Der

Gastgeber spricht einen Toast auf seine Gäste. Die Gäste trinken darauf auf die Gesundheit des Gastgebers *„na sdorowje"*.Diesen Spruch sagt sogar die Bedienung, wenn sie ein Gericht serviert. Sie meint dann: *„Wohl bekomms!"*

In die Gläser wird dann nachgeschenkt, wenn sich im Glas weniger als die Hälfte befindet.

Gerichte und Mahlzeiten

Das Mittagessen ist die wichtigste Mahlzeit der Russen und wird zwischen 14 und 15 Uhr eingenommen. Zwölf Uhr Essenszeit wie in Deutschland ist nicht üblich. Das Menü besteht meistens aus zwei Gerichten. Das erste Gericht besteht aus einer Suppe, beispielsweise einer klassischen *Borschtsch,* bestehend aus roter Bete mit Sahne, schmeckt süß-sauer. Oder einer würzigen *Soljanka* aus Fleisch oder Fisch. Diese Suppe schmeckt leicht säuerlich und hat eine rötliche Farbe. Im Anschluss an die Suppe wird ein Hauptgericht beispielsweise *Pelmeni* serviert. Pelmeni sind Teigtaschen, gefüllt mit Fleisch oder Fisch, in Brühe oder mit Sauerrahm, Butter oder Essig. Die Teigtaschen werden nur mit der Gabel gegessen. *Pirogi* sind Hefeteigtaschen, die mit Fleisch, Käse, Kohl oder Kartoffelbrei gefüllt sind.

Schwarzer Kaviar und Blinis. Schwarzer Kaviar, genannt *ikra,* ist der Rogen von drei Störarten des Kaspischen Meeres. Der *Belugakaviar* ist der teuerste und feinste Kaviar mit dem größten Durchmesser pro korn (3,5mm) vom seltenen Belugastör und hat einen nussigen Geschmack. Der *Ossietrakaviar* weist einen sahnigeren Geschmack auf. Der *Sevrugakaviar* hat ein kräftiges und würziges Aroma. Gelöffelt wird der Kaviar mit einem Löffel aus Silber, Perlmutt oder Metall. Der Kaviar wird auf ein kleines Stückchen *Blini,* das ist ein Buchweizenpfannkuchen, mit dem Löffel gestrichen, mit Sauerrahm garniert, und ganz mit den Fingern in den Mund gesteckt. Alternativ isst man Kaviar auf ein Butterbrot oder einen Toast gestrichen. Niemals mit dem Kaviar sparen, sondern den Rogen löffelweise und dick auf das Brot auftragen, damit er seinen Geschmack entfaltet.

Blinis sind ähnlich wie die französischen Crêpes. Sie werden mit Konfitüre oder Kaviar gegessen. Oft werden sie auch mit einer Fleisch- oder Quarkfüllung serviert.

Zum *Abendessen* gegen 20.00 bis 21.00 Uhr gibt es Abendtee, Kuchen oder Brot. Das Essen ist um diese Zeit nicht mehr sehr reichhaltig.

Julienne. Das Essen, das vom Kellner bei diesem Gericht in Töpfchen serviert wird, sollte nicht erst auf den Teller gelegt werden, sondern wird aus der Servierschale direkt verspeist. Julienne ist ein Pilzgericht mit Sauerrahm überbacken, das in einer kleinen Metallpfanne von der Größe einer Mokkatasse serviert wird.

Niemals zu essen beginnen, wenn nicht alle Gäste ihre Mahlzeiten bekommen haben. Der Gastgeber fordert seine Gäste mit dem Ausspruch auf: *„Prejatnaja apetita!"*

Das „Barbecue" in Amerika wird in Russland „Schaschlyk", ein georgischer Fleischspieß aus Hammel- oder anderen Fleischsorten, genannt. Ein Schaschlyk kann auch ein Kotelett sein, das am Spieß gebraten wird.

Das *Brot wird ohne Butter serviert.* Teller für das Brot gibt es nicht. Das Brot wird auf den Rand des Haupttellers gelegt.

Bratensaft und Soße dürfen etwas mit *Brot aufgenommen werden.* Das Brot, das man ausgewählt hat, muss ganz aufgegessen werden. Es bedeutet Unglück und Verschwendung, wenn man das Brot nicht aufisst.

Auf dem Tisch sind ein Wasserglas, ein Wodkaglas und ein Weinglas eingedeckt.

Speisen werden *nach links weitergereicht.*

Kleines Geflügel, wie Wachteln und Hähnchenkeulen isst man mit den Fingern. Fingerbowlen sind nicht notwendig. Fingerschalen sind nur in sehr guten Hotels mit westlichem Standart vorzufinden. Für eine Gans, ein Hähnchen und eine Ente benötigt man Besteck.

Nach dem *Nachtisch, also den süßen Speisen,* wird Käse in dünnen Scheiben serviert, erst danach Früchte oder Pralinen.

Russen lieben das ganze Jahr über das *Eisessen.*

Die Russen haben eine Redewendung, die lautet *„Damians Suppe"*, wie die Geschichte nach I. A. Krylow. Damian, der gastfreundliche Hausherr, bemühte sich so sehr, seinen Gast satt zu machen, bis er weggelaufen ist. Die Rede ist von der russischen Angewohnheit, seinen Gästen bestimmte Gerichte am Tisch sehr hartnäckig anzubieten. Russen sagen meistens erst, dass sie nichts mehr essen wollen, in der Erwartung, man würde sie noch einmal fragen.

Wodka und Trinksitten

Das gemeinsame Trinken gilt bei den Russen nicht nur als Bestandteil ihrer Gastfreundlichkeit, sondern auch als eine *allgemeine Form des Umganges* miteinander. Dabei unterstreicht die Volkstradition die Notwendigkeit, dass jeder jedem im gleichen Maße Alkohol anbiete. Das Trinken war schon bei Empfängen des Zaren oder der Fürsten üblich sowie bei Familien- und Gemeindefesten. Das gemeinsame Trinken festigt die sozialen Kontakte. Die russisch-orthodoxe Kirche lehnt den Genuss von alkoholischen Getränken grundsätzlich nicht ab.

Wodkazeremoniell

Wodka wurde von Moskauer Mönchen erfunden. Seit dem 14. Jahrhundert wird er aus Weizen, manchmal aus Roggen, gebrannt. Erstklassige Wodkas sind: *Moskowskaja,* ein leichter Wodka (er hat 40 Prozent Alkohol), *Stolitschnaja* aus Weizen und Roggen schmeckt leicht süß, *Kubanskaja aus Kuban* ursprünglich von den Kosaken gebrannt, schmeckt leicht bitter.

Bekannt sind außerdem *„Perzowka"*, ein sehr scharfer Wodka mit einer Paprikaschote in der Flasche, und *„Limonnaja"* ein Wodka mit Zitronengeschmack und trotz seines hohen Alkoholgehaltes süßlich.

Der alte Spruch: „Wer nicht zu Ende getrunken hat, hat kein Glück gewünscht!" gilt heute nicht mehr.

Der Gastgeber erhebt sein Wodkaglas und spricht einen Toast auf seine Gäste aus. Dann lassen alle die *Wodkagläser* klingen und stoßen mit den Tischnachbarn an. Meist wird vor jedem Gang ein Trinkspruch ausgesprochen. Der dritte Trinkspruch wird oft den Damen gewidmet. Frauen trinken ebenfalls etwas mit. Kleine Becher werden auf *ex* getrunken. Nur in guten Restaurants werden die Gläser vor dem Gebrauch im Gefrierschrank einige Minuten gefroren, damit der Wodka auch sehr kalt bleibt. Der Wodka an sich wird ebenfalls in den Gefrierschrank gelegt, dort gefriert er wegen des hohen Alkoholgehaltes nicht zu Eis, wird aber zähflüssiger. Normalerweise stehen die Wodkagläser und die Flaschen ungekühlt schon auf dem Tisch, wenn der Gast eintrifft. Der Wodka hat also sehr oft Zimmertemperatur.

Wann und wie trinkt man Wodka?

Wodka gibt es zu jeder Zeit während des Mittag- oder Abendessens. Der Gastgeber möchte einen Toast auf seine Gäste aussprechen und lässt vom Servierpersonal Wodka einschenken. Oftmals werden dazu saure Gurken oder salzige Knabbersachen serviert.

Wodka trinkt man in einem Schluck, ohne abzusetzen. Um die Wirkung des Alkohols im Zaum zu halten, sollte man nach jedem Drink ein Stück Brot essen oder ein Glas Wasser trinken. Hat man doch zuviel getrunken, dann bestellt man *kfir, Kefir,* ein Getränk gegen den Kater.

„Wer nicht trinkfest ist, hat keinen Platz bei den Russen!" In der Zarenzeit war das ein gängiger Spruch. Heute spielt die Trinkfestigkeit von ausländischen Geschäftspartnern keine große Rolle mehr. Es gehört aber zum guten Ton, den einen oder anderen Becher Wodka mitzutrinken, um beispielsweise ein gutes Geschäft zu besiegeln. Man trinkt auch gerne auf die Gesundheit des Gastes. Lehnt man aber ein alkoholisches Getränk ab, so kann dies als eine Beleidigung des Gastgebers ausgelegt werden und ist ein ernsthafter Verstoß

gegen die Etikette. Als Ausreden werden nur Religion, Gesundheit, Autofahren und Medikamenteneinnahme zugelassen.

In Russland ist es immer noch üblich, förmliche Trinksprüche auszubringen. Man sollte also immer darauf vorbereitet sein, selbst Trinksprüche aussprechen zu können, wobei der Gastgeber zuerst beginnt. Der Wodka wird 100-grammweise eingeschenkt, sollte aber nicht 100-grammweise getrunken werden. 100 Gramm werden in einer Karaffe und 50 Gramm im Glas serviert.

Der am weitest verbreiteste Toast ist *„na sdorowje"*, übersetzt *„auf die Gesundheit."*

Die Reihenfolge der Trinksprüche folgt ehernen Gesetzen. Beispiel: Der dritte Toast lautet häufig: Auf die Damen!

Die deutsche Sitte, nach dem Einschenken die Flasche beiseite zu stellen, könnte Ihren russischen Gästen wie Getränkerationierung vorkommen. *In Russland stehen üblicherweise alle Flaschen auf dem Tisch.* Steht nach dem Essen der Tee auf dem Tisch, ist Schluss mit Alkohol.

Religion, Sitten und Tabus

Die *christlich orthodoxe Kirche* nahm in der Gesellschaft einen immer wichtigeren Raum ein. Nach der Eroberung Konstantinopels durch die Türken und dem daraus resultierenden Endes des byzantinischen Reiches nahm Moskau für sich in Anspruch, legitimer Nachfolger Roms und Konstantinopels in Fragen des orthodoxen Glaubens zu sein. Hierauf beruft sich die russisch-orthodoxe Kirche heute noch. Während der Sowjetzeiten waren von Rechts wegen Glaubensrichtungen generell wie die russisch-orthodoxe Kirche, der Protestantismus, der Islam und das Judentum verboten. Heute leben diese wieder auf.

Der Russisch-Orthodoxe ist besonders mystisch und konservativ. Wenn man eine Kirche betritt, sollte man sich unauffällig verhalten. Es ist üblich, dunkle Kleidung in der Kirche zu tragen und keinen Schmuck. Bei besonderen Anlässen wie Ostern trägt man helle Kleidung. Das Kleid einer Dame muss hochgeschlossen sein. Frauen müssen beim Betreten einer Kirche eine Kopfbedeckung tragen, sonst wird ihnen der Zutritt verwehrt. Die Kopfbedeckung muss ein Tuch und darf kein Hut sein. Man versucht, den gesamten Gottesdienst über stehen zu bleiben. Es gibt fast keine Sitzgelegenheiten in der Kirche. Ein Teil der Russen feiert Weihnachten und Sylvester nach dem Gregorianischen Kalender, das heißt am 25. Dezember wird ein Weihnachtsbaum aufgestellt.

Andere Russen feiern das Fest nach dem Julianischen Kalender am 7. und 8. Januar, allerdings ohne Christbaum. Die Bezeichnung „Weihnachtsmann" gibt es nicht, stattdessen aber das Wort *„Väterchen Frost"*, *„Djed Moros"*. Der *Weihnachtsmann* war zur Zeit des Kommunismus Opium fürs Volk und damit schädlich. Alle christlichen Feiertage wurden abgeschafft. Das Neujahrsfest wurde zum zentralen Feiertag erklärt. Folglich mutierte der Weihnachtsbaum zum Neujahrsbaum. Geschenke gab es damals und gibt es auch heute noch am 31. Dezember.

Die Menschen in Russland sind kontaktfreudiger als in Westeuropa. Man unterhält sich schnell oder spielt in der Öffentlichkeit Schach.

Zu jeder Zeit des Jahres feiert man in Moskau und nimmt die Feiertage sehr ernst. Viele *offizielle Feiertage* werden mit Konzerten und Feuerwerken begangen. Blumen spielen bei den Festivitäten eine bedeutende Rolle: von Mimosen zum *Internationalen Frauentag, am 8. März,* bis zum Flieder als Zeichen des beginnenden Sommers. Am Frauentag wird den Damen mit Mimosen und den Worten *„s prasdnikom"* gratuliert. Das heißt wörtlich übersetzt „Zum Feiertag!" oder sinngemäß „Herzlichen Glückwunsch!"

Der *Unabhängigkeitstag der Sowjetunion,* der *„Djen Nesawissimosti"*, wird mit Feuerwerken am 12. Juni gefeiert.

Die russische Arbeitswoche endet oft erst am Samstag.

Lädt der russische Kollege zu sich nach Hause ein, ist es möglich, dass die Schuhe ausgezogen werden müssen, bevor man die Wohnung betritt. Sobald am Eingang der Wohnung die Schuhe aufgereiht sind, zieht man die Schuhe aus.

Über Omen, Aberglaube und Vorurteile

Russen können sehr abergläubisch sein. Vorurteile und Omen in Russland existieren noch und verleihen dem Leben ein bestimmtes Kolorit.

Montags sollte man keine Geschäftsverhandlungen anberaumen oder Reisen unternehmen. Montag, der 13., gilt als Unglückstag. Die Zahl 13, das Teufelsdutzend, ist eine Unglückszahl. Auch in Kombination mit dem Wochentag Freitag.

Viele russische Sprichwörter beziehen sich auf die Zahl „Sieben". „Messe sieben Mal ab, dann schneide!" heißt soviel wie *„hetze nicht und bedenke mehrmals!"* Ändert jemand ständig seine Meinung, sagt man, dass er *„sieben Freitage in der Woche hat."* Bei einem großen Geheimnis sagen Russen *„es sei hinter sieben Schlössern verborgen!"*

Wenn zwei Menschen *gleichzeitig das gleiche Wort* ausgesprochen haben, sollte man schnell etwas Schwarzes berühren und sich etwas wünschen. Das Gleiche gilt, wenn man zwischen zwei Personen steht, die den gleichen Vornamen tragen.

Wenn sich Gastgeber und Gast *gerade über der Türschwelle die Hand* zur Begrüßung geben, bringt das Unglück. Man wird daher erst in das Zimmer gebeten und auch dann erst begrüßt. Keine Messer und keine Taschentücher verschenken. Keinen Ring von Hand zu Hand reichen und nicht am Vortag zum Geburtstag gratulieren. Das bringt Unglück!

Im alltäglichen Leben kann es vorkommen, dass ein Taxifahrer seine Passagiere hinauswirft und in die Gegenrichtung umschwenkt, wenn eine schwarze Katze vor seinem Taxi über die Straße läuft.

Pfeifen innerhalb eines Gebäudes bringt Unglück, da das Geld sonst aus dem Fenster fliegt.

Vor dem Antritt einer Reise sollten sich die Reisenden und jeder im Haus dreißig Sekunden lang hinsetzen, bevor sie hinaustreten, um eine sichere Reise zu gewährleisten.

Wenn jemand eine Wohnung oder ein Büro verlässt, sollte er niemals zurückgehen, um etwas Vergessenes zu holen – es bringt Unglück. Wenn es unumgänglich ist zurückzugehen und den vergessenen Gegenstand zu holen, muss er dreimal über die linke Schulter spucken, in einen Spiegel schauen und lächeln.

Die Trauerfarben sind Schwarz und Weiß oder Schwarz und Rot. Rot, Blau, Gelb, Grün und Weiß sind positive Farben der Freude und des Sieges. Schwarze Rosen sind völlig tabu.

Gestik, Mimik und Körpersprache

Neben der Kleidung gehört auch die Körpersprache zum ersten Eindruck. Die Russen nutzen ihre Körpersprache, um Zustimmung oder Ablehnung von Geschäftsideen anzuzeigen. Die Kommunikation wird durch die körperlichen Gesten verstärkt und unterstreicht die Gefühlsintensität.

Ein Zeichen der Zustimmung ist beispielsweise ein *Nicken* mit dem Kopf oder ein *Zwinkern mit den Augen.* Das *Lächeln* des russischen Geschäftspartners ist ebenfalls positiv zu bewerten. Amerikanische Geschäftsleute lächeln von Anfang an in einer Geschäftsbesprechung. Russische je nach Bedarf.

Der Blickkontakt mit dem russischen Geschäftspartner ist sehr wichtig, auch wenn ein Dolmetscher dabei ist.

Die Geste *„Daumen nach oben"* heißt in Russland, wie in Großbritannien und Deutschland, *Zustimmung.*

Eine *gerunzelte Stirn,* ein leicht nach vorne gebeugter Kopf, Ellenbogen, die weit voneinander auf dem Tisch aufgestellt sind, geballte Fäuste und ineinander verflochtene Finger deuten in der russischen Körpersprache Verschlossenheit und Aggression aus. Die Gesprächsatmosphäre wird damit gestört.

Das Schnipsen mit den Fingern an den Hals ist eine Einladung unter Männern, sich jemandem zum Wodkatrinken anzuschließen.

Pfeifen bedeutet Unglück. Es gilt als besonders grob, den Beifall für eine Theatervorstellung zu pfeifen. Pfeifen in der Wohnung lässt den Wohlstand verschwinden.

Ist man für ein Problem verantwortlich, dann verhindert *ein dreimaliges Spucken über die eigene linke Schulter ein Näherkommen des Teufels.*

Dreimaliges Klopfen auf Holz bringt Glück.

Das *westliche okay-Zeichen* mit Daumen und Zeigefinger ist nicht erlaubt.

Ein *direkter Blickkontakt* ist das russische Zeichen für Respekt.

Beim Übereinanderschlagen der Beine niemals den Fußknöchel auf die Knie legen. Jemandem die *Schuhsohlen* zuzuwenden, gilt als sehr unhöflich.

Auf keinen Fall eine Person mit dem Zeigefinger heranwinken. Besser ist es, die Hand so zu drehen, dass die Handinnenfläche nach unten weist und die Hand mit den Fingern nach unten zum Körper winkt. Einen Kellner dagegen mit leicht gehobener Hand heranwinken.

Berühren Russen mit dem Zeigefinger ihr Ohrläppchen, dann bedeutet diese Geste: *„Ich mag Sie nicht"*.

Geschenke – Tipps und Tabus

In Russland gibt es geschäftlich genug Anlässe, seine Geschäftspartner oder Kollegen zu beschenken. Geburtstage, Weihnachten und Neujahr. Das Fest zum neuen Jahr ist besonders wichtig. *Weihnachten* gibt es zwar, es ist aber zu Sowjetzeiten vernachlässigt worden und durfte nicht gefeiert werden. Zurzeit lebt es wieder auf. Trotzdem bleibt *Neujahr, nowij god,* als das wichtigste Fest für die Russen, bestehen.

Das Geschenk muss in Russland keinen besonderen materiellen Wert haben, es gilt vor allem als *Zeichen der Aufmerksamkeit.*

Ein weit verbreitetes Geschenk sind *Blumen in Kombination mit Pralinen.* Die Blumen sind mit der linken Hand zu reichen, um die rechte für einen Händedruck freizuhalten.

Eine *Russin* kann geschäftlich ihrem Geschäftspartner einen Blumenstrauß schenken. Gesellschaftlich und privat kann sie das nur, wenn der Herr wesentlich älter ist.

Völlig tabu ist, ein *teueres Geschenk* an Russen zu verschenken, da es den Beschenkten in eine Schuld zwingt.

Offizielle Geschenke sind: Blumen, Kunstbücher, guter Wein, Pralinen oder Gegenstände aus Kristall, guter Tee, Kaffee, Schokolade, Torten aus der Konditorei oder Sekt. Für Tee- und Kaffeegeschirr haben die Russen eine besondere Vorliebe.

Als Gast, privat bei einem Geschäftspartner eingeladen, oder zum Neujahrstag bringt man als Geschenk eine *Torte aus der Konditorei* mit.

Einem Arbeitskollegen am Arbeitsplatz schenkt man einen Blumenstrauß. *„Happy birthday to you"* zu singen ist in Russland nicht üblich.

Völlig taktlos ist es, *Geld* zu schenken.

Geschenke sollten unbedingt *am Schluss eines Meetings* oder eines Geschäftsbesuches überreicht werden, damit auch nicht der geringste Verdacht eines Bestechungsversuches geweckt wird.

Wenn man selbst der Beschenkte ist, sollte noch im Beisein des Schenkenden die Verpackung entfernt und das Geschenk gelobt werden.

Russische Geschenke

Schostowplatten sind runde, ovale oder quadratische Servierplatten aus Metall, die mit Blumenmustern bunt bemalt sind und auch als Wandschmuck aufgehängt werden können.

Dymkowspielzeug, das sind handbemalte Tonfiguren, die das Leben der Bauern darstellen. In Dymkow werden diese Figurengruppen hergestellt.

Pawlowsker Tücher sind edle Geschenke für eine Frau. Diese Tücher schmücken rote oder blaue Blumen meist aus dicker, schwarzer Baumwolle und Fransen. Getragen werden diese auf den Schultern.

Palechschatullen sind aus Holz, schwarz lackiert und zeigen buntbemalte Motive aus der russischen Märchenwelt, beispielsweise Jungfrauen, Tiger und Drachen. Ort der Herstellung: *Palech.*

Die *Symbolik der Blumenfarben* sind in Russland nicht unerheblich. Weiße Blumen für eine Braut, rote Blumen stehen für Triumph und Sieg. Auch Männer erhalten an Geburtstagen Blumen, beispielsweise rote Nelken. Die gelbe Farbe ist das Zeichen für Trennung und Untreue, also für einen Blumenstrauß an einen russischen Geschäftspartner völlig ungeeignet. Gelbe Rosen sollten nur im Trauerfall verschenkt werden.

Zum *8. März, dem Internationalen Frauentag,* sind Blumen nicht nur erwünscht, sondern sogar Pflicht. Auch Geschäftsfrauen erhalten vorzugsweise Nelken oder Mimosen, drei Stück an der Zahl oder mehr, aber immer ungerade Stückzahlen. Vorsicht! Mit roten Rosen verbindet man in Russland wie in Deutschland starke Gefühlsäußerungen.

Politik und Regierung

Die russische Staatsform ist eine Republik. In der neuen russischen Verfassung von 1993 sind die üblichen Menschen- und Bürgerrechte garantiert. Doch bietet die von Jelzin durchgesetzte Verfassung auch die Möglichkeit einer Präsidialdiktatur. Die Gewaltenteilung zwischen Exekutive, Legislative und Judikative wird zwar garantiert, aber der Präsident verfügt über eine Machtfülle, die ihn weitgehend unabhängig macht. Er trägt die Verantwortung für die Innen- und Außenpolitik, ist Oberbefehlshaber der Streitkräfte, kann per Dekret regieren und jeden Gesetzentwurf des Parlaments blockieren.

Russisches Business-Outfit

Ein russisches Sprichwort sagt: *„Man empfängt nach der Kleidung"*. Damit drückt der Russe unmissverständlich aus, dass das Nichtverbale im ersten Augenblick des Kennenlernens eine besondere Rolle spielt.

Auffällige Kleider werden negativ bewertet. Ein dezentes, seriöses Auftreten ist angebracht.

Kleidung für den Geschäftsmann

In der Bürozeit ist es üblich, nicht allzu helle Anzüge zu tragen. Ein dunkelblauer oder dunkelgrauer Anzug ist für jeden Geschäftstag sehr gut geeignet.

Ebenfalls auch keine dunklen oder bunten Hemden tragen. Das Hemd muss hell sein, beispielsweise beige, hellblau, eventuell mit Nadelstreifen oder Fineliner- Karo. Die Krawatte ist ein Muss. Sie sollte nicht zu bunt oder auffällig gewählt sein.

Kurzärmelige Hemden bei Temperaturen über 30 Grad sind in Russland üblich.

Die Socken bitte lang genug wählen, damit man beim Sitzen die nackten Beine nicht sieht.

Russen beurteilen Gesprächspartner vielfach an der Kleidung, besonders an den *Schuhen*. Gute Schuhe sind noch ein *übrig gebliebenes Statussymbol* aus der vergangenen Sowjetherrschaft, als es gute Schuhe nur als Importware gab und diese daher mengenmäßig knapp waren.

Niemals *unaufgefordert die Jacke oder die Krawatte* ablegen!

Kleidung für die Geschäftsfrau

Merkwürdig für den westlichen Bürger ist die allgemeine Tendenz zur übermäßigen Verwendung von Kosmetika und Düften bei Frauen. Auch bei jungen Geschäftsfrauen sieht man schon kräftig bemalte Lippen und Wangen. Jede russische Frau versucht, sehr gepflegt und schick auszusehen. Sie gibt viel Geld für Kleidung und Kosmetika aus. Es kommt also bei den Russen sehr gut an, wenn eine ausländische Geschäftsfrau sich gut kleidet und gepflegt repräsentiert.

Russische Frauen ziehen sich im Geschäftsleben trotz aller Korrektheit feminin an. Das heißt, sie bevorzugen Röcke und tragen hohe Schuhe. Der Rock sollte von der Länge bis eine Handbreit über dem Knie reichen und darf auf keinen Fall zu kurz sein, sonst untergräbt Frau ihre Autorität im Geschäftsleben.

Das Kostüm ist dunkelblau, grau oder olivefarben, wirkt sehr traditionell, solide und klassisch. Die Blusen können pastellfarben sein, um das Ganze nicht allzu streng aussehen zu lassen. Informelllässige Kleidung eignet sich für das Geschäftsleben in Russland nicht. Statt eines Kostüms darf es auch ein strenges Kleid, ohne Rüschen und ohne Volants, sein.

Die Strümpfe sind hautfarben oder schwarz, keinesfalls gemustert. Der Schmuck ist aus Gold, und meistens tragen Russinnen nur *einen* wertvollen Ring.

In der orthodoxen Kirche sollten die orthodoxen Sitten beachtet werden, das heißt, keine Shorts und nicht zu weit ausgeschnittene Kleidungsstücke.

Zum Businessessen trägt man sehr formelle Kleidung. Im Winter ist es üblich, mit dicken, warmen Winterstiefeln zu den Veranstaltungen oder zur Arbeit zu laufen. Mit einer Tasche leichter Schuhe dort angekommen, wechselt man diese in der Garderobe.

Frauen müssen langärmelige Kleidung und eine Kopfbedeckung tragen, wenn sie eine russisch-orthodoxe Kirche besuchen.

Taxi und Auto

Die Straßen in Russland sind in schlechtem Zustand. Wenn man das Auto verlässt, sollte man alle persönlichen Sachen, inklusive der Scheibenwischer und abnehmbaren Antennen, mitnehmen. Viele Fahrer schalten nachts ihr Licht nicht ein, da sie glauben, sie blendeten entgegenkommende Fahrer. Zu mieten sind u. a. Lada, Wolga, OKA und Moskwitsch. Man ist auch relativ gut per Anhalter unterwegs.

Besondere Feiertage

1. Januar	Novij God, Neujahr
7./8. Januar	Russisches Weihnachtsfest (Büros und Fabriken sind geschlossen.)
März/April	Karfreitag, nur für Gläubige, kein nationaler Feiertag
März/April	Ostern
8. März	Dschenskij Djen, Internationaler Frauentag
1.-2. Mai	Pervoje Maja, Maifeiertag
9. Mai	Djen Pobjedi, Tag des Sieges Russlands über Deutschland
12. Juni	Djen Nesawissimosti, Unabhängigkeitstag
7. Oktober	Djen Konstituzij, Verfassungstag
1. November	Allerheiligen, kein nationaler Feiertag
25. Dezember	Roschdjestwje, Weihnachten, kein nationaler Feiertag

Grundvokabular

Guten Morgen	dobroe utra
Guten Tag	dobryj djen
Guten Abend	dobryj vjetscher
Gute Nacht	spokojnij notschi
Auf Wiedersehen	do svidanija
Bis später	do ustrechi
Herr	gospodin (nur als Anrede verwenden)
Frau	gosposcha (g wie im franz. Journal) (nur als Anrede, wie bei Frau Meyer)
Fräulein	djewuschtschka, (aber nicht bei „Fräulein Meyer“)
Sehr erfreut	otschen prejatna
Danke	spasibo
Schön	prekrasno
Entschuldigen Sie	prastitje

Inhalt

Türkei – Respekt, Ehre und Ansehen

Die Türkei ist ein Land mit starken politischen und wirtschaftlichen Gegensätzen. Man findet eine moderne demokratische Industrie- und Dienstleistungsgesellschaft mit einem in der Bevölkerung tief verwurzeltem Islam, ausgeprägtem Nationalstolz und noch traditionellen Lebensformen. Die Westorientierung gilt als Staatsprogramm der Türkei. Der Beitritt zur Europäischen Union wird als Krönung des Atatürkschen Reformwerks angesehen. Seit dem 3. Oktober 2005 nimmt die EU Beitrittsverhandlungen mit der Türkei auf. Die Türkei befindet sich zu 3 Prozent in Europa, „Thrazien", und zu 97 Prozent in Kleinasien, „Anatolien".

1923 schuf *Mustafa Kemal Atatürk* den Staat „Republik der Türkei", leitete die Kulturrevolution ein, beispielsweise die europäische Gesetzgebung, deutsches Handelsrecht, Abschaffung des Islam als Staatsreligion, lateinisches Alphabet, Frauenstimmrecht usw. Europa wird als leuchtendes Vorbild für die Entwicklung des Landes angesehen.

Die ausländischen Direktinvestitionen nehmen stark zu. Zwischen 2002 und 2006 hat sich ihr Wert verdreifacht, die Zahl der Unternehmen hat sich verdoppelt. Die EU und insbesondere Deutschland sind die wichtigsten Wirtschaftspartner der Türkei. In Istanbul befindet sich die zweitgrößte Shopping-Mall der Welt, nach der „Mall-of-America", das Einkaufszentrum *Cehavir*, eröffnet 2005 in *Şişli*. Hier befinden sich die Dubai-Towers mit zwei 300 m hohen Türmen. Sichtbare Zeichen der Internationalität in der Stadtsilhouette von Istanbul.

Die Türkei ist ein säkularer Staat, wobei der Großteil der Bevölkerung dem islamischen Glauben (90 Prozent) angehört. Obwohl dem Islam in der türkischen Verfassung keine staatstragende Funktion zukommt, ist in der letzten Zeit ein Wiederaufleben tiefer Religiosität zu beobachten. Der Islam ist nicht Staatsreligion, *Laizismus* oder *Kemalismus* von Kemal Atatürk. Neben Türken gibt es auch Minderheiten kurdischer, griechischer und armenischer Abstammung.

Der Ausbruch zweier Wirtschaftskrisen in den Jahren 2000 und 2001 verursachte Kündigungswellen bei Firmen und staatlichen Einrichtungen. Durch einen strengen Reformkurs ist es gelungen, wieder ein Wirtschaftswachstum zu erzielen. Die Inflationsrate – Anfang 2002 noch bei 70 Prozent – konnte sukzessive gesenkt werden und lag Ende 2006 nur noch bei 9,3 Prozent. Auch wenn das Ziel eines EU-Beitritts noch in weiter Ferne liegt, sofern es überhaupt dazu kommen sollte, für Ankara gilt die Devise: *Der Weg ist wichtiger als das Ziel!*

Begrüßung und Vorstellung

Zur Begrüßung halten sich die Frauen im engen Bekanntenkreis privat wie geschäftlich ihre Wangen hin. Beim Abschied steigert sich dieses Ritual beträchtlich. Niemand weiß, wann man sich wieder sieht. Das Verhalten der Männer ist etwas zurückhaltender. Sie begrüßen sich aber auch *mit Wangenkuss,* wenn man sich im Geschäftsleben schon etwas kennen gelernt hat. Mann und Frau begrüßen sich mit einer flüchtigen Andeutung dieser intimen Geste. *Geben Sie keinen Anlass zu Missverständnissen und überlassen Sie den Begrüßungskuss den Einheimischen.* Er drückt lediglich die Nähe zu einem Menschen aus, mehr nicht.

Den Händedruck hat man vom westlichen Europa übernommen. Im Zweifelsfall sollten Sie als männlicher Gast darauf verzichten, einer Frau die Hand zu geben. Ansonsten verstoßen Sie gegen den *strengen Moralkodex des Islam.* Hält ein türkischer Kollege Ihre Hand länger als nötig in der seinen, dann zeigt er große Wertschätzung.

Der Kuss drückt auch die Ehrerbietung gegenüber einem Höhergestellten aus. *Bei jeder sich bietenden Gelegenheit bringt man die Rangunterschiede zum Ausdruck.* Betritt ein Älterer den Raum, dann steht der Jüngere auf und begrüßt ihn. Selbst stellt man sich mit Vornamen und Nachnamen vor.

Anrede und Titel

Im türkischen Geschäftsleben ist man zwar formell, aber nicht so förmlich wie in Deutschland. Beim Vorstellen wird die korrekte Anrede mit Titel gewünscht. Ebenso erscheinen auf Einladungs- und Visitenkarten Titel. *Die traditionelle Form der Anrede mit Vornamen und nachgestelltem „Bey" (für Herr) ist namentlich üblich. Trotz des Vornamens ist das eine Höflichkeitsform wie „Sie".*

- 1. Mündliche Anrede *mit Namen* im Privat- und Geschäftsleben

Beispiel:	*„Herr Müller"*
	„Rainer Bey", „Mustafa Bey"
Beispiel:	*„Frau Maier"*
	„Ulrike Hanım"

Regel: „Vorname Bey" für den Herren
„Vorname Hanım" für die Dame

- 2. Mündliche Anrede *ohne Namen* bei geschäftlichen Reden, offiziellen Begrüßungen und großen Meetings

„Beyefendi/hanımefendi"

- 3. Mündliche Anrede mit Titel

„Profesör Rainer Bey" oder „Rainer Bey"

„Profesör Ulrike Hanım" oder „Ulrike Hanım"

„Doktor Rainer Bey"

„Doktor Ulrike Hanım"

„Profesör Hanım"	*(Frau Professorin)*
„Profesör Bey"	*(Herr Professor)*
„Doktor Bey"	*(Herr Doktor)*
„Doktor Hanım"	*(Frau Doktor)*

Generell sind in der Türkei die akademischen Titel nicht so wichtig wie in Deutschland. Akademische Titel ohne Namen sind durchaus möglich. Arbeitstitel zählen mehr. Siehe nächstes Kapitel.

- 4. Mündliche Anrede: Arbeitstitel zählen mehr als akademische Titel

Beispiele:

„Müdür Mustafa Bey"	*Herr Manager, Geschäftsführer, Beamter Mustafa*
„Mühendis Ahmet Bey"	*Herr Ingenieur Ahmet*
„Avukat Mehmet Bey"	*Herr Anwalt Mehmet*
„Doktor Bey"	*Herr Doktor (nur Ärzte)*

Im praktischen Gebrauch ist auch: Mühendis Bey für „Herr Ingenieur" üblich. Hat ein Türke einen akademischen Titel und einen Arbeitstitel wie Geschäftsführer, dann nur den Arbeitstitel mit Namen nennen, wie oben.

▶ 5. Mündliche Anrede „Meine Dame, mein Herr"

„Efendim"

„Wie geht es Ihnen, Efendim?" Nach einer Frage wird diese eher neutrale Anrede genutzt.

Das erste Treffen

Händeschütteln ist in der Türkei üblich und geschieht mit weniger festem Händedruck, dafür länger anhaltend. Das wertschätzt den anderen sehr. Auch geschäftlich kann es vorkommen, dass man nach einiger Zeit mit einem Wangenkuss begrüßt wird. Visitenkarten werden gleich zu Beginn ausgetauscht. Danach nicht sofort mit dem Geschäftsthema beginnen, sondern ausgiebig smalltalken. Der türkische Partner gibt den Einstieg in das Geschäftliche vor. Das hängt vom seinem Terminkalender ab, seiner Stellung und seiner Macht. Achten Sie darauf, dass Sie bei mehreren Ansprechpartnern vor allem mit dem Ranghöchsten sprechen.

Die Vornamen werden schnell ausgetauscht. Man vermeidet, das Gespräch in den kühlen Büroräumen zu führen, und bietet in einem Café oder Restaurant eine reizvollere Umgebung.

Bei gemischtgeschlechtlichen Teams kann es vorkommen, dass eine Frau dem Mann bei der Begrüßung aus religiösen Gründen den Handschlag verweigert. Männer, deren Leben streng nach dem Islam ausgerichtet ist, greifen auch nicht nach der Hand der Frau, sondern führen ihre eigene Hand an ihre Brust und neigen leicht den Kopf. In konservativ islamischen Kreisen wird die zum Handschlag ausgestreckte Hand als Verstoß gegen den islamischen Moralkodex betrachtet.

Religion in der laizistischen Türkei

Was bedeutet „Islam" wörtlich? „Hingabe an Gott, Frieden!" Der *Koran ist das Heilige Buch* des Islam. Er besteht aus 114 Suren (Kapiteln), die der Länge nach geordnet sind. Der Koran enthält die Offenbarungen Gottes, die Mohammed in Mekka und Medina empfing. Die Suren enthalten Lob Gottes, aber auch viele Vorschriften und Empfehlungen zum täglichen Leben in der Gemeinschaft. Nichtmuslime sollten ihn respektvoll und wertschätzend behandeln. Neben dem Koran gibt es noch eine zweite Erkenntnisquelle des Islam – die *Sunna,* arabisch: Handlungsweise und Brauch. Die *Sunna* ist eine Sammlung von Überlieferungen der Lebensweise, des Verhaltens und der

Auslegungen der Offenbarungen des Propheten Mohammed. Die Sunna ist Vorbild für Muslime, da die Taten Mohammeds als göttlich inspiriert gelten. Die Sunna ist in den *Hadithen,* den Berichten und Überlieferungen, festgehalten und wird zur Interpretation von unklaren Sachverhalten herangezogen. Die fünf Säulen des Islam sind das Glaubensbekenntnis („Es gibt keine Gottheit außer Gott und Mohammed ist sein Gesandter"), das fünfmal täglich Beten, Almosen, Fasten im Monat Ramadan und die Pilgerfahrt nach Mekka (Haddsch). Das wichtigste Gebet ist das Freitagsgebet „Cuma Namazi" von 13.00 Uhr bis 13.30 Uhr. Arbeitsfreier Tag ist der Sonntag.

Die Farbe Grün symbolisiert den Islam.

Religiöse Fettnäpfchen vermeiden:

Niemals *vor* Betenden entlanggehen, nicht zu den Gebetszeiten eine Moschee betreten, Ungläubige dürfen in der Moschee den Koran nicht berühren, die Moschee immer ohne Schuhe begehen, Frauen dürfen nicht alle Moscheen besuchen und müssen sich immer am Eingang verhüllen.

Festzuhalten ist auch, dass der türkische Muslim häufig viel liberaler als der der meisten anderen islamischen Länder ist. Vergessen werden darf nicht die Heterogenität der türkischen Gesellschaft. Ein Teil der Gesellschaft ist gebildet, sehr westlich orientiert, modern und laizistisch. Für diese Menschen spielt Religion im Geschäftsleben keine Rolle. Daneben gibt es aber auch Geschäftsleute, die auch in dieses Bild passen, sehr fromm und dennoch nicht fanatisch sind. Die sehr streng Religiösen sind in der Minderheit im Geschäftsleben. Man trifft öfters türkische Kollegen, die keinen Alkohol trinken oder kein Schweinefleisch essen, die fasten und auch beten. Das heißt aber nicht, dass das Geschäftsverhalten von der Religion vorgegeben wird.

Tipps für das Geschäftsleben

Das *Hierarchiedenken* ist in der Türkei im Vergleich zu Deutschland, Großbritannien, Italien und Spanien noch stärker ausgeprägt. Es herrschen starre Hierarchien, das heißt, derjenige, der die Gehälter bezahlt, ordnet an. Die Untergebenen akzeptieren ihren Chef und treffen selbst keine Entscheidungen. Man ist bereit, Menschen aufgrund ihrer unterschiedlichen Hierarchiestufen unterschiedlich zu behandeln. Die türkischen Manager an der Spitze wechseln selten ihre Positionen. Die Fluktuation in den Firmen ist gering.

In der Türkei ist das Arbeitsverhältnis im Gegensatz zu Deutschland von *großer Machtdistanz* geprägt. Vorgesetzte sind selten ansprechbar. Mitarbeiter trauen sich nicht ihrem Chef zu widersprechen. Diese Ungleichheit und diese

Abhängigkeit vom Chef werden als naturgegeben akzeptiert. So ist es durchaus üblich, dass türkische Führungskräfte sich auch um die persönlichen Angelegenheiten ihrer Mitarbeiter kümmern. Türkische Mitarbeiter erwarten Anweisungen von oben.

Die Familie hat einen sehr hohen Stellenwert, und zwar nicht nur der Kern der Familie, sondern auch alle entfernten Verwandten. Ein türkisches Sprichwort sagt: *Das Alleinsein ist nur Gott bestimmt.* Suchen Sie also den Kontakt zu den Mitarbeitern und pflegen Sie die informelle Kommunikation. Das Gespräch dient der sozialen Kommunikation.

Türken stammen aus einer *polychronen Kultur,* d. h. Aufgaben wird so viel Zeit gewidmet, wie es eben braucht. Mehrere Aufgaben werden gleichzeitig erledigt. *Informationen werden möglichst über informelle Wege eingeholt.* Sie beteiligen sich wenig an offiziellen Gesprächen und Diskussionen.

Unsere Untersuchungen mit türkischen Managern haben ergeben, dass Türken Schwierigkeiten haben, ihre Interessen auf direkte und aggressive Weise zu vertreten, da sie nach Harmonie am Arbeitsplatz streben. Eher schweigt man, um dann in der Gruppe miteinander eine Lösung zu finden. *Also Gruppenarbeit ist angesagt!*

Die türkische Kultur ist *personenbezogen.* Ein gutes Geschäft beginnt mit dem Aufbau einer langfristigen von Interesse begleiteten Beziehung. *Das Einholen von persönlichen Informationen* und Vorlieben wie beispielsweise ein Getränk, ein Musikstück, eine Lieblingsspeise, die man mit großer Freude seinem türkischen Gast anbietet, ist ein Muss. Fragen Sie nach der Familie des Partners, nach der Ausbildung und nach dem Studium der Kinder. Sprechen Sie auch persönlich mit den Angestellten und den Arbeitern. Eine langfristige, stabile Geschäftsbeziehung ist wichtiger als kurzfristige Gewinnoptimierung. Bestehenden Kontakt immer wieder durch Besuche aufrechterhalten.

Nicht ungefragt türkische Kollegen fotografieren. Persönliche Gründe könnten dagegen sprechen.

Ein *türkisches „Nein"* hört man eher selten. Die Gastfreundschaft zählt mehr und man möchte seinen Geschäftsfreund nicht verletzen. Das Verschweigen von schlechten Nachrichten gehört dazu.

Unterbrechungen und Verzögerungen sind Teil des Geschäftslebens, *das „Kismet (Schicksal)".*

Bei Verhandlungen viel *Zeit einplanen.* Chefentscheider kommen oft später in die Verhandlung und versuchen Verhandlungserfolge nachzubessern bzw. bereits beschlossene Vertragsbestandteile wieder aufzuweichen. Schriftliche Verträge werden oft nicht so genau gelesen. Zertifizierungen sagen wenig über die tatsächliche Dienstleistungs- bzw. Produktqualität aus.

Die Türken sind stolze *Patrioten* und können leicht verletzt reagieren. Der Nationalstolz verbindet die Türken über alle sozialen Schichten hinweg. Der Ausspruch „Das ist eben die Türkei" meint, dass der Türke einzigartig ist und alles auf türkische Art und Weise zu machen ist.

Die Türkei möchte nicht mit den Ländern des Nahen und des Mittleren Ostens verwechselt werden.

Verbale Kommunikation ist wichtiger als die schriftliche.

Eine *Win/Win-Situation* sollte angestrebt werden. Die Verhandlungen dürfen von daher nicht auf einen Punkt, beispielsweise den Preis, gebracht werden, sondern mehrere Vertragsbedingungen sollten gleichzeitig abgearbeitet werden.

Um Konflikte zu lösen, nutzen die Türken bei den Vorgesetzten eher eine Anpassungsstrategie, während sie bei Gleichgestellten den Konflikt am besten umgehen. Bei Untergebenen wird auf eine Lösung gedrängt.

Zu einem gelungenen Geschäftsabschluss ist eine feierliche Einladung in ein Restaurant üblich.

Wertvorstellungen

Respekt als zentraler Wert regelt das Zusammenarbeiten im Beruf. Respekt wird allen höher gestellten Personen entgegengebracht. Im Privatleben zieht das Attribut „Alter". Die Ehrfurcht vor dem *Alter* ist tief verwurzelt. Das Ansehen beinhaltet auch Wissen und Weisheit, Reichtum, Macht, Großzügigkeit und Einfluss. Vor Fremden muss das Gesicht gewahrt werden.

Höflichkeit ist das Fundament der türkischen Gesellschaft. Geschäftsthemen werden mit Anmut und blumig ausgesprochen. Türken hören gerne Komplimente. Die Körperhaltung ist eher kontrolliert.

Das Besondere am türkischen Geschäftspartner

Emotionen spielen eine größere Rolle. Erfassen Sie genau die Gefühle Ihres Gesprächspartners. Ruhe bewahren auch bei hitzigen Debatten. Präsentationen kurz und mit Schwung darstellen.

Der Geschäftspartner ist anspruchsvoll. Das heißt, er erwartet eine hohe Entscheidungskompetenz am Verhandlungstisch und dass Sie aufgrund Ihres hohen Fachwissens eine große Achtung genießen.

Er ist eher beziehungsorientiert als leistungsorientiert. Zwischenmenschliche Beziehungen, Loyalität und Vertrauen sind wichtigere Faktoren als Zahlen. Konflikte werden durch Kompromissbereitschaft gelöst. Vom Hinzuziehen von Anwälten ist abzusehen. Eher verzichten die Türken auf das Geschäft.

Das Persönliche und das Sachliche hängt oft zusammen. Mitteilungen besser durch die Blume vermitteln. Der indirekte Kommunikationsstil ist angesagt. Lesen Sie zwischen den Zeilen. Zeit, Smalltalk und Beziehungspflege sind wichtig. *Kritik* und direkte Ablehnung unterlassen. Dienstliches und Privates sind vermischt.

Regeln und Gesetze gelten nicht immer und nicht für jeden. Sonderbehandlungen in den Verhandlungen vornehmen und den türkischen Partner nicht ständig auf *Regeln* und Vereinbarungen aufmerksam machen. *Verträge* so kurz wie möglich halten. Entgegen deutscher Manier können Vereinbarungen schnell durch neue Erkenntnisse außer Kraft gesetzt werden. Mündliche Abmachungen werden mehr geschätzt. Flexibilität ist eine hohe Tugend.

Unsicherheit gehört zum Alltag. Präzises und minutiöses Organisieren wird nicht erwartet. Improvisation ist angesagt!

Das eigene Arbeitsethos. Harte Arbeit ist wichtig, aber nicht alles. Weisheit und Glück sind in gleichem Maß wichtig.

Der vorgegebene Weg. In Deutschland glaubt man an die Gestaltung der Zukunft durch den Menschen. In der Türkei vollbringen die Menschen auch ihr Bestes, um die Zukunft zu beeinflussen, aber das Leben folgt letztendlich einem vorgegebenem Weg.

Überzeugungsargumente sind Fachwissen und Qualität, Referenzen und persönliche Beziehungen. Das *Verhandlungsklima* ist höflich und aus deutscher Sicht desorganisiert. Der *Entscheider* ist meistens der Inhaber oder der Geschäftsführer. In großen Unternehmen kann es auch ein Mitarbeiter aus dem mittleren Management sein.

Das traditionelle Muster Chef-Untergebener entspricht dem türkischen Bild der Unternehmensführung. Betritt der Vorgesetzte den Raum, stehen alle auf und setzen sich erst hin, wenn der Vorgesetzte Platz genommen hat.

Körpersprache, Mimik & Gestik

Körperberührungen sind häufiger als in Deutschland. Die Distanz ist geringer. Auch Männer nehmen sich im Geschäftsleben gelegentlich in den Arm oder berühren sich zur Begrüßung mit den Wangen. Der Blickkontakt ist bei den Türken häufiger und länger als in Deutschland.

Die linke unreine Hand nie zum Überreichen von Geschenken oder zum Entgegennehmen von Brot nutzen.

Eine *Geste für „gut"* ist das Bündeln der nach oben gerichteten Fingerspitzen, in Verbindung mit einer Abwärtsbewegung der Hand. Oft wird die Bewegung so begonnen, dass man die Lippen mit den Fingerspitzen berührt, als ob man sie küssen wollte.

Ein *„Nein"* wird in der Türkei mit einem Zurückwerfen des Kopfes ausgedrückt. Oft werden auch die Augen dabei geschlossen. Die Deutschen schütteln dabei den Kopf.

Kreuzt jemand den Mittelfinger über den Zeigefinger, kündigt er einen Streit oder einen Konflikt an.

Türken beginnen mit dem Zeigefinger zu zählen und der Daumen kommt zum Schluss dran, nach dem kleinen Finger.

Weist man ein Geschenk oder eine Aufmerksamkeit zurück, weil es beispielsweise zu kostspielig ist, dann legt man zum Zeichen des Bedauerns *die rechte Hand aufs Herz.*

Um seinen aufrichtigen Dank auszudrücken, senken Moslems oft den Kopf und legen die rechte Hand auf das Herz.

Zum Heranwinken eines Kollegen bewegen Sie Ihre Handflächen nach unten und winken mit der ganzen Hand.

Niemals mit dem Finger auf eine Person zeigen!

Naseputzen zu Tisch absolut vermeiden!

Restaurants- und Tischetikette

Das *türkische Mittagessen* nimmt im Geschäftsleben einen deutlich höheren Stellenwert ein als das Abendessen und ist auch förmlicher als am Abend. Privat ist das Abendessen höher gestellt. Beim Mittagessen werden mehr Geschäfte abgeschlossen als in Deutschland. Das Abendessen ist gelassener und das Geschäftsthema wird meistens nicht angesprochen. Versuchen Sie bei Tisch Ihren Partner näher kennen zu lernen.

Lange *Tischreden und Trinksprüche* wirken langweilig und sollten vermieden werden. Mit „Prost, auf die Ehre", *„Şerefe"* einfach anstoßen. Es ist durchaus möglich, während eines Mittagessens zu rauchen. Das wirkt nicht unhöflich. Absolut verpönt ist generell das Naseputzen und das Fingerablecken.

Türkischer Kaffee ist ein Gesellschaftsgetränk und wird wie *Çay*, schwarzer Tee, getrunken. Man trinkt den Kaffee zum Abrunden eines Essens und zu einem guten Geschäftsabschluss. Das dazu servierte Wasser wird vor dem Kaffee getrunken! Bitte keine Milch dazugießen! Zucker ist auch nicht üblich, kann aber geordert werden. Den letzten Schluck aus der Tasse sollten Sie nicht zu sich nehmen, da ein üppiger Kaffeesatz sich darin befindet.

Auch *Tee, Çay*, ist mehr als ein Getränk und wird bei allen Anlässen zu jeder Tages- und Nachtzeit aus den türkischen Teegläsern getrunken. Diesen Tee sollten Sie niemals ablehnen! Wenn Sie keinen Tee mehr möchten, dann den Teelöffel quer aufs Glas legen. Es geht beim Teetrinken nicht nur darum, den Durst zu löschen, sondern Teetrinken hat eine kommunikative und soziale

Bedeutung. Ein sehr bekanntes türkisches Sprichwort sagt: „*Eine Tasse Tee bedeutet 40 Jahre Gefälligkeit!*"

Die *Joghurtsuppe wird mit Reis* zubereitet und ist sehr heiß.

Es gilt als unfein, über das Essen negativ zu reden. Komplimente sind erlaubt! Eine türkische Redensart lautet: „*Was du gegessen hast, ist uns nicht wichtig. Erzähle, wo du gewesen bist und was du gesehen hast!*"

Trinkkultur

Raki, auch Löwenmilch genannt, ist ein Anisgetränk aus Weintrauben und Feigen, das Nationalgetränk der Türken. Anisschnaps wird mit Wasser verdünnt, dazu wird *Mezes (Beilagen wie Gemüse, Joghurt, Zuckermelonen)* gegessen.

Ayran ist ein Joghurt aus Ziegenmilch, entweder unverdünnt oder mit Wasser vermischt. Er fehlt an keiner türkischen Tafel.

Gastlichkeit

Mahlzeiten sind in der Türkei ein gesellschaftliches Ereignis. Die Unterhaltungen sind lebhaft und laut. Der Ehrengast oder der Kopf der Familie wird zuerst bedient. Es wird als besonders höflich angesehen, wenn Sie darauf bestehen, dass die Älteren vor Ihnen bedient werden. Wenn man um einen *Nachschlag* bittet, ist das ein großes Kompliment. Besonders zu beachten ist, dass nach türkischer Etikette derjenige die *Essensrechnung* begleicht, der die Einladung ins Restaurant ausgesprochen hat.

Sind Sie zu Besuch bei Ihrem türkischen Gast zu Hause eingeladen, dann bitte vor dem Essen nach dem *Bad zum Händewaschen* fragen. Das ist ein Akt der Höflichkeit. Nie mit der linken Hand essen, also das Brot in die linke Hand nehmen, da die linke Hand unrein ist. Die türkische Gastlichkeit gebietet es, viel zu viel aufzutischen, vor allem wird mehrmals aufgetischt. Was man Ihnen auf den Teller gibt, muss aufgegessen werden. *Aufessen ist Pflicht!*

Höflich ist es, Angebotenes mehrmals abzulehnen, bevor es akzeptiert wird. Ist Ihr Gastgeber ein frommer Moslem, dann wird er *kein Schweinefleisch essen und keinen Alkohol trinken.* Handeln Sie bitte respektvoll und verzichten Sie auch. Es kommt auch vor, dass Nicht-Strenggläubige in der Fastenzeit auf Alkohol verzichten. Streng-Gläubige essen in Deutschland am liebsten in *Halal-zertifizierten Restaurants,* da dort das Fleisch nach dem Ritual der Moslems behandelt wird. Gelatinekuchen und Alkoholpralinen sind verboten, d. h. *haram.* Erlaubt ist das Fleisch von Kühen, Ziegen, Kamelen, Geflügel unter der Voraussetzung, diese wurden nach dem islamischen Ritual geschächtet.

Falls Sie kulinarische Abenteuerreisen antreten möchten, dann bestellen Sie gegrillte *Widderhoden* oder ein Gericht mit *Hammeldärmen.* In der Familie ist das Abendessen die Hauptmahlzeit. Fast jedes Essen endet mit Süßwaren, Obst und Desserts.

Ähnlich wie in Frankreich benötigt man beim *Essen viel Muße.* Ein Essen dient auch dazu, nach Herzenslust miteinander zu plaudern. Verlässt ein Gast den Tisch während der Mahlzeit, unterbricht man den Schmaus, bis er wieder kommt. Heiße Suppen sollten nicht kalt geblasen werden. Das gilt als unmanierlich. Nach einer üppigen Mahlzeit nicht gähnen. Eine *Einladung* muss angenommen werden. Eine Ablehnung gilt als unhöflich. Freundschaftliche Beziehungen haben einen sehr verbindlichen Charakter. Zum Abschied einer Einladung sollte ein Gastgeschenk übergeben werden.

Das Bezahlen sollte im Vorfeld durch die offizielle Einladung schon geklärt sein. Falls nicht, wird jeder versuchen, die Rechnung zu begleichen. Rechnungen zu teilen, die Türken sagen: nach „deutscher Manier", ist verpönt. Als Trinkgeld 10 Prozent in die *„Tipbox"* auf dem Tresen werfen.

Den Ober ruft man übrigens *„garson bey!"*

Smalltalk-Themen

Die Hochburg des *türkischen Teppichs* heißt Kayseri. Die Herstellung der Teppiche ist mit dem Leben der Nomaden im wörtlichen Sinne verknüpft. Im Sommer werden die Schafe geschoren. Die Wolle wird gewaschen, gekämmt und mit Wurzelfarbe gefärbt. Im Winter knüpfen die Frauen monatelang den Teppich.

Fußball ist für türkische Männer sehr wichtig. Segeltörns, Skifahren, Bergsteigen, Basketball und Volleyball, Kamelkämpfe sind geeignete Smalltalk-Themen. Auch die traditionellen Ringkämpfe in Edirne einmal pro Jahr. Die Kämpfer haben knielange Lederhosen an. Man schafft große Bottiche mit Olivenöl heran. Jeder Teilnehmer übergießt sich eimerweise mit diesem Öl. Die glitschige Haut erschwert das Zupacken. Wer die Schulter des Gegners zu Boden drückt, hat gewonnen.

Die Tradition des hamam, des türkischen Bads, reicht bis auf die römischen Thermen zurück.

Das Geheimnis der Wasserpfeife, der nargile. Durch das Wasser in dem großen Glasbehälter wird der Rauch gekühlt und zugleich vom Teer und einem Teil des Nikotins befreit. Erst wenn die glühende Holzkohle auf den Tabak geschichtet ist, nimmt man den langen Schnorchel in die Hand und saugt kräftig an dem bernsteinfarbenen Mundstück. Der Kenner sitzt ein bis zwei Stunden vor der nargile. Das Wasser im Glaskolben verfärbt sich allmählich von Gelb über Nussfarben bis Tiefbraun.

Die *Tulpe ist die Blume der Türkei.* Nach ihr heißt eine der glanzvollen Epochen der osmanischen Kulturgeschichte. Die Tulpe ist ein heimisches Gewächs der Steppen Anatoliens und wäre es geblieben, hätte nicht ein europäischer Gesandter im 16. Jahrhundert aus dem Garten des Serail einige Tulpenzwiebeln gestohlen.

Kinder sind ein Geschenk Allahs. Kinder werden vergöttert.

Türken haben ein *ausgesprochenes Wehrpflichtbewusstsein.* Sie betrachten die Armee als Hüterin ihrer Ideale, als Schule des Lebens. Für jeden gesunden Mann ist die Verteidigung von Glauben und Vaterland oberstes Gebot. Die Verweigerung des Wehrdienstes kommt ihm nicht in den Sinn und ist in der Verfassung auch nicht vorgesehen. Außer enormem Prestige bietet das Militär viele handfeste Vorteile. Zum Beispiel wünschen sich türkische Frauen einen Ehemann, der den Wehrdienst geleistet hat. In den Augen der Türkinnen ist ein Mann ohne Militär kein richtiger Mann!

Keine politischen Themen im Dickicht der türkischen Innenpolitik beginnen.

Do's und Don'ts

Niemals kritische Bemerkungen über *Atatürk, den Vater der Türken,* abgeben. Das Gleiche gilt für den Islam. Ebenso vorsichtig sollte man sich zu Minderheitenproblemen sowie zu den vor allem vom Ausland *angeprangerten Menschenrechtsverletzungen* äußern. Atatürk machte mit der Staatsgründung alle Bewohner des Territoriums der Türkei per se zu Türken. Zahlreiche Minderheiten dieses Vielvölkerstaates, beispielsweise die Kurden, wollen sich dieser Zuschreibung nicht unterordnen, so dass permanente Spannungen vor allem im Osten der Türkei vorhanden sind. Vorsicht walten lassen beim Zypernthema und bei der EU-Tauglichkeit. Ein Vergleich der Türkei mit orientalischen Ländern ist beleidigend.

Überheblichkeit und Besserwisserei sind in einer Geschäftsbeziehung tödlich.

Ein Moslem oder Muslim möchte nicht als *Mohammedaner* bezeichnet werden.

Großzügigkeit mit Großzügigkeit begegnen!

Türken praktizieren gerade am Anfang einer Geschäftsbeziehung einen *indirekten Kommunikationsstil.* Aufmerksames Zuhören ist besonders wichtig.

Ablehnung oder Kritik erfährt man erst durch Nachfragen oder in den Nuancen der Formulierungen.

Schaffen Sie eine *gute Gesprächsatmosphäre*, indem Sie Ihren Gesprächspartner nach seinem Leben, seiner Heimat, seiner Familie fragen. Sprechen Sie über das gemeinsame Ziel. Sprechen Sie über seinen Nutzen aus dem Geschäft. Stellen Sie keine Fragen, die er nicht beantworten kann. Liefern Sie ihm Argumente. Vermeiden Sie Druck!

Fühlen Sie sich nicht durch Störungen in der Verhandlung genervt. Telefonieren während eines Geschäftsgesprächs gehört zur Normalität.

Beim Betreten einer privaten Wohnung bitte die Schuhe ausziehen.

Frauen in der Türkei

Frauen gelten in allen islamischen Ländern als unrein, außer in der Türkei. Die islamische Lebensweise der Frauen unterscheidet sich deutlich von der Lebensweise in christlich geprägten Staaten. Augenscheinlich sind islamische Gesellschaften Männergesellschaften. Teehäuser und Cafés sind eine Männerdomaine wie das gesamte öffentliche Leben. Dort haben die Männer unzweifelhaft das Sagen, liegt doch der Machtbereich der Frauen im Haus. Die Frau setzt sich gegen ihre Söhne und Schwiegertöchter durch. Die radikale Muslimin ist von Kopf bis Fuß auf *Tschador* eingestellt. Dieses bis auf den Boden wallende, blauschwarze Kleid lässt nur Mund, Nase und Augen frei.

Die Bedeutung der Frau hat mit der Ernennung von *Tansu Ciller* zur Ministerpräsidentin (1993–1996) in den Städten zugenommen. Auf dem Land hingegen gelten die patriarchalischen vom Islam geprägten Grundsätze der Rollenverteilung zwischen Mann und Frau. In den Großstädten mag eine türkische Juristin einer deutschen in ihrer Emanzipation aber in nichts nachstehen.

Eine West- oder Mitteleuropäerin sollte das *Zögern eines Türken* in der Öffentlichkeit, neben ihr Platz zu nehmen, richtig interpretieren. Es gilt als grob unhöflich, sich als Mann neben eine ehrbare Frau zu setzen. Auch die Nichtbeachtung von Frauen in Begleitung eines Mannes zeugt bei Strenggläubigen von Respekt. Lächelt eine Frau freundlich, kann das von einem Türken als Anmache empfunden werden. *Gläubige Frauen* berühren keine fremden Männer und sprechen nicht mit ihnen.

Kopftuchverbot in öffentlichen Gebäuden und an den Universitäten.

Die *Rolle der Frau in der türkischen Geschäftswelt* entspricht der Rolle in den europäischen Ländern. Die Frauen nehmen viel mehr am Geschäftsleben teil, als im Allgemeinen geglaubt wird. In großen Unternehmen befinden sich mehr Frauen in Top-Positionen als in den meisten EU-Staaten. Ein Drittel der Hochschulprofessoren sind Frauen. In der Mittel- und Oberschicht verlieren die traditionellen Werte an Bedeutung und die Frauen haben Karrierechancen. Durch die großen sozioökonomischen Unterschiede fällt das Ansehen der Frau aus einfachen Gesellschaftsschichten wieder in ihr traditionelles Bild zurück.

Geschenke

In der Türkei gelten Geschenke als *Symbol für die Großzügigkeit* und Vertrauenswürdigkeit einer Firma oder einer Person. Großzügigkeit entspricht den Glaubenssätzen des Koran. Aber in diesem Zusammenhang befindet sich der Deutsche in einer Zwickmühle. Nach türkischer Sitte übergibt der Gastgeber als Erster ein Geschenk. Der Deutsche sollte tunlichst auch dieses Geschenk annehmen und nicht ablehnen, ansonsten verletzt man sofort das große Gastgeberherz. In islamischen Kulturen sollte man nie Geschenke mit der linken Hand übergeben oder annehmen. In der Türkei wird das nicht immer so streng gesehen. In saudiarabischen Ländern sollte man sogar niemals der Gastgeberin ein Geschenk mitbringen, weil das als Beleidigung verstanden werden kann.

Geschenke nicht in der Verhandlungsphase überreichen, da sie sonst als Bestechung verstanden werden. Der Beschenkte legt das Geschenk zur Seite und öffnet es erst, wenn alle Gäste gegangen sind.

Ein *helles leuchtendes Grün* ruft eine direkte Assoziation mit dem Islam und Mohammed vor, da Grün die Farbe des Propheten Mohammed war. Sie steht für Macht und Heiligkeit. Bestattungsautos und Särge sind grün.

Gastgeschenke: Süße Aufmerksamkeiten wie Pralinen, Kekse. Keine Blumen. Keine Geschenke aus Schweinsleder. Ein Geschenk wird nicht erwartet. Eine gute Geschäftsbeziehung wird über Einladungen zum Essen oder Stadtrundfahrten hergestellt.

Gesetzliche Feiertage/Islamische Feiertage

Die Daten der religiösen Feiertage richten sich nach dem Mondkalender. Sie verschieben sich jedes Jahr um 10 bis 11 Tage im normalen Kalenderjahr nach vorne. Der genaue Unterschied zwischen dem Gregorianischen und dem Mondkalender beträgt 10 Tage und 21 Stunden.

1. Januar	Neujahr
23. April	Tag der Nationalen Souveränität und des Gedenkens an Atatürk und Kindertag
19. Mai	Gedenken an Atatürk, Jugend- und Sporttag
30. August	Tag des Sieges
11.-14. Oktober 2007	Seker Bayrami*, Zuckerfest, Ende des Ramadan
29. Oktober	Tag der Republik
19.-22. Dezember 2007	Kurban Bayrami*, Opferfest

In den Monaten Juni bis August ist das Geschäftsleben eingeschränkt.

Im Fastenmonat *Ramadan* darf tagsüber in der Öffentlichkeit nicht gegessen, getrunken und geraucht werden.

Das *Kurban Bayram* ist ein Opferfest am Ende der Riten der Haddsch, also der Pilgerfahrt nach Mekka. Dabei wird ein männliches Schaf geopfert. Dieser Tag ist nach dem Kalender beweglich aufgrund des islamischen Mondkalenders. Man rechnet 11 Tage pro Jahr zurück.

Staatsform und Verfassung

Ist die Türkei eine Demokratie? Laut Verfassung ja. Es gibt ein Mehrparteiensystem und ein frei gewähltes Parlament. Allerdings hapert es an der Umsetzung der demokratischen Prinzipien. Vetternwirtschaft und persönliche Abhängigkeiten verdunkeln das Bild der Parteien.

Business-Outfit – Status herausstreichen

Der internationale Stil der Geschäftswelt ist der formelle sowohl für die Damen wie für die Herren. Eine gepflegte klassische Kleidung ist angesagt. Mit Markenartikeln bei Uhren, Hemd, Anzug oder Handy gibt man in der Türkei ein gutes Bild ab. Die Oberbekleidung eines Geschäftskostüms der Dame sollte maximal bis zu den Achseln dekolletiert sein. Ist die Dame in sehr religiöser Gesellschaft, dann sollten auch die Knie bedeckt sein. Es gehört auch zu einem europäischen Business-Outfit einer Geschäftsfrau, dass die Schultern immer bedeckt und die freien Achseln nicht zu sehen sind. Das Sakko legen Herren auch bei großer Hitze nicht ab.

* bewegliche Feiertage

Grundvokabular

evet	ja
hayır, yok, değil	nein
buyurunuz, lütfen	bitte
teşekkür ederim	danke
affedérsiniz	Entschuldigen Sie
günaydın	Guten Morgen!
iyi günler	Guten Tag!
Allaha ısmarladık	Auf Wiedersehen!
Almanca	deutsch
Bay, bey	Herr
Hanım, bayan	Frau
Dikkat	Achtung!
Dur	Halt!
pastahane	Café
şef	Chef
meslektaş	Kollege
restoran	Restaurant
sabah	morgen
para	Geld
zaman	Zeit

Literaturverzeichnis

Al-Kaysi, M.: Morals & Manners in Islam, Leicester 2000.

Amies, H.: Anzug und Gentleman, Münster 1997.

Bati, A.: THE CIGAR Companion, London 2000.

Berman, M.: Hoort het wel, hoort het niet?, Barn 2000.

Berman, M.: Zo hoort het nu, Barn 2000.

Birkenbihl, V.: Signale des Körpers, Landsberg/Lech 2000.

Brennan, L.: Business-Etiquette for the 21st Century, London 2003.

Boeckmann S. u. a.: Kaviar, München 2000.

Cheeseright, P., Öktemgil, M.: Doing Business with Turkey, GMB Publishing.

Daeubner, C., Hennrich, D.: Weltweit verhandeln, Wirtschaftsverlag Ueberreuter, Frankfurt/Wien, 2001

Flusser, A.: Style and the Man, Mosburg 1997.

Gandouin, J.: Guide du protocole et des usages, Paris 2001.

Huggler, P. (Hrsg.): Guggenbühls Schweizer Knigge, Zürich 2001.

Lewis, R. D.: Handbuch internationaler Kompetenz, Frankfurt/New York 2000.

Linthout, D.: Frau Antje und Herr Mustermann, Berlin 2002.

Messager, R: Le savoir-vivre, Paris 2000.

Mildner, P.: Podstawy Etykiety, Warszawa 2000.

Mitchell, Ch.: Interkulturelle Kompetenz im Auslandsgeschäft entwickeln und einsetzen, Köln 2000.

Molloy, J.: New Dress for Success, New York 1988.

Pietkiewicz, E.: etykieta Menedzera, Warszawa 2000.

Pini, U.: Das Gourmet-Handbuch, Köln 2000.

Püttjer, Ch. u. a.: Die heimlichen Spielregeln der Verhandlung, Frankfurt/New York 2002.

Rothschild, N. de: Le bonheur de séduire, L'art de réussir, Paris 2001.

Satterfield, M.: Career Etiquette, Chicago 1996.

Schäfer-Elmayer, Th.: Gutes Benehmen ist gefragt, Wien 2000.

Settembrini, L.: Non si dice piacere, Milano 2000.

Wrede-Grischkat, R.: Manieren und Karriere, 5. Auflage, Wiesbaden 2006.

Stichwortverzeichnis

Frankreich

Großbritannien

Königreich der Niederlande

Italien

Österreich

Spanien

Schweiz

Polen

Tschechische Republik

Schweden

Russland

Türkei

Die Autoren

Elke Uhl-Vetter, Diplom-Wirtschaftspädagogin und Bankkauffrau, ist selbstständige Management- und Kommunikationstrainerin sowie Coach. Sie ist Expertin für Business-Etikette sowie für kundenorientiertes Verhalten in allen Ländern der Welt.

Als Vermögensberaterin war sie zehn Jahre lang im gehobenen Privat- und Firmenkundengeschäft von Banken in Europa erfolgreich tätig. Seit 1993 führt sie Beziehungsmanagement-Seminare, auch in englischer und französischer Sprache, durch.

Gerhard Uhl, Diplom-Kaufmann, war Finanzvorstand des internationalen Kommunikationsunternehmens BI-LOG AG. Heute ist er Geschäftsführer bei der britischen Baustoffgruppe RMC. Langjährige Verantwortung für den Marktaufbau der RMC in Tschechien.

Bei Kunden-, Mitarbeiterveranstaltungen und bei Verbandstagungen ist Gerhard Uhl als Referent sehr gefragt. Seine Trainings sind wertvolle Bestandteile der Marketing- und Vertriebsseminare von namhaften Unternehmen aus allen Branchen.

www.uhlvetter.de, info@uhlvetter.de, Mobil: 01 70/1 52 87 77